法・国家・知の問題

嶋津 格

法・国家・知の問題

学術選書
266
法哲学

はじめに——所収論文の概要など

　本論文集は私の 3 番目の論文集[1]である．第 2 論文集の「序にかえて」で，ポパー関連と修士論文については第 3 論文集への説明で述べる，と書いた．ただし，第 2 論文集で述べた思想遍歴は，東大紛争，浅間山荘事件，社会主義圏の崩壊，など歴史上の大きな事件を，民主主義，マルクス主義，自由主義と市場経済などの思想的論点との関連で体験した者として述べているのに対して，以下は一人の研究者のもっと個人的な思想遍歴上の「事件」にすぎないので，記述は最小限に留めたい．

　司法研修を終えた 1976 年に大学院にもどり，碧海純一先生の影響で読み始めたポパー哲学は，科学方法論，開かれた社会論，進化論的認識論などから構成される．例によって私は，ポパー的世界に一時浸っていたし，そこから「科学」を見ていた．しかし難航した修士論文（1978 年 12 月完成）をきっかけにして，ポパーの影響を受けながらも，それに対してかなり批判的な観点を取る立場に転じた．

　本書第 V 部は論文一つだけで構成されていて本としてのバランスが悪いのだが，そこに収めている第 20 章は，書いた後何十年も経ってから（未公刊の）修士論文の上澄みだけを，当時の熱からできるだけ距離を取りながら書き留めたものである．読者諸兄にはこれを第 IV 部のポパー論，特に中心となる第 19 章の科学論の後に読んでいただきたいと考えた結果，本書は少し異例の章立てになったというわけである．

　では修士論文で私は何をしたのか．結論的に言えば，二人の自分を発見した．第 20 章の論文執筆の時点（2014 年）ではそれを「明我（Articulate I）」と「暗我（Tacit I）」と名付け直して論じている．明我は，意識的な自我であり，主に言語的な思考に従事する．言語哲学などに深入りしていると，これが自我の全部であるかのような錯覚に陥ることもあるが，反省してみると我々は，言語化せずに，またはできないまま，多くのことをしている（パタン認識その他）．後知恵的には，（自分以外の）誰がそれをしているのかとわざわざ問い，別人格

---

(1)　第 1 論文集：『問いとしての〈正しさ〉——法哲学の挑戦』NTT 出版，2011 年（ただし出版契約を解除したので新刊としては購入できない．近く別の形で公刊予定），第 2 論文集：『経済的人間と規範意識——法学と経済学のすきまは埋められるか』信山社，2025 年 1 月．

はじめに

を当ててそれに答える必要は必ずしもない。ましてそのことに，ある種の興奮や恐怖に似た感情を感じねばならないわけでもない。しかし修論執筆中の私は，明我の後ろに隠れている暗我に初めて気づき，明我の活動を，暗我に仕事をさせるための入力・出力装置として利用する，といったモデルに取り憑かれていた。裁判の事実認定も，結局は暗我の仕事の結果が明我に投げ返されていると考えることで，「自由心証主義」などをめぐるいくつかのアポリアが解消されそうに思われたのである。ポパーの認識論を，ポパーが意図的に軽視または無視する「心理」の世界に拡張することで，袋小路が開けると思われた。私はハイエクを一切読むことなく，ポパー的世界からハイエク的世界に独力で入ってしまった，と言ってもよいかと思う。いずれにせよこれは私にとって大きな事件であり，修論を書いている数週間ほど，思想家（の卵）としての幸福を味わったことはない。私は，これで一生学問の世界で生きられるという確信をもてるようになった。修論の話は以上である。

本論文集は，ポパー関連を除けば，2011年に公刊した第1論文集以降に書いた，広い意味の法哲学に関連する論文を中心にしている。

構成として第Ⅰ部は，移民，イスラム，米国左翼，動物保護，尊厳死という一般の方々にも関心のあるはずのテーマを扱う論文を収めていて，必ずしも法学者向けの狭い法哲学の内部には収まらない。もちろん実践的テーマについてはそれぞれ論争があり，個々について私は自分の立場を明示しているから，それと逆の立場に立つ読者も多いだろう。それは歓迎だが，私の中ではこれらのテーマは「自由民主主義の内と外を考える」という形でゆるくだが繋がっている。現在の思想界では「多様性」を積極的に評価するのが流行だが，もちろん我々は，自由民主主義にコミットしているとしても（もしくは，それにコミットしているからこそ），世界に暮らす人々がもつすべての多様性を歓迎し受け入れることはできない。すべてのシステムには「外」もしくは境界条件があるからである。イメージとしては，すり鉢状の大きなくぼみがあり，縁は盛り上がっている。そしてその外側には遠心方向に下ってゆくスロープが取り巻いているような構造を想像してほしい。縁より内側に置かれたボールはどこからでも中心に向かって転がり，中心部分まで来て安定する。この領域はシステム的に機能する部分である。しかし縁より外に置かれたボールは外側に向かって転がり，中心には向かわない。この部分はシステムの外であり，縁がシステムの内と外を分ける境界条件となる。では寛容を旨とする自由民主主義的な社会システムにおいて，その内と外はどのような条件によって区画されるのか，こんな問題

設定である。それに抽象語を使って直接答えるのではなく，具体的事例を並べながら迫ってみたい。第Ⅰ部の背景には，こんな問題意識がある。

　第Ⅱ部は相対的により狭い法哲学関連の論文を収めている。最初の第6章は司法改革に関連する比較的古い3つの論文からなっている[(2)]。司法改革を，市民の正義感覚と法実務の間のある種のチューニングをめざすものと捉え，初等教育の早い段階から子供たちに，具体的事件に関連して自分の内にある正義感覚を表出することで自覚し，他者のそれとも付き合う訓練を受けさせよう，と論じている。小中学校での実験授業の報告を含む。第7章はメタ倫理学における義務論と功利主義を調停するような私の立場を「開かれた帰結主義」として論じている。このテーマは，第1論文集23章でごく簡単に論じたが，ここでは異なる視角から再論したものをあげさせていただいた。第8章は，委嘱によって法律時報に書いた「実定法と啓蒙」であり，民法を中心に論じている。第9章の趣旨も第8章とほぼ同じなのだが，法哲学会でのコメントとして，法の権威を立法論に（つまり法論を民主主義論に）解消するアプローチへの批判を展開している。第10章は古い論文で，雑誌『This is 読売』が廃刊になる少し前に，委嘱されて書いた検察論である。あるいは法律家の常識を書いているだけ，と感じられる読者も多いかもしれない。

　第Ⅲ部は，法哲学者たちと交わした書評・応答・論争などを集めている。第11章は碧海純一先生の逝去に際して「忍ぶ会」が開かれ，そこで話した短いスピーチの要旨をまとめたものである。第12章は，亀本洋の重量級法哲学教科書の書評である。日本の学者たちを取り巻くイデオロギー的教養または常識に抗して，何でも一から自分で考えようとする彼の姿勢には親しさを感じる。第13章−1は高橋文彦による私の第1論文集への書評と質問であり，ご本人の許可を得て本書に収めさせていただいた。今回読み直してみて，前回は意識しなかった高橋の指摘に改めて気づかされた点もあった。第13章−2はそれへの私の応答であるが，重要な質問なのに私が答えられていないものもある。質問された結果，元の議論より説明がうまくいったと感じる論点もあった。第14章は，笹倉秀夫の法思想史教科書への私の批判的書評（第1節），それへの笹倉本人による反論的な応答（これは著作権の関係で本書には載せていないが，J-STAGEにより当該の年報がネット上で公開されている），それに対する私の応

[(2)] 第2節の論文は，すでに第1論文集（6章）に収めているが，第1〜3節の論文をまとめて読んでいただきたいので，本書に再録した。

vii

はじめに

答（第 2 節）である．なかなか論争を楽しむという境地に至るのは難しいが，一応それを試みている．

第 IV 部はポパー論だが，第 15 章以外は第 1 論文集出版以前に書いた古い論文である．第 15 章は，私としてはソクラテス論を書いたつもりだったが，ポパーの影響も大きいので，ここに入れることにした．しかしソクラテスに対する評価自体は，ポパーと私では正反対といえるほど異なる．第 16 章は，「開かれた社会」論に対する批判的コメントである．民主主義による集合的意思決定を通してトライアル・アンド・エラーを続けよう，というポパーのアイデアには，個人の自由を基礎にする競争的システムに対する軽視があるように感じられたことが出発点である．第 17 章は，後期のポパーが中心的に扱う進化論について，そのヴァリエーションを試みている．少しコスモロジー的なヴィジョンを示しているのだが，観念的なものに過ぎないから，興味を感じられなければ，読み飛ばしていただいてもよいかと思う．第 19 章は，私としては初めて書いた，ほぼ唯一の本格的なポパー論である．それでも時間的には，ハイエク理論についての博士論文を書いた後に書いているので，ハイエク主義者の見るポパーといった面が一部出るのは避けられない．第 18 章は，ごく短い 19 章の要約といったものである．十分短いのでこれを先に読んでいただければ，第 19 章（もしくは私とポパーの距離）も理解していただきやすくなるかと思う．

第 20 章のみからなる第 V 部については，すでに述べた．第 20 章の元になる修士論文を書いている時には，私はハイエクのことを全く知らず，（ヴィトゲンシュタインとか J. L. オースティンとかサールとかの言語哲学とともに）ポパーのみを読んでいたから，第 19 章から第 20 章に進んでいただければ，20 章の背景にある（認識論的）立場がわかっていただきやすくなるかと思う．もちろん，どう理解してほしいかについての，私の期待を無視されることもまた読者の自由である．ちなみに，出版されたテクストは著者と独立の存在だ，というのは後期ポパーの三世界論（物理的世界，心理的世界，生みだされた客観的意味の世界）の核心でもある．

目　次

はじめに——所収論文の概要など（v）

第Ⅰ部　移民・イスラム・米国左翼・動物・尊厳死 ——— 3

第1章　移民の奔流と国民国家——米国の移民問題を中心に ——— 5

　はじめに——移民・国境・国民……………………………………… 5
　第1節　米国の南側国境をめぐって………………………………… 6
　第2節　我々は誰なのか……………………………………………… 10
　第3節　ヒスパニックは人為的に作られたカテゴリー…………… 13
　第4節　若干の理論的考察…………………………………………… 18
　　1　リバタリアン的な解決（18）
　　2　アイデンティティの集合的選択（20）
　おわりに——自由民主主義の普遍性如何をめぐって……………… 23

第2章　自由主義は反自由主義を包摂できるか
　　　　　——アヤーンとチャンドラン ——— 25

　第1節　問 題 状 況…………………………………………………… 25
　第2節　ムスリム社会の反自由主義——アヤーン・ヒルシ・アリ… 30
　第3節　寛容の自由主義——チャンドラン・クカサス…………… 34
　第4節　残されているもの…………………………………………… 38
　【後記】（40）

第3章　実証主義的な知の概念が生みだす哲学的混乱
　　　　　——ポストモダニズムから現代の米国左翼まで ——— 43

　第1節　米国の大学キャンパスにおける言論の不自由…………… 43
　　1　安心空間（safe space）（43）
　　2　引き金警告（trigger warning）（44）
　　3　偏見通報ホットライン（bias reporting hotlines）（45）
　　4　登壇拒否（no-platforming）（45）

目　次

 第 2 節　規制理念としての真理と実証主義
    ──知は「獲得」できるのか································· 46
 第 3 節　米国左翼の急進主義へとつながるポストモダニズム
    （PM）·· 49
  ■ PM の 3 期と貫通する 2 つの原理（49）
  ■ 第 1 期　オリジナル PM（51）
  ■ 第 2 期　応用 PM（52）
  ■ 様々な分野における応用 PM（53）
  ■ 第 3 期　実物化された PM（55）
 第 4 節　【後記】米国のイデオロギー的「分断」とその経緯·········· 56
  ■ ヘルベルト・マルクーゼ（1898-1979）──革命（57）
  ■ アンジェラ・デーヴィス（1944-）──人種（60）
  ■ パウロ・フレイレ（1921-1997）──教育（62）
  ■ デリック・ベル（1930-2011）──権力（66）

第 4 章　動物保護の法理を考える ─────────── 71
 第 1 節　モラル・ウェイト······································· 71
 第 2 節　一元論··· 73
 第 3 節　立法先行型のアプローチ································· 77

第 5 章　外的根拠としての弱者保護は正義か
    ──尊厳死法または Natural Death Act をめぐって ─── 81
 第 1 節　ファインバーグの場合··································· 81
  ■ 真夜中の交差点（81）
  ■ 禁酒法（82）
  ■ 死刑廃止（82）
 第 2 節　尊厳死法制化への反対··································· 83
 第 3 節　Natural Death Seeker··································· 84
 第 4 節　NDS（自然死を求める者）vs. TW（弱き者たち）········· 85
 第 5 節　寛容論··· 87

目　次

第Ⅱ部　法と哲学 ── その1　私法中心の法概念など ──────── 89

第6章　正しさを語る教育 ── 司法改革のために（2001年）──── 91

第1節　社会改革としての司法革
　　　── 「法の支配する社会」を求めて ……………………… 91
　1　法概念が前提する秩序構想と「正義感覚への依拠」（91）
　2　「正しさを語る社会」のイメージ（92）
　3　いくつかの実践的示唆（94）
　　■条文を被説明項として扱うこと（94）
　　■「不当判決」の例外化（95）
　　■国民的教養としての法学教育（95）
　　■行政改革との関連（95）
　　■権利と責任（96）
　　■利益団体と法（96）

第2節　正しさを語る教育について
　　　── 司法改革と初中等教育（2001年）……………………… 96

第3節　国民への法学教育
　　　── 小中学校での実験授業など（2004年）……………… 100
　1　体育実技のようにして（100）
　2　正解発見と合意（102）
　3　法＝権利と説明（104）
　4　ささやかな経験 ── その1（105）
　5　ささやかな経験 ── その2（107）
　6　権利と裁判 ── まとめにかえて（109）

第7章　開かれた帰結主義再論 ──────────────── 111

第1節　義　務　論 …………………………………………………… 111
第2節　功　利　主　義 ………………………………………………… 112
第3節　開かれた帰結主義 …………………………………………… 115
第4節　競争の倫理 …………………………………………………… 118

xi

目　次

第 8 章　実定法と啓蒙 ──────────── *121*
第 1 節　日本の近代化と法学──啓蒙の根拠 ……… *121*
第 2 節　民法の場合 ……………………………… *123*
　　1　信条と行動（*124*）
　　2　民法と社会秩序（*126*）
　　3　発見過程としての競争（*127*）
第 3 節　進歩的啓蒙について ……………………… *129*

第 9 章　法の権威を立法の権威に解消することの愚かさ ── *133*
第 1 節　立法論と法の概念 ………………………… *133*
第 2 節　私法中心的法概念 ………………………… *135*
第 3 節　自 然 法 論 ……………………………… *137*
第 4 節　法 の 権 威 ……………………………… *140*
第 5 節　価値多様性下の自律と代表制民主主義 …… *141*

第 10 章　検察と政治を考える
　　　　──検察官は東山の金さんでいいのか ─── *145*
第 1 節　「検察ファッショ」？ …………………… *145*
第 2 節　検察と権力 ……………………………… *146*
第 3 節　法の支配──信じる者は救われる？ …… *148*
第 4 節　検察の政治 ……………………………… *150*
第 5 節　他の問題──情報リークは悪なのか …… *151*

第Ⅲ部　法と哲学 ── その 2　評価・応答・論争 ──── *153*
第 11 章　明晰さの探求は成ったか
　　　　──碧海先生の哲学世界とその外部 ──── *155*
第 1 節　否定される種類の哲学 …………………… *155*
第 2 節　否定のための理論的基礎とその変遷 …… *156*
第 3 節　実証主義と教養 …………………………… *158*

目　次

第12章　常識を疑うための異形の入門書——亀本洋著『法哲学』- 159

第13章 - 1　高橋文彦：わからないことほど素朴に考えよう
　　　　　　——嶋津格『問いとしての〈正しさ〉』を論評する ——— 167
　はじめに ……………………………………………………………… 167
　第1節　嶋津法哲学の諸原理と全体像 …………………………… 167
　　1　発 見 主 義（168）
　　2　信頼アプローチ（169）
　　3　実行可能性（170）
　　4　開かれた帰結主義（170）
　第2節　嶋津法哲学の基本方針と個別的な疑問点 ……………… 172
　おわりに ……………………………………………………………… 174

第13章 - 2　嶋津格：高橋文彦評へのリプライの試み ——— 177
　　1　実行可能性と発見（177）
　　2　信頼アプローチと実行可能性論（178）
　　3　実行可能性は「基準」か——開かれた帰結主義（180）
　　4　規範的法価値論（180）

第14章　論争としての法哲学
　　　　　　——笹倉秀夫『法思想史講義　上・下』——————— 183
　第1節　発展史観と法思想史 ……………………………………… 183
　　1　は じ め に（183）
　　2　法 の 支 配（183）
　　3　社会契約論と法概念（184）
　　4　市場の理解（186）
　　5　歴史・価値・思想史（186）
　　6　ア・プリオリな総合（188）
　　7　フェミニズム（189）
　第2節　笹倉応答へのコメント（replication）…………………… 189
　　1　法 の 支 配（190）

目　次

　　　2　社会契約論と法概念 (193)
　　　3　市　場　論 (193)
　　　4　歴史・思想史 (193)
　　　5　存在の段階説 (194)

第Ⅳ部　ポパーを契機に ― 197

第15章　無知の知をめぐる考察 ― 199
　第1節　「知る」の文法 ― 199
　第2節　『テアイテトス』の読み方 ― 200
　第3節　ポパーの場合 ― 201
　第4節　無　知　の　知 ― 202

第16章　「開かれた社会」は開いているか ― 205
　第1節　後知恵として ― 205
　第2節　「閉じた社会の理論」vs. 民主主義 ― 206
　第3節　「開かれた社会」論 ― 207
　第4節　経済的介入主義 ― 209
　第5節　どれほど開いているか ― 210

第17章　進化論ヴァリエーション ― 213

第18章　進化論的認識論と非言語的要素 ― 219
　第1節　論理と心理 ― 219
　第2節　ポパーの場合 ― 219
　　　1　基　礎　言　明 (219)
　　　2　反　証　仮　説 (220)
　　　3　理論の枯渇 (221)
　第3節　進化論と世界2（心理）― 222
　第4節　「開けゴマ」― 223
　第5節　「合理主義」の成功とその背後 ― 223

第19章　発見の論理と心理——ポパー理論の批判的検討に向けて — 225
第1節　はじめに ……………………………………………… 225
第2節　科学における発見の論理 …………………………… 227
 1　基礎言明——経験的基礎（*228*）
 2　誤り排除——反証（*229*）
 3　理論——仮説（*232*）
 4　心理——世界2（*235*）
第3節　おわりに ……………………………………………… 238

第Ⅴ部　訴訟と事実の認定 ——————————————— 243
第20章　民事事件における事実の認定
——「言語の内と外」各論として ——————————— 245
第1節　理論的前提について ………………………………… 245
第2節　事実認定：フェイズ1
——レレヴァントな事実命題または「主張」の構成 ……… 247
第3節　事実認定：フェイズ2——事実命題の真偽判断 … 249
 1　証拠による過去の認定（*249*）
 2　上の勘と下の勘（*253*）
 3　自由心証主義（*256*）

【初出一覧】（*257*）

法・国家・知の問題

第Ⅰ部
移民・イスラム・米国左翼・動物・尊厳死

第1章　移民の奔流と国民国家
——米国の移民問題を中心に[1]

はじめに——移民・国境・国民

　古典的な国家モデルでは，移民の受け入れ如何は国家主権の問題であって，移民側に受け入れを要求する権利は認められない。また，国民国家の場合の国家主権を，個人の自己決定権類似の決定権と考えるなら，国民は集合的決定によって，自国の性格その他を選ぶことが許されるはずだから，世界のすべての住民にたいして，事前に公開されている基準に従って受け入れる希望者の選定を公平に行うことを義務づけられる，という国際的な正義のルールが適用されるわけでもない。しかし現在では，多数の独立国が誕生した第一次および第二次大戦後のような，国民国家または民族自決の原理が理念として維持されているのか否か自体が不確かであり，オープン・ボーダーの主張や，世界への自由移住権を人権に組み込もうという議論も散見されるようになった。

　以下本論考では，メキシコとの間の国境の概念が，事実上あやふやになっているとともに不法移民への対応に明確性を欠き，結果として「市民権（国籍）」そのものの意義が失われつつあるかに見える米国[2]の現状を見ながら，わが国を含めた国民国家の未来を考えてみたい。

---

(1) 【後注】以下は，バイデン大統領時代の2022年に出版された移民関連の論文集のために書いたものである。時代はそれから一巡し，2024年11月の選挙でトランプの大統領返り咲きが決定したから，移民問題については，まもなく彼が大統領職に就いた後は，逆向きの動きとなることが確実である。その意味で本稿は，一時代前の事情を述べている。しかし移民問題はまだまだ対立する議論の種になるだろうし，日本ではむしろこれから深刻な事態になる可能性もあるから，本稿を読んでいただく意味もあるかと考えて，本論文集に採録することにさせていただいた。

(2) この問題を比較的早い段階で論じたものとして，David Jacobson, *Rights Across Borders: Immigration and the Decline of Citizenship*, Johns Hopkins University Press, 1996。ジェイコブソンは，国際的な人権保障に各国が同意するにつれて，市民権をもたない外国人にも国家の保護が与えられる領域が拡大し，それによって市民権の存在意義が希薄化する，という論理的流れを描いている。

第Ⅰ部／第1章　移民の奔流と国民国家

第1節　米国の南側国境をめぐって

　2016年の大統領選挙でドナルド・トランプ（共和党）は，不法移民を米国に入れないためにメキシコ・米国間の国境に高い壁を建設するという政策をアピールして支持を広げ，大方の予想を裏切って大統領になった。これは彼が，米国を主導する政治・経済・メディアのエリート達が広く支持するグローバリズムに対抗して標語にした「アメリカ・ファースト」「アメリカを再度偉大に（MAGA）」という目標を追求するための政策の一環であり，翌年大統領職についた彼は早速公約に従って，壁の建設に乗り出した。しかし2020年の大統領選挙でトランプを破ったジョー・バイデン（民主党）は，翌年ホワイトハウスに入るや早々に，トランプの実施したほぼすべての政策をキャンセルしたので，多額の予算を消費して途中まで完成した国境の壁も，未完のまま放置されて現在にいたっている。

　米国には「サンクチュアリー・シティ（不法移民保護市，以下SCと略する）」と呼ばれる州やカウンティや市が存在する。2018年現在でアメリカ人全体の約半数がこれが適用される領域に住んでいる[3]。米国では，一般犯罪の捜査・取締が（FBIの管轄となるものを除いて）基本的に州以下のそれぞれの地方警察の管轄になっている。その一方で，不法移民の取締は連邦の移民・関税執行局（ICE）の管轄である。そして，SCの方針を採る市その他では，警察が犯罪容疑者などに移民（滞在）資格の有無を尋問したり，不法滞在中の移民を発見した時に彼をICE係官に引き渡したりすることを，地方の法律で，または地方政府の方針として事実上，禁止している。州刑務所で刑期を終えて出所する外国人を，本国への強制送還のためにICEに引き渡すことも（一定の重罪犯を除いて）禁止されるのが一般である。要するにSCにおいては，不法移民の扱いについて連邦と州以下の方針が矛盾対立している[4]。

---

(3)　*Fox News Insider* 2018-05-11．また，全米のSCのマップおよびリストにつき以下参照。https://cis.org/Map-Sanctuary-Cities-Counties-and-States　逆にテキサス州のように，州法で州内におけるSCの設定を禁止している州もある。またカリフォルニア州は全体がSCだが，その中にはSCの政策をとらないことを表明している比較的小規模な市が20ほど存在している。*The Mercury News*, April 23, 2018 上のT. Sanchezの記事参照。

(4)　たとえば，連邦の1996年移民改革法は，万引きなどの微罪であっても強制送還の根拠にできる，と規定し，また連邦当局に移民資格の有無を報告することを地方公務員に

第1節　米国の南側国境をめぐって

　米国は連邦国家なので，憲法上も州権は大きい。しかしこのような「無効化（州政府などが連邦法を公然と無視すること）」は，南北戦争へと至る時期の南部諸州による連邦法無視の動きを彷彿させる。ただ，南北戦争において反連邦の立場に立った南部諸州は奴隷制維持を掲げる保守・反動派だったのに対して，現在 SC を掲げる州以下の地方政府は市民特権の希薄化という過激な進歩主義をとっている点で，連邦との関係が逆になる。少なくとも表面上この立場は，反動的な移民政策を採る連邦に対抗する「進歩的で良心的」な立場に見えるのである。ただ一部の活動家を除いて，実際にこの政策がもたらすと危惧される長期的帰結にたいして政治的責任を負うと明示する政治家は少なく，その点を曖昧にしたままこの政策を採用する地方政府が広がってきた。

　本来の移民法は，移民が①犯罪歴がない②高卒以上の教育を受けている③英語ができる④一定の技能や資本をもち経済的自立が期待できる⑤アメリカ社会の一員となる（のに必要な限りでの同化に努める）覚悟をもつ，などの資格と条件を満たす希望者に対して，出身地の分散などにも配慮して移民を許可するものであった。しかし米国社会が公民権運動の熱に包まれた中で L. ジョンソン大統領によって 1965 年に制定された移民・帰化法，別名ハート＝セラー法（共和・民主両党の賛成多数で成立）は，それまでまだ維持されていた一定の能力・資格主義の要素を希薄化して，すでに帰化した者，永住権を得た者との血縁などを重視する方向へと進んだ。またそのような関係性の証明はずさんになりがちだから，結局それらの者の親類だと主張すれば許可が得られるザル法となることが避けられなかった。結果として出身地の分散も図れなくなり，隣接国からの合法的移民の大量流入となった。

　しかし，より深刻な問題は不法移民である。表面で語られるそれを正当化する理念にたいする理論的評価とは別にまず，制御されない不法移民の奔流によって実際には誰が利益を受けるのか，を考えてみよう。V. ハンソンは最近の著書の中で，以下の答を挙げている[5]。

①　メキシコや中南米政府：民主主義的な体制にない政府にとって，反政府

　禁止することは違法だ，としている。しかし連邦による移民法執行に協力するよう地方政府を強制する規定は置いていない。

(5)　Victor D. Hanson, *The Dying Citizen: How Progressive Elite, Tribalism, and Globalization Are Destroying the Idea of America*, 2021, pp. 91-93. なおハンソンは，この本を元に七回のネット上の無料講演を行っている。https://online.hillsdale.edu/courses/american-citizenship-and-its-decline。本文に挙げた4項目は著書でも述べているが，本文の順序は講演に従った。

運動の潜在的主体でもある大量の青年男性が国外に出るのは歓迎すべきことである。不法移民が米国の公費から住居，教育などの補助金を受ける一方で節約に努め，出身国の家族などに送ってくる多額の送金がもつ国民経済上のメリットも大きい[6]。それを促進しようとするメキシコは自国民に，米国との間での二重国籍を認めている。

② 安価な労働力が利用できる米国内の企業，大農場主，家事労働の雇い主など。不法滞在という弱い立場の労働者は，搾取に対抗して権利主張をすることが難しく，従順かつ勤勉によく働く。そしてそれによって，市場の賃金水準を押し下げる。未熟練の米国人労働者にとってはやっかいな競争相手だが，エリート労働者にとっては安価に家事労働などのために雇用できる便利な労働力となる。

③ 不法移民流入によって共和党の地盤だった多くの州などを自分の側に転換させることに成功した民主党。同党はかつては，上院議員時代のオバマ，ヒラリー・クリントン，その他リーダーたちも，支持基盤であった労働組合からの圧力もあって不法移民には厳格な態度を採っていた。しかし不法移民の大量流入があり，その二世たちが米国の市民権と投票権を得るにいたって，各種選挙でレッドからブルーに次々と変わる選挙区を見て，党のリーダーたちは移民政策への立場を事実上転換し，規制厳格化の発言を控えるようになった。

④ エスニック・ロビー。ヒスパニック系の権利拡張を主張する活動家，政治団体などは，ヒスパニック系の人々が一般の「アメリカ人」として自己を同定することに否定的態度をとり，主流派に対抗するエスニック・グループとしての属性政治（アイデンティティ・ポリティクス）を追求することで，ヒスパニック系の部族主義的運動とそのリーダーとしての政治力を増大させてきた。

一般の移民と異なって難民の場合は，国際ルール（難民条約など）として，その資格のある者から申請を受けた国が受け入れて保護することが，各国の義務となっており，米国でも基本ルールは同じである。しかし問題は，難民申請をした者が移民裁判所の聴聞手続開始をどこで待つか，にある。米国における従来のルールは，申請者は米国内に入り，自分の居場所を登録してそこで待つ，というものである。申請者の中には，難民認定される資格のない者も多い（いわゆる「経済難民」は難民認定の対象にならない）のだが，彼らは難民申請をす

---

(6) 正確には確定できないが，メキシコだけで毎年330億ドル，中南米諸国も加えれば600億ドルとする。

ることで，合法的に国境を通過して米国内に入ることができ，待機の間仕事に就くことも許される。申請数が多いときには手続開始までに何カ月または何年もかかるから，待機者のかなりの部分は，そのまま当局に告げることなく米国内の他の場所，特に上記のSCなどに移動（つまり逃亡）してしまう。これは「違法」だが，こうして不法移民の数は際限なく増大する[7]。

もちろんこのルートと別に，法的手続きなしに事実上パトロールの目をかいくぐって国境を越える純粋な密入国者も多数いるが，その数は原理上正確に把握することができない[8]。彼らの一部は，闇カルテルに対価を払って密入国の手助けを依頼する。カルテルは事実上の縄張りをもっていて，その縄張り内で独力で密入国しようとする人たちを見張り，彼らを襲撃する。またこの種のカルテルは，麻薬の密輸や人身売買なども行っており，合法・違法の越境者の一部を，その運び屋としても利用する。また，ICE係官が密入国しようとする不法移民を逮捕しても，その者たちを拘置し続ける施設・予算も足りないから，特に女性や子供，犯罪歴のない者などについては，結局後の出頭を前提にして「キャッチ・アンド・リリース（元来は魚釣りの用語）」の扱いとなる場合が多い。

難民申請者として合法的に入国した後に逃亡するという不法移民のルートをふさぐためにトランプ大統領は，2019年から「メキシコ待機」ルールを適用することにした。メキシコ政府の同意を得て，聴聞手続開始までの期間は申請者をメキシコで待たせることにしたのである。この方式は公式にはMPPと呼ばれ[9]，その下では難民申請者は，連邦職員によってメキシコ領内に一旦連れ戻される。結果としてこの施策の狙い通り，ラテンアメリカから米国に向かう移民希望者の群れ（中米から北上する大集団は「キャラバン」と呼ばれる）は，MPP導入後激減した。ただ大統領権限によって実施されるMPPの適法性を

---

[7] 合法・不法を含めた移民総数は，2021年11月に史上最高を記録し，4620万人（米国総人口のうち14.2%）となった。不法移民の4分の3がヒスパニックと推定されるとのこと。参照 https://cis.org/Camarota/Immigrant-Population-Hits-Record-462-Million-November-2021

[8] C. Talgo記者が2021年12月9日の*Washington Times*でハリスを非難している記事では，「2021年に170万人以上の移民が南側国境を不法に越えた」とされている。多くの著書で挙げられている概数としては，ラテンアメリカからの不法移民が年間200万人，累計で2000万人，合法移民は1000万人程度としている。前掲注(5)も参照。

[9] 不法移民の呼称は，時代と共に以下のように変化する。illegal alien → illegal immigrant → undocumented immigrant → immigrant → migrant。実態が変わるわけではないが，呼称はより「差別的」でないものへと変化し，最後は不法・合法，入国・出国の区別のない「移民」となる。メディア等の意向を反映しているのであろう。

めぐっては，人権団体などから訴訟が提起されて進行中であったが，連邦最高裁は訴訟係争中も MPP の適用を暫定的な形で認めた。

バイデン大統領は公約どおり，2021年1月の就任後同年2月には MPP を終了して，既存および新規の難民申請者を当面米国内に入れることにした。その結果（を予測してこの決定以前からも），再度移民希望者の大群が米国南側国境に押し寄せるようになった。その後8月にテキサス州の連邦裁判所判事が，MPP を終了するというバイデンの命令に行政法上の瑕疵があるとして，MPP の暫定的復活を要求し，その結論が最高裁でも支持された[10]。

また，不法移民問題への対処として，そのアムネスティ（一括合法化）がくり返し問題にされてきた。実施されたのは，レーガン大統領時の IRCA（移民改革規制法，1986年）が最後であり，オバマ大統領もこれを実行しようとしたが，上下院の間で合意ができず法案が成立しなかった。バイデン大統領も，アムネスティ実施を選挙公約に掲げているが，議会，特に上院は勢力が拮抗しているので，実施できるか定かではない。一般にこの種の法律は，一定の条件を満たす既存の不法移民を一括して，以後一定期間の滞在を合法化する（更新可能）。そして同時に新たに発生する不法移民には厳格な対応を規定する。しかし後半部分の厳格対応はほとんど成功しない。そして，一旦不法移民合法化の事実が世界に報道されると，それが次の合法化を期待する新たな不法移民を呼び込む誘因になるので，この種の法律制定により不法移民の数を減少させる，という期待される効果は懐疑の目にさらされる[11]。

第2節　我々は誰なのか

S. ハンティントンは，米国同時多発テロを予言したとも読める『文明の衝突』（1998年）出版の後，2004年に『我々は誰なのか？　アメリカ人のナショナル・アイデンティティに対する複数の挑戦』という本を公刊した[12]。私は

---

[10] The Washington Times, 2021年10月29日と同12月3日の S. Dian による記事参照。結局バイデンは不承不承ではあるが，メキシコ待機ルールを暫定的に復活させた。
[11] これと別に，2012年にオバマ大統領が始めた DACA（入国時に子供だった者たちに対する例外的救済措置）がある。オバマはこれを一般化しようとして議会の抵抗で果たせず，トランプはこれを廃止しようとして，行政手続きの瑕疵を指摘されて裁判所で阻止された。ただ，この措置が知れ渡ると，親の付き添わない子供が国境に大量に送り込まれてきて，ICE の手を焼かせている。これには闇カルテルの関与も問題にされる。
[12] 邦訳は『分断されるアメリカ』（鈴木主税訳，2004年）。本文の書名は原題の直訳。

第 2 節　我々は誰なのか

　2017 年のトランプ政権発足後間なしにこの本を読んで，トランプ登場から十年以上前に書かれた同書が，トランプ現象を予言していたことに驚いた。様々な課題を推進するためにトランプが採用したスタイルは彼独自のもので，それには毀誉褒貶がある。しかしそこで追求されている基本的な政策は，ハンティントンの勧めるものに近く，何十年この方大きく左展開をとげるアメリカ政治の背景に存在したが着目されることが少なかった，米国保守派の政治的不満を掘り起こし，それを追い風にしていることがわかるからである[13]。米国内に伏流として存在する一般大衆の根深い不満の政治利用可能性に着目し，それに乗ることでほぼすべての予想がヒラリー圧勝だった選挙を覆して勝利して見せたトランプの政治的洞察に感嘆したのである。この本は，副題にあるように，米国人の独自の国民としての自己認識（NI）を動揺させているいくつかの「挑戦」を批判的に分析し，それらから NI を守ろう，と論じる本であった。

　ここで挑戦とされているものをその理念の面で捉えれば，マイノリティへの配慮と包摂，多文化主義，（教育の場における）多様性推進，国民と住民の区別の希薄化，などが含まれる。より一般的にいうならそれは，様々なアイデンティティ・ポリティクス（IP：「出自政治」の訳もあるが私の仮訳は「属性政治」）の活動と，それらが生みだしつつある分断された人々の意識と社会の現状である。

　IP は基本的に，国民としての「アメリカ人」の中のサブ・クラスをなす女性／黒人／ネイティブ・アメリカン／ヒスパニック／アジアン・アメリカン／イスラム教徒／ LGBTQ ／などの「マイノリティ」と，これまで政治の中心をなしてきた（性的嗜好における）ノーマル・白人・男性という各グループへの個人の所属（つまり個人がもつ属性）によって，「被害者」と「加害者」を峻別する。そして被害者側に与えられるべき特別の配慮または権利を加害者側とさ

---

[13]　政治家，各界エリート，メディアからは不法移民への寛大措置が支持されたが，米国庶民は一貫して不法移民増大に批判的だった。この間の事情をよく示す事件として，1994 年のカリフォルニア州住民発議 187 号がある。この提案は，住民投票では 59％対 41％で明確に支持されたのだが，各級連邦裁判所が，移民問題は連邦の管轄だ，という理由で違憲と判断し，効力を認めなかった。提案の内容は，一部の福祉給付を与える際に州職員に，相手の移民（在留）資格を確認することを義務づける，というものである。この提案には反対派も人種差別だ，外国人恐怖症だ，リベラリズムに反する，として活発な運動を展開し，全州で反対運動が盛り上がった。この際の賛否両派の衝突は，レーガンやシュワルツネッガーなどの保守派知事を輩出してきた同州が現在のリベラル派の牙城へと転換する一つの契機になったものと思われる。

れる相手と政府，大学などに要求する。ここで主張されているものが，「平等取り扱い」ではなく優遇措置である点に注意されたい。ハンティントンは移民，特にメキシコ側国境を越えて奔流のように押し寄せるヒスパニックがアメリカ社会にもたらしている問題をこの文脈で論じ，IPにおいて敵役(かたき)（加害者，抑圧者，搾取者）とされる，伝統的なアメリカ人としてのアイデンティティこそが，各種グループ間の分断を超えて現在もアメリカ人全体に保持されるべきものだ，と考える。「過去三世紀にわたってあらゆる人種，民族，宗教のアメリカ人によって受け入れられてきたアングロ＝プロテスタントの文化と伝統と価値観に，（たとえ人口比率でWASPが少数派になったとしても）アメリカ人はもう一度立ち返るべきだ」と彼は言うのである[14]。

この文脈で，米国が二つの公用語をもつ「アングロ・ヒスパニックの社会に変貌する可能性」が語られている[15]。これは，エリート層の間で多文化主義と多様性がプラスの価値として扱われ，二言語教育や各種積極的差別解消措置が採用されたことと，ラテンアメリカ，特にメキシコから大量の移住者が流入し続ける，という二つの現象が重なることから産み出される可能性のある帰結である。

そもそも西側先進国で，第三世界の国と地つづきで国境を接しているところは他になく，米墨間には「陸つづきの二カ国間の格差としては世界最大」の所得格差がある。その国境は3200キロもあって厳格な管理が難しい。この特殊性のために，その両側にまたがる事実上の共同体が出現することによって，国境線があいまいになりがちである。一時代前のヨーロッパ（や日本など）からの米国への移民は，母国での生活と人的絆を捨て，ある意味背水の陣を敷いて遠い米国に渡ってきた。そして米国社会に同化し「アメリカ人」になること，に全力を傾けた。しかし隣国メキシコからの移民はこれと異なって，母国との紐帯を維持したまま，米国での生活を続けることができる。そしてメキシコ政府もそれを推奨し援助する[16]。

米国南部の広大な地域は，かつて米墨戦争以前はメキシコの領土であったが，現在その地域には，多数のメキシコ人たちがスペイン語を話して生活しており，

---

(14) 前掲注(12)，14頁。
(15) 同上，304頁。
(16) ロサンゼルスのメキシコ領事館は，不法滞在中のメキシコ人に対して，ある種の身分証明書を発行し，それを米国ビザの代替物として扱うことを各国政府に要請している（前掲注(11)も参照）。および，*IMPRIMIS* 2011年9月号のハンソン論文も参照。

あたかもメキシコの一部であるかのような状況も見られる。米国内へのメキシコからの合法・非合法の移民は時とともに増加し，ヒスパニックは合計特殊出生率も高い（白人1.8に対してヒスパニックは3.0）ので，2040年にはヒスパニックが人口の25％を占めると予測されている[17]。この傾向が続けば，あるいはいつかアメリカ合衆国がラテンアメリカの一部になる日が来るのかもしれない。

第3節　ヒスパニックは人為的に作られたカテゴリー

　黒人は，奴隷として売られることで米国に渡ってきた。そして南北戦争によって奴隷制が廃止された後も，南部諸州では長く人種隔離政策による公然とした差別の対象であり続けた。1954年のブラウン判決によって，教育における人種隔離政策の違憲性が確定したが，各種の社会的差別は事実上温存されていた。主にこれを解消することを目的として，1964年の公民権法がジョンソン大統領の下で制定された。これは，「人種，肌の色，宗教，性別，国籍」による差別を廃止するための包括的な連邦法であって，それを実行するために社会に介入する大きな権限と責任を連邦政府に与え，そのための政府部門が創出された。そしてこの法律が体現する原則が，立法時の予想をはるかに超えて拡大適用されることで，以後のアメリカ社会と政治が大きく変わってゆくことになる。当初そんなことになると予想した議員や評者は少なかった。一般の選挙民はなおさらであり，深刻な形で社会と自分たちの生活を変化させる法律に賛成したのだ，と理解していた国民はほとんどいなかった。これを C. コールドウェルは次のように言う。「予期に反して公民権イデオロギーは，特にそれが法律化された時，不断にかき回して政治改革を生みだすまったく新しいシステムのモデルになった。正義と人間性の名によって要求されるものの定義は拡張された。人種統合は，すべてを包括する多様性のイデオロギーへと転化した。」「現代の公民権法立法者と（南北戦争後の）19世紀の立法者との差は，権力の理解とそれを揮う才覚（の差）にあった。彼らは，強制を厭わず，将来の世代に予算上の負担を掛けることに頓着せず，新しい自由を確保するために既存の憲法的自由を危険にさらしても平気だった。」[18]

---

(17) 2020年の国勢調査では，プエルトリコを含めると，19.5％，65,329,087人となっている。ポルトガル語圏を含む。

(18) Christopher Caldwell, *The Age of Entitlement; America Since the Sixties*, 2020, p.

第Ⅰ部／第1章　移民の奔流と国民国家

　こうして，対権力における個人の自由権確保を核にする1787年（人権規定は1791年）の連邦憲法（規範の世界における現行憲法）と1960年代の米国社会の大変化を受けて国家による「平等」社会の実現を広く要求する公民権法，特にその拡大解釈（事実の世界における「進歩的」憲法）とは，あちこちで矛盾を生じさせることになった。そして人々は，この両者のどちらに従うのかの選択を，いつも迫られることになる。それでも，南北戦争後の南北間の修復・再統合がなかなか進まなかったのに比べて，公民権法がもたらした社会変化は人々に受け入れられているように見える時期が続いた。しかし2016年の大統領選挙でトランプが勝利したことで，背後に存在していた人々の不満が表面化した。不法移民問題は，逆にいえば市民権問題である。「アメリカ人とは誰か」という（ハンティントンの）問にトランプは，それまでの想定とは異なるある意味で古典的な回答を出すことで支持を集めたからである。実際，社会のエリート，ジャーナリスト，学者，IT産業界の成功者，高級官僚などの世界で事実上の「進歩的」憲法への支持が拡大してゆく一方で，公民権法を導入したことを成果として誇る民主党は，ジョンソン（1969年退任）以降，1期4年だけのカーター政権のみを例外として，ビル・クリントン（1993年就任）まで，大統領選挙で共和党に破れ続けたのである。多くの選挙民はこの間，かならずしもこの「進歩的」な方向に進む国の歩みを支持していなかった，ということであろう。しかしそれを規範理論として明確に言語化する政治家は，トランプまでいなかった。だから彼は多方面からエスタブリッシュメントの猛反発を受け，前例のない2度の弾劾訴追にもさらされた。

　拡大適用される公民権法的世界の下では，被差別者とされることが利益となる。入学，雇用，政治的発言権，社会的地位，などに関して，マイノリティには事実上の優遇措置が与えられるが，それをもたらす政策は時期によって異なる名称で呼ばれる。（クォータ制を含む）積極的差別解消措置，多文化主義，属性政治，そして現在で中心となるのは，多様性と社会正義である。理念としての論理はそれぞれの語によって多少異なるが，結局「被差別者」を様々な場面で優遇するという扱い（preferential treatment）自体には差がない[19]。この種の

---

　5 and p. 11.
（19）　現在の連邦最高裁の立場は，クォータ制は違憲だが人種への配慮一般が違憲なのではない，というものである。そして，ハーバード大学が入学で（アフリカ系やヒスパニックを優遇しながら）アジア系の人数を抑える差別をしているのではないか，として争われた裁判で，ある連邦地裁判事は以下のように述べて大学の措置を合憲とした。

第3節　ヒスパニックは人為的に作られたカテゴリー

運動にはつきものだが,「我々は差別されている」と主張することでもっとも利益を受けるのは,運動のリーダー,活動家,たちである。彼らは,（場合によってゲリマンダリグ的に区画される）マイノリティ居住地区の選挙区で勝利して,地方レベルそして国政レベルの政治家へと進出したり,特定マイノリティの代表者として予算を獲得・執行したり,各種公的機関の委員を務めたりする。そして大学では,別枠での入学が許されたり,優先的に教員ポストに採用されたりする[20]。しかし日本の被差別部落運動の経験からもわかるように,マイノリティの中でリーダーの利益とフォロワーの利益が一致するとは限らない。差別される一般の者の利益は,差別されない社会に住むこと（有名なM. L. キングの「I have a dream!」演説が「夢」と呼ぶもの）にある。そして江戸時代の士農工商の身分差別のごとく,その差別がかつて行われていたこと自体が忘れられ,（かつての各人の先祖の）それら身分への所属が誰の関心もひかない状態になることで,差別は完全に社会的にも消滅する。しかしリーダーは,差別の継続が社会で認められないとリーダーとしての地位を維持することができない。なくなってしまった差別のためには,補助金や役所の担当者,活動家やリーダー,その属性によって採用される大学教師,はいらないからである。だから,実際の差別解消が進むほど,活動家からは残存する差別の存在が大声で叫ばれることにもなるのである。

　被害者・少数者であることによって（特に運動のリーダーが）利得を得られるようになった,米国の規範世界の変動を背景にして,黒人以外の「マイノリティ」が,一部の活動家たちによって,意図的に「構成」されてゆく。それはまた,政府の役所やその他民間財団でこの活動のために給与を受ける担当者たちが展開する積極的な活動の結果でもある。その最初の例となったのが,「ヒ

「多様性は,寛容・受容・理解を育むだろう。そしてそれらは,人種を意識した入学制度を究極的には時代遅れのものにするだろう。」（傍点嶋津）*The New York Times*, Oct. 1, 2019 上の A. Hartocollis の記事より。
　【後注】その後 2023 年 6 月 29 日に連邦最高裁が,入学に際して人種を考慮することを市民権法第6章（および憲法修正第14条）違反として禁止する画期的判決を出したので,現在は流れが反転している（STUDENTS FOR FAIR ADMISSIONS, INC. がハーバード大学（No. 20-1199）およびノースカロライナ大学（No. 21-707）を訴えた事件への合同判決）。
(20) この間の事情と,現在の米国大学内における,私からすれば想像を絶する異常な事態を報告するものとして, Michael Rectenwald, *Springtime for Snowflakes: "Social Justice" and Its Postmodern Parentage, An Academic's Memoir*, 2018。本書第3章第1節参照。

15

スパニック」である。

　アメリカの統合的なアイデンティティを，意図的にまたは意図せずに分裂させる種々の各民族グループの運動を批判するM. ゴンザレスの本[21]は，個人の努力による社会上昇と同化というアメリカ的な古典的理想に依拠するメキシコ系アメリカ人のジョージ・サンチェス教授が1950年代に，ラテン系のアメリカ人のために特別のグループを措定して議論し活動しようとする同じくメキシコ系の若い学者フリアン・サモラに送った批判的手紙の引用から始まる。その趣旨は以下のとおり。非ラテン系を仮に「アングロ」と呼ぶと，そこには（イギリス系以外にも）ドイツ系，イタリア系，ユダヤ系，カソリック，プア・ホワイトなど無数のものが入る。そのアングロがもつ定義可能な共通文化（アングロ文化）なるものがまずあって，それに対応するものとしての独特のラテン文化がある，などという主張はばかげている……。

　この手紙が引用可能になったのは，後にこの運動の著名なリーダーになった当のサモラが，「スペイン語系アメリカ人」のためのコロラド州健康保険プログラム（まさに属性政治運動の成果）への投稿論文でこの手紙に言及しているからである。米国流の国勢調査では，それぞれが自分の人種を選択肢の中から選ぶ[22]。そしてサモラたちによる「ヒスパニック」創設運動が力を得てそれが選択肢に入る以前には，ほとんどのメキシコ系アメリカ人は自分を白人と同定していた。サンチェス教授の前述の手紙はその立場からのものである。ゴンザレスによれば，「属性政治（IP）活動家の大半は最初から，アメリカを完全に変えるための戦略として，国を複数のグループに分裂させることを意図していた。」「今日属性政治があるのは，そのカテゴリーのメンバーたちが，国とそのシステムへの恨みを注ぎ込まれ，自分たちの不満を育てることに対して本物の金銭的利益を与えられるような，エスニシティと性のカテゴリーを政府が作り出したからである。」以下，ゴンザレスの議論を私なりに要約してみよう。

・グラムシ，マルクーゼ，化されたマルクス主義（客観的経済的搾取よりも意識上の抑圧を重視）の影響が，米国左翼の中に強い。彼らは，国を分断し，

---

[21] Mike Gonzalez, *The Plot to Change America: How Identity Politics Is Dividing the Land of the Free*, 2020.
[22] この「選択肢」の特定自体が，大きな政争の種になる。オバマ大統領は2016年9月に，「近東および北アフリカ出身者」という地域名で，実質はイスラム系をエスニック・カテゴリーとしてこの選択肢に入れる手続きを始めたが，予想に反してヒラリーが大統領になれなかったために，計画は頓挫した。*Daily Signal*, Jan. 28, 2018. のゴンザレスの記事による。

第3節　ヒスパニックは人為的に作られたカテゴリー

反感を植え付け，国民のサブ・グループに対する選択的利益付与を要求する。そしてグループのリーダー達が政治的経済的に利得を受けるような体制を作り上げる。これが目指され，その体制は一定程度実現した。
・ヒスパニック，アジアン・アメリカン，は人為的に作り上げられたグループである。それを主流派と対立させ，革命的情勢を生みだす，という戦略が追求された。これには，戦闘的フェミニズムも含まれる。
・1964年の公民権法は議会討論の中で，この法がそのような選択的利益付与を正当化することはない，という明示的確認の下に作られたのだが，途中で逆に利用されるようになってしまった。差別解消から特別利益付与へと至る論理は次のように進む。黒人への差別を許容しない（これに反対する人はほとんどいない）→黒人その他マイノリティと抑圧されているグループの救済と補償のために，選択的な利益付与をする→（様々な分野で）結果として人口比と乖離する比率が実現していること自体が，差別存在の証拠として扱われるようになる。これは結果不均衡（disparity）論といわれる→この不均衡を解消するための積極的差別解消措置が必要になる→その目的のために無制限の政府介入が正当化，要請される。
・結局属性政治は，ブラウン判決以前の「分離すれど平等」に戻ることを要求している。ただ，その場合の差別を逆にする（非差別者が差別者を差別する）だけである[23]。これは，（1896年に人種隔離を合憲と判定したプレッシー対ファーガソン事件判決から）「Plessy 2.0」と呼ばれる。

……以下保守派が採用すべき方針については……
・保守派はむしろ，同判決におけるマーシャル・ハーラン判事の反対意見が言う「色盲原則」を支持する。法においても政府の政策においても，人種やエスニシティへの着目（優遇，差別）は一切許さない，立場である。
・そのためにまず，少数派優遇策に使われている巨額の予算（これは実質上アメリカ分断活動への誘因を提供している。またこれに携わる役人達と政府部局を維持している）をすべて廃止することから始めるべきである。
・次には，人種に注目した選挙区割を廃止する（その種の選挙区から選出され

---
(23) 最近あちこちの米国大学のキャンパスで設けられている「安全空間」もこれに当たる。多数派の「論争的暴力」などにさらされる心配のないマイノリティだけが入ることの許される空間が確保されるのである。前掲注(20)参照。また，寮に入る時に，同室者として希望する人種を特定するとか，卒業式を人種別に実施する，という扱いも広がっている。これらが逆向きの人種隔離である点に疑いはない。

ている議員が，そのグループの代表として行動することも抑止する）。また，そのグループ内の個々の人に対する（雇用，教育，居住，などに関する）クォータなど特別扱いを廃止する(24)。

　以上の属性政治をめぐる問題は，移民問題の枠を一部はみ出している。しかし，上述の J. サモラはヒスパニック（エスニック）研究の創始者として認められており，1973 年にララザ（La Raza：スペイン語で民族の意）全国委員会を設立した。そしてララザは，「過去半世紀にわたって，教育システム，アメリカ企業，政府の中に属性政治を植え付ける努力の先頭に立ってきた(25)」。つまりヒスパニックに代表される移民のアイデンティティ問題は，黒人差別問題とならんで，属性政治推進の中核に位置している(26)。

第4節　若干の理論的考察

1　リバタリアン的な解決

　単純化すれば，この種の問題に対する規範的な選択肢は二つある。第一は，各個人による自分にかかわる自由判断の権利を認めて，それが社会的にいかなる帰結を生じさせるかはなるに任せるべきことだと割り切る，というものである。これは移民問題では，他国へと移民する個人の自由を基本にするアプローチとなる。純粋なリバタリアンはこの選択肢を採用する(27)し，現在米国の大学内を闊歩し，批判に対してはキャンセル・カルチャーと称される排他的抑圧行動を展開する，アメリカの国家と社会の破壊をねらっているかに見えるポストモダン的反国家主義者も，これを歓迎すると思われる。「アングロ・プロテ

---

(24)　【後注】これら是正策のかなりの部分は，2025 年 1 月 20 日にトランプ大統領が就任した当日以降の数日の間に行政命令（executive order）として（大統領権限で可能な範囲で）実行に移された。

(25)　ゴンザレス前掲注(21)より。

(26)　ただし La Raza の名称は，スペイン語の文脈において，ナチスと同類の民族性崇拝を思わせるという批判があり，現在この団体の名称は UnidosUS に変わっている。

(27)　その例として，Ilya Somin, *Free to Move: Foot Voting, Migration, and Political Freedom*, 2020。しかし，所得再分配政策を全廃して最小のリバタリアン的政府が実現した後でオープン・ボーダー政策をとる，というならまだ理論上の整合性があるが，現在の濃厚な福祉国家の下で先に国境の開放だけを行うことは財政的に不可能である。これはかつてミルトン・フリードマンが指摘した点でもある。R. Rector の以下の記事参照。https://www.heritage.org/immigration/commentary/look-milton-open-borders-and-the-welfare-state

第4節　若干の理論的考察

スタントの文化と伝統と価値観」など抑圧者側の価値観にすぎず，要するに旧弊固執者（bigot）の反動イデオロギーであって，すべての抑圧から自由な平等社会という理想を追求する見解からは，むしろ打倒すべきものだ，と考えられるからである。しかし同時にこのアプローチは，人権論としてはわかりやすく，法律家的発想からも自然に感じられる選択肢になりそうである。その場合，個人に一定の権利を認めることで発生する社会的結果（「我々＝アメリカ人」の変貌）への配慮は，規範的判断へと至る論理ステップの中には登場しない。それゆえ，架空の議論ではあるが，上記のアメリカ合衆国のラテンアメリカ化がたとえ帰結するとしても，それは誰かの人権を侵害するわけではないので，規範的判断と無関係であって特に問題にする必要はないのだ，という結論になるかと思われる。

　また，個人の自由選択を国民構成の排他的な根拠としなくとも，いわゆるシビックナショナリズムというものもある。特定の歴史・伝統とか文化に国民を係留する[28]ことなく，普遍的な原理原則（「自由と平等」など）を受容する市民によって構成される国民が市民となってネイションを構成する，という国（＝ネイション）のイデアである。普遍的である以上，その原理原則を維持する限りそのネイションは，いかなる個別的な歴史や経験とも両立するはずである。別の言い方をすればそれは，糸の切れた凧のように，普遍の世界であらゆる個別性，つまり今ここ，という条件からはずれて漂う。しかし，そのように構成されるネイションと今ここにいる「私」とは，個別性なき普遍的タームによってのみ繋がることになるしかない。しかし私はそれを「愛する」ことができるだろうか。抽象的にしか特定されない「私の国」に，他の国とは異なる特別の意味を感じることが可能だろうか[29]。普遍語のみで語られる国家・国民論には，大きな弱点があるように，私には感じられる。特に，特定のネイションと具体的個人を繋ぐ絆に含まれる言語化されない要素に着目するなら，なおさらである。非言語的要素は当然，抽象化することができず，普遍語で表現することが

---

(28)　アントニー．D．スミスのナショナリズム論は難解だが，結局彼も「ネイション」が特定の歴史・伝統・文化に係留されるものであることを，限定的にではあるが認めている。参照『ナショナリズムとは何か』庄司信訳，ちくま学芸文庫，2018年。

(29)　これは「愛」と普遍性の齟齬とも言える。「なぜ彼女を愛するのですか」と問われて「○○だ（美しい，知的だ，やさしい……）からです」と一般的・普遍的なタームで答えるなら，「それならもっと○○な人は世界に大勢いますが……」という反問に窮することになるからである。この場合の答えは，個別性にかかわるものでなければならない。

きわめて困難だからである。「私の国」や「私の仲間」に対する親しみと愛着は，その対象がもつ一般的性格を表現する言葉だけで言い尽くせるものではないだろう。もちろん逆にこれを徹底すると，有害な部族主義に行き着く危険もある。だからネイションは，部族主義と普遍主義の中間のどこかに位置を占めるべきなのである[30]。

2 アイデンティティの集合的選択

　もう一つの選択肢は，主権者としての国民は，集合的決定によってしか実現できない何らかの必要性が強く自覚される場合，それが満たされるような集団にかかわる決定を，民主主義のルートを通して行うことができる，というものである。ここでは，何が個人の自由な決定に服し，何が集合的決定の対象でありうるか，の判定がもっとも難しい。集合的決定の対象となる事項については，そこでの決定が個々人の選好に優先することになるから，少数派の選好は実現できなくなる。つまり，集合的自由は個人的自由の敵となるから，むしろ必然的に，自由の名による自由の抑圧が発生する。この場合民主主義の下では，集合的決定の主体と措定されるのは，主権者としての「国民＝ネイション」である。国民国家の自己決定に着目するこちらの選択肢をもう少し考えてみよう。

　私は，米国がラテンアメリカの一つになってほしくないと思っている。コモンローを中心とする英国の伝統を受け継ぎながら，それをより開放的に発展させた共和国としての「アメリカ」は，外国として見ても世界史の中でもっとも魅力に富んだ奇跡のような存在である。建国に際して行われたインディアンの虐殺とか，内戦によってやっと廃止が実現した黒人奴隷制度と，その残滓としての人種隔離政策の時代とか，恥ずべき歴史の暗黒面が米国にあることは否定できない。それでもこれらを否定的に語ることを可能にしているものも，まさにアメリカが何よりも優先してきた自由，特に批判的言論の自由である。だから自由の国という表の顔は，背後の利益関係を覆い隠す虚偽の薄い仮面にすぎない[31]のではない。

---

(30) 川瀬貴之『リベラル・ナショナリズムの理論』2021年，および施光恒「ナショナリズムは批判的合理主義の観点から擁護可能か」『批判的合理主義研究』12巻2号とその文献表にある施氏の他の論文など参照。

(31) このようなアメリカ史の理解は，いわゆる批判的人種理論として，左派の教師たちが（小学校から大学まで）広く教えているもので，現在生徒の親たちと（教員組合または学校当局）の間で，歴史教育の内容をめぐって裁判を含む紛争・対立が進行中である。この急進的立場の理論家として，イブラム・X・ケンディなどがいる。マルクス主義の

第4節　若干の理論的考察

　現在アメリカが受け入れている移民の中では、ヨーロッパからの移民はごく少数で、大半はラテンアメリカとアジアからの移民である。この関係が当面は変わらないとすると、それらの移民たちと上記のアングロ・プロテスタント的な価値観との調和を自覚的に図るような、教育を含む移民政策を、連邦と地方の政府が採用する必要がある。もちろんそれは、現在の「多様性」を何より重視する規範的環境とは整合しない[32]。しかしもし「主権者としての国民」がそれを選択するのであれば、無制限の多様性志向に制限をかけて、ナショナル・アイデンティティの保持をめざすことも、可能になるはずである。ここでの個人の選択と集合的主体の選択の関係は、カナダにおけるケベック州（州法によってフランス語の強制などが実施されている）に見られるものに接近しそうである。ちなみに、多様性や多文化主義の行き過ぎが国民の分裂を帰結する危険がある、という論点は、A. シュレージンガーなどが、1990年代初めから警鐘を鳴らしてきたところである[33]。そして彼が保守派ではなく、J. ケネディ大統領の補佐官を務め、その伝記を書いた民主党派の歴史家であることにも着目されたい。

　Y. ハゾニーは、「個人の自由の概念は……それ自体が特定の部族およびネイションの文化遺産なのであ[34]」り、「イギリスやアメリカで保障される個人の自由は、個人が単に「生まれながらに」もっているものではなく、それどころか、何世紀も試行錯誤を重ねて作られた複雑な仕組みの成果[35]」なのだという。彼は、全世界が均一のリベラリズムに包摂される「帝国主義としてのリベラリ

階級対立論・搾取論を人種間の関係に移して「人種資本主義」を論じる、といった立論である。この立場から見た場合、米国建国に際するもっとも重要な出来事は、1776年の独立宣言ではなく、1619年にアフリカからの黒人奴隷を積んだオランダ船がヴァージニア植民地のジェームズタウン近くに着いたことだとされる。そして以後の米国史はすべて、奴隷制との関連で自虐的に語られる。

(32)　この文脈で価値としての「多様性」とは結局、少数派優遇策であり、実力主義の逆数である。一般に流布している用語ではないが、人種に関連するこれと対立関係にある原理を「色盲的実力主義（colorblind meritocracy）」と呼ぶ議論を目にしたことがある。

(33)　Arthur M. Schlesinger Jr, *The Disuniting of America; Reflections on a Multicultural Society*, 1991.（都留重人監訳『アメリカの分裂』1992年、として邦訳があるが未入手）米国の教育の場における多様性論の登場（1987年のスタンフォード大学がきっかけ）については、David O. Sacks and Peter A. Thiel, *The Diversity Myth; Multiculturalism and Political Intolerance on Campus*, 1998 も参照されたい。

(34)　ヨザム・ハゾニー『ナショナリズムの美徳』庭田よう子訳, 2021年（電子版）, 333／5205。

(35)　同上, 3019／5205。

第Ⅰ部／第1章　移民の奔流と国民国家

ズム」を否定し，複数の独立した主権国家からなる国際秩序を擁護する。その議論は，古代ユダヤの聖典などから始まり，我々にとって異質なものも含むが，結論には賛成できる。私なりのネイション・ステイト擁護論を二つあげておく。一つは，ここまで見てきたように，現代の「リベラル」派は，自由と平等についての自分たちの解釈，もしくはそれらの特定のヴァージョン，に自信をもつあまりそれを，批判を許さず他に押しつけるある種の無謬主義に陥るきらいがある。しかし，自由の可能な解釈は多様であり，異なる伝統の中で自由社会のヴァージョンは分岐してゆくことができるはずである。「自由を押しつける」というパラドクスを避けるためにも，国境で区分された複数の国が，自律（集合的決断の自由）のもとでそれぞれの解釈に従って国家と社会を運営してゆけるのが望ましい。

　二つ目は，ある種の進化論である。どの国家体制がよりよい現実の社会を生みだしうるか，を判断するためには試行錯誤のプロセスが欠かせない。経済の自由体制が計画経済に勝利したのは，両者の理論の優劣にたいする学問的比較の結果というより，それらがもたらした現実を人々が目にしたからである。100人の学者は100の理論を創るだろうが，問題はそれらのイデアとしての望ましさ以上に実行可能性にあり，それが現実に何をもたらすのか，である。だから，発見過程としての可謬主義的な国際的政治体制間競争が必要である。所得の再分配を行うためだけにも，国家的強制力が必要である。ではそれを何の目的で，どのように使うのがよい結果を生みだすのか。多くの試行が行われ，世界の人々がその成果を見ることができる環境がなければならない。皮肉な言い方をするなら，民主主義の最大の利点は，それが誤り，修正することができる，という点にある。まずは，誤ることができねばならない（無謬主義的な独裁体制にはこれができない）。だから，権力の利用法についての試行錯誤を含む集合的な決定の単位としての複数の国民国家が，やはり必要である。それに加えて，項目として挙げておくことしかできないが，究極的には自由の敵と戦う仲間としての団結の単位として，ネーションが必要である。古来ネイションは何よりも，戦いの単位なのであるから。

　この世の問題を最終的に解決（redeem：贖い，救済）するユートピアを夢見る人々（世俗主義者も宗教者も）は，その目的地に着くことができることを前提して，その実現に（他者の自由を含む）すべてを犠牲にしようとする。しかし，それが不可能であることを前提にする保守主義者は，不確定の未来に想定される目的実現まで待つのではなく，今ここで，（個人の）自由を要求する。そし

てそれは，上記の救済者（redeemer）たちとの不断の（言論上の）闘いを，そして共に闘う仲間を，必要とする(36)。

　この系統の思考の先に，国境で区分される複数の国民国家からなる世界の擁護論が展開できるのだと思う。

おわりに──自由民主主義の普遍性如何をめぐって(37)

　1989年以降の社会主義崩壊がおきて以来，自由民主主義が我々にとって唯一の体制だ，という理解が一時広まった。楽観的な人々は，世界がそれに向けて進むだろうと予測もした。しかし現在の世界で，その種の体制の下にいるのは，地球人口の半分もしくはそれ以下であり，むしろこの体制下にいる人口はゆっくりとだが減少中のようである。共産主義を脱した旧ソ連とその周辺の諸国は，自由民主主義の恩恵を享受するのかと思われたが，ロシアも他の多くの国も，現実には半権威主義から脱せていない。いや，脱さないことを人々が選択しているというべきだろう。またアラブの春で民主主義的な選挙を実施したイスラム圏の諸国は，民主主義的な手続きを遵守すればするほど，「神の権威に服従せよ」とする人々が選ばれて，自由からは程遠い政治体制にしかならない。そしてその過程を止める唯一の方法が，近代化された軍によるクーデターだったりもする。これと別にITテクノロジーを駆使して言論統制を徹底する共産党支配下の中国という大問題がある。

　一方，自由民主主義の砦と考えられた米国の現状は，ここで論じたように，むしろそれから遠ざかる方向に進んでいるかのようである。だから現在私は，自由とか民主主義は一つの価値に過ぎない，ということを我々が認めるべきではないか，と考えている。他の文化や宗教の中にいる人々がそれを認める必然性はないのかもしれないが，それは私の，そして同じように考える他の仲間たちからなるネイションの選び取った価値なのであり，少なくともその資格で尊重を他に要求できる。自由や民主主義は，内から見ると普遍的だが，外からもそう見える保証はない。しかし，欧米で信教の自由が確立してきた経緯も，同じようなものではないだろうか。唯一神を信じる人々が，他の信仰をもつ人々

---

(36) この節の文章は一部 David Horowitz, *The Black Book of the American Left*, 2013. の末尾掲載の論考からインスピレーションを得ている。

(37) 以下は，初出の際に紙幅の関係で削除せざるをえなかった元の原稿を復活させている。

第Ⅰ部／第1章　移民の奔流と国民国家

と真に共存するというなら，どこかでこの種の矛盾を飛び越える手品・奇跡が必要だろう。歴史的にヨーロッパではそれは，宗教戦争を経た後の政教分離と政治における世俗主義の確立を必要とした。本論文は，実は後半でヨーロッパに移民するイスラム教徒のことを論じる予定だった。そして前半と後半を通した私の中心的関心は，自由民主主義の普遍性如何という問題であった。まだそれは，テーマとして提示する以上のことは何もできていないが，その半分を論じたことで，今は筆を置かざるをえない。

【後注】手抜きではあるが，私の読んだヨーロッパの移民問題を論じる著書をいくつか挙げさせていただく。
- ダグラス・マレー『西洋の自死：移民・アイデンティティ・イスラム』町田敦夫訳, 東洋経済, 2018年（ヨーロッパに押し寄せるイスラム系移民とそれにより変貌しつつあるヨーロッパを詳細にルポしている。それを容認する政治家の発言なども紹介するが，私の関心対象であるイスラムの教義自体にはまったく触れていない。原書2017年）
- Christopher Caldwell, *Reflection on the Revolution in Europe; Can Europe Be Same with Different People in It?*, ALLEN LANE; an imprint of PENGUIN BOOKS, 2009（上記マレーの本は衝撃をもって受け止められたが，もっと以前にこの問題で警鐘を鳴らす本は，この本を含めていくつもあった。）
- 三井美奈『イスラム化するヨーロッパ』新潮新書, 2016年
- 川口マーン恵美『移民 難民：ドイツ・ヨーロッパの現実 2011-2019』（株）グッドブックス, 2019年
- ずっと以前に外国人労働者問題が議論された時に，西尾幹二氏が展開した強力な議論に感銘を受けたことも記しておきたい。私なりに要約すれば「(宗教を含む)文化の差をなめてはいけない」ということである。参照：『「労働鎖国」のすすめ』PHP研究所, 1992年（kindle 2017年）

第2章　自由主義は反自由主義を包摂できるか
——アヤーンとチャンドラン

第1節　問題状況

　ロールズ以来われわれは，一つの政治共同体の中では一つの正義が共有されることを前提にしてきた。本稿は，C. クカサスの議論を題材にして，この前提の外へ出る可能性を検討するためのものである。
　ロールズにはこの前提があったから，原初状態の人々はまず，社会契約によって作り出される社会で妥当するべき正義の基本原理について，全員一致の合意を得る必要があった。そこでの合意を獲得することができるとロールズが考えた「正義の二原理」を構成する第一原理は，平等な自由の原理であり，これはその政治共同体が，社会構成原理としてのリベラリズム（以下この語は「自由主義」と互換的に使う）を選択することを意味する。「平等な尊厳をもつ個人の自由」に価値を置くことが自由主義の本体であり，そこでは，何のために生きるか，つまり善の問題は，個々人の選択にまかされるのでなければならない。そのようなものが実際に他から区別可能かには大いに疑問もあるが，ロールズの場合は分配の対象になるものを基本財（primary goods）という，目的と独立の手段的財に限定することで，これは達成されるはずであった。基本材は，人がどんな目的を選択しようとそれが多いほど目的の達成に有利になるような財，なのであり，だから異なる目的を追求する人々が一様にそれをより多く受けたいと思う。それを分配するための原理が，彼にとっては社会契約の対象となる正義の基本原理なのである。
　井上達夫流の言い方をすればリベラリズムの核は，個々人が選択する様々な善または人生の目的それ自体に内在的な価値上の差異があることを，政治的決定の前提としてはならない，という原理にある。これがすべての正義に当てはまること，つまり正義の構想と区別される正義の概念の問題だ，という議論には疑問がある。むしろこれは，リベラルな正義がもつ特徴，つまりこの名で呼ばれる特殊な正義構想がもつ顕著な性質だ，というべきだろう。また，私がここで論じたいのは，初期の井上が論じたような無限の時間の中で正義について

第Ⅰ部／第2章　自由主義は反自由主義を包摂できるか

論じ続けるような哲学談義[1]ではなく，現実の政治共同体の構成原理としての自由主義である。以下に詳しく論じる予定であるが，もちろん実際には自由主義を掲げる社会の中にも，自由主義に反対の者はいくらもいる。たとえロールズが考えたように，その者たちは仮想的な原初状態に置かれれば平等の自由を規定する正義の第一原理に反対しないとしたところで，われわれの世界は原初状態ではないし，人々はいつもリーズナブルなわけでもないから，これは論理的にも経験的にも疑えないことである。ただ本稿で扱いたいのは，自由原理への反対の源泉が，ずっと深いところにあるような自由に対する異端者，というより異教徒，たちの場合なのであるが。

　私の考えでは正義とは，強制的にでも実行されるべき社会的ルール，またはその規制理念のことである。この二つの間には，目指されるものと手に入ったその候補という差があるが，認識における真理の理念とその候補としての個々の認識との関係と同じく，規範における正義の場合も，実際にそれが機能する場面では，理念と該当候補の二つは同視して扱われる[2]。候補のままではそれに正義の力を与えられないからである。われわれは，実際に共同体を運営するにあたっては，一定の時間と手続きの中で正義についての結論を出し（それでも規制理念は超越的であり続けるが），問題を解決してゆかねばならない。そして一旦何かが正義だと決まれば，それは強行されるし，されねばならない。それを正義と認めない者に対しても，である。だから，ある政治共同体が自由主義的な正義を採用した場合，上記のように現実に存在する，自由主義に対する反対者たちに対しても，その正義は強制されざるをえない。それはこれが，自由主義だからではなく正義だからである。強制されない正義は正義の社会的機能を果たさないのである。

　そうだとするとリベラルな正義論は，公共的決定の場面に限ったとしても，善についての不可知論または相対主義と，正義についての正解既知論とを結合してみせていることになる。これが論理的にまた実際に可能か，については従来議論の綻びが予想されているところである。正義が一元的でかつ既知なら，

---

(1) 『共生の作法──会話としての正義──』創文社，1986年，特に第5章。その書評として拙稿「論理の射程」創文270号（1986年）。

(2) 　もちろん，その候補を不適として別の候補を模索する場面では，二つのレベルの差が意味をもつし，これを完全に同視すると実証主義になる（参照：C. Schmidt, *Gesetz und Urteil: eine Untersuchung zum Problem der Rechtspraxis*, Beck, 1969）のだが，それを論じることが本論の目的ではないので，ここでは割愛する。

第 1 節 問 題 状 況

善もそうかもしれないし,善が多元的なら,正義もそうかもしれないからである。ただ,正義の普遍性に限定すれば,これが問題になった時点での私の答は,正義の普遍性は,それを正義として主張する者の中で信じられ,そのようなものとして扱われていれば十分だ,というものであった。相互に異なる内容であっても,いやしくも正義を主張する者たちは,それを実行する場面になると,自分の主張を普遍的ルールの問題だとして扱うことで,インテグリティーを証明せねばならない。それができない者は,元々正義ではない別のものを主張していたことになる。しかし,普遍性の要請はその限度,つまりある意味主観的な普遍性で足りる。『テアイテトス』のプラトン風にいえば,「○○が正義である」という主張をするに当たって,○○の部分——これを「候補」と呼んでいる——は様々でありうるし,逆にいえば個々の候補は誤りでありうるのだが,何かが「正義である」と主張するための条件としては,それで足りているのである。

その後,ロールズ批判として共同体論が様々に語られるようになった。当初登場したのは,「共同体(コミュニティー)」の名称のみでその当てはめを不明瞭にしたまま,共同体から切り離された裸の個人を選択の主体とするようなカント主義的,または個人主義的なロールズのリベラリズムを批判してみせる議論であった[3]。われわれは実際,原初状態が想定するような,あらゆる自分の偶然的要素にベールをかけられた状態で,有意義な選択はできないから,その限度で共同体論は正しい。しかしこの議論はある意味で,個人主義をより豊かな文脈に置くことでそれを補完するものにすぎず,リベラリズムの根本に挑戦するものとは思えなかった。

しかし個人の選択にその意味を提供し,実質的な自由を可能にするような文脈は,それを共同体と呼ぶかどうかはさておき,それ自体が偶然的なもの以外ではありえない。だからこの議論は,当初の社会契約の当事者となる個人を,無知のベールさえかければ政治共同体において均一な主体であったはずの存在[4]から,様々に異なる歴史と文化によって構成される複数のグループへと分かつことにならざるをえない。

この文脈で多文化主義が登場する。公共的決定と区別可能な個人の選択また

---

(3) M. Sandel, *Liberalism and the Limits of Justice*, Cambridge UP, 1982(1998, 2nd ed.).
(4) 実際には,「一般的情報」は無知のベールを通り抜けるので,そのレベルでの個人差が問題になるはずだが,ロールズはこの点を真剣には扱わない。

はその累積で実現できるような価値と別に，集合的にしか選択できない価値がある。たとえば，原初状態で人々は基本原理の選択について議論するというが，これは何語で行われるのか。ロールズの母国語である英語以外の言語を選びたい人々はどうするのか……。しかし英語の選択が偶然的であるとともに，それが不利になる人は，少数派かもしれないが，ロールズの想定する世界にもたくさんいるだろう。この分野の指導的理論家である W. キムリッカは，リベラリズムの枠組をできるだけ壊さない限度で，特にマイノリティーに着目して集団的権利を導入しようとする[5]。これを詳論することは本稿の目的ではないが，要するに彼の議論も，リベラルな個人主義を前提として，それを可能にする複数の歴史的・文化的集団を法的・政治的存在として是認しよう，ということである。その理由は，個人がそれを必要としている，または，多くの個人がその言語や文化を保存することを重要だと考えている，ということにある。個人的決定を集めるだけでは達成されないが個人が求めている価値・目的・利益があるなら，人々は集合的な存在として活動するしかない。制度的には，集合的にしか実現できないなら集合的主体にそれを追求する資格を与えるしかない。もちろんこれには危険が含まれていて，行動・活動・権利の主体として集団を想定することを始めるや，個人はその下で二義的な存在として扱われ，自由な個人が画餅化するおそれがある。理論上これを極力回避しながら，集団的な自立，政治参加，言語や文化の保護，などの権利を是認する方向に進むのがキムリッカの議論である。ちなみに，後に問題にするクカサスの議論は，キムリッカに対する批判的検討を出発点の一つにしているが，そのポイントは彼がキムリッカの理論を「自律に対する包括的コミットメント」とみなす点に現れている。もちろんこれは後期ロールズの用語であり，クカサスは明らかに，前期ロールズより後期ロールズを評価するが，それをもっと先に進めている，といえるだろう。

　以上は，現代の法哲学者には常識に属する正義論の経緯にすぎない。しかし考えてみると以上の流れでは，意図的か否かはわからないが，中心的問題の一つが回避されている。それは，ここで問題となるマイノリティーの共同体または集団が，公然と反自由主義的であった場合にはどうするのか，という問題である。これは第二次大戦後，たとえば西ドイツの基本法を制定する時に，ナチ

---

[5] Will Kymlicka, *Multicultural Citizenship: A Liberal Theory of Minority Rights*, Oxford UP, 1995. 角田猛之，石山文彦，山崎康仕監訳『多文化時代の市民権——マイノリティの権利と自由主義——』（晃洋書房，1998 年）．

第 1 節　問 題 状 況

スのような反民主主義集団，特に民主主義的体制を転覆することを目的とするような集団，に表現や結社の自由を認めるべきか，という形で問題になったこととも同型である。この問題は，西ドイツでは基本法の中に「目的または活動において……憲法的秩序もしくは国際協調の思想に反する結社は，禁止される。」（9条2項）という条文が設けられることで決着した。しかしフランスで同じことが論じられた結果は，実際の違法行為が行われるまで結社や表現の自由を認め，結社にたいする事前の規制はしない，という逆の結果になった[6]。

　ただ，民主主義はいずれにせよ集合的意思決定にかかわるから，反民主主義は何らかの政治行動として現れ，その自由と制限が問題となる。これに反して自由は人間の個人生活と社会生活のすべてに及び，その思考・文化・宗教・日常の暮らしの隅々に，そして何より価値に関わっているので，民主主義以上にずっと扱いがやっかいである。自由は何でないのか，を認識せずにその敵と対抗することはできないのに，自由の中にいる人間もそれをよく理解していないのが現実だからである。この文脈で当面問題としたいのは，欧米のあちこちにエンクレーブ（囲繞地）として存在するイスラム教徒たち，それも西欧的な価値を否定しそれを侮蔑の目で見るような人々についてである。

　この集団がジハード・テロリストの温床となるといった大きな問題ももちろんある。しかしこれは安全保障上のマターであって，そのテーマを論じるための理論的準備はまだないので，直接ここでは扱わない。むしろ扱いたいのは，この集団内で行われている多くのことが，西欧的基準からは人権侵害や犯罪を構成するという事実である。また，トルコのような世俗国家の例外はあるが[7]，近代憲法に普遍的でありリベラリズムの核となる政教分離原則は，ほとんどのイスラム集団の下ではまったく尊重されない。この状況に対してわれわれは，多文化主義論から接近するべきか，人権論を適用するべきか，それとも別のアプローチがありうるのか。正義の適用範囲を論じようという当初の問題設定は，この種のテーマを想定してのものである。

---

(6)　宮沢俊義「たたかう民主制」，『法律学における学説』（有斐閣，1968年）所収。
(7)　【後注】トルコは，エルドアン大統領の下で，ケマル時代のリベラリズムから徐々にイスラム神権政治へと傾斜しているから，ここでの記述は少し古くなっている。参照 Andrew C. McCarthy, *Spring Fever; The Illusion of Islamic Democracy*, 2012, encounter digital.

第2節　ムスリム社会の反自由主義——アヤーン・ヒルシ・アリ

アヤーン・ヒルシ・アリはソマリア出身の女性で，ある時までは全身をヒジャブで覆う熱心な原理主義的なイスラム教徒＝ムスリムであった。しかし個人的体験もあってイスラム教に疑問を覚えるようになり，ソマリアの反政府勢力の政治指導者であった父親の命で，会ったこともない相手との結婚のためカナダに向かう途中逃走し，オランダで最初難民として，その後ソマリア人難民用の通訳として暮らすことになった。その仕事を通じて，主にムスリム女性たちの悲劇的な生活状態を身近に体験し，同時にライデン大学で政治学を学ぶ中で，現在のイスラム教は18世紀の西欧の啓蒙にあたるものを経ていない遅れた教えである，としてそれを批判する立場に転じた。イスラム圏の経済的・政治的停滞の原因，特に女性の地位が改善されない原因は，コーランの教えとシャリーア＝イスラム法そのものにある，と考えるようになったのである。ソマリ語・アラビア語・スワヒリ語に加えてオランダ語と英語に堪能で，口頭での議論[8]と著述の才能に恵まれているため，オランダの国会議員を一期務めた後，ベストセラーとなった『インフィデル』[9]（キリスト教徒とイスラム教徒がそれぞれ相手を呼び合う時の名称，異教徒）を英国で出版し，現在米国の研究所に所属している。しかしこのような宗教的権威に対する批判はイスラム教では許されないため，裏切り者と見なされて不断に暗殺の危険にさらされており，二四時間体制でボディーガードに守られている。実際，オランダで彼女といっしょにイスラム批判の映画を作った映画監督テオ・ヴァン・ゴッホは，2004年11月に暗殺された[10]。彼女は，性器切除を含めてムスリムの社会を内側から体験した後で，生活上も思想上もそれから逃れた体験を，自伝と理論を交えて明快に述べている。オランダからの脱出までを書いた『インフィデル』の後にもいくつか著書が出ているが，最近のアメリカの状況も論じている『遊牧民』[11]を含めて，以下彼女の著書に即してここで必要なことを概説する。私は

---

(8) 2010年10月にシドニーで開かれたモンペルラン協会の大会中に開催されたプリナリーセッション 'History, Culture and the Language of Liberty' で，彼女は報告者の1人であった。4人の報告の後，他の著名な論客たちとの壇上での討論でも，彼女の議論がもっとも明快で鋭かった印象である。もちろん使用言語は英語である。
(9) Ayaan Hirsi Ali, *Infidel: my life*, Free Press, 2007. 邦訳もあるが未入手。
(10) *Infidel* p. xix.
(11) *Nomad: A Personal Journey: Through the Clash of Civilizations*, Simon &

第2節　ムスリム社会の反自由主義

　イスラム教やムスリム社会について詳しいわけではないが，ここでの記述は基本的に事実だろうと自分では判断しているので，それについての責任は負う。
　一般にいえることだが[12]，宗教，特に一神教の教義がリベラルな社会と共生するについての根本問題の一つは，それがほぼ不可避的にもつ権威主義にある。「イスラム」の語源が「従属（英語では submission）」にあることにも現れているように，聖典であるコーランと日常生活の細部にもわたって規範を設定するシャリーアや宗教的指導者の正しさを疑わず，それに忠実に従うことが奨励され，場合によって強制される。自分の頭で考えることや批判的であることは，むしろ非難され抑圧される。特に女性の地位が低く抑えられており，女性の性は，父親・兄弟・夫・息子・男性の親族などの男性が管理し，普通，女性は10代，場合によってその前半で，父の決めた相手と強制的に結婚させられる。国によっては法律上，そうでなくとも習慣上，女性の活動範囲は主に私的な場所に限られる。その延長上に，ブルカやヒジャブなど過激なものを含む様々なスカーフと肌を見せない着衣のヴァリエーションがあり，その着用が要求される。アヤーンは特に問題にしないが，たとえば女性のスポーツなども，この要求を満たすためだけでも，大幅に範囲が限定される。女性の性的な主体性を排除し「純潔」を確保するために，現在も少女に対して広範に性器切除（その後の縫合による貞操帯的部分の創出を含む）が行われている。われわれから見れば処女性に対する過剰な執着というべきだろうが，人々は当然その倫理を内面化するから，強姦の被害者は自分の純潔と未来を失ったことに悲観して自殺し，性に無知で性交渉で予防を講じなかったために HIV に感染した女性は，性交渉は自分が望んだものであったこと[13]を否定する。もちろん婚外子を設けた女性は徹底的に軽蔑され社会から抹殺される。それに関連して何より悲劇的なのは，女性の性を管理することが家族と親族の義務と名誉の問題だと理解され

Schuster, 2010.
(12)　私の理解では，4～5世紀のキリスト教の教父アウグスティヌスの『告白』（上下，服部英次郎訳，岩波文庫，1976年）のポイントは，神に向きあう人間の新しい姿勢を示したことにある。それは，すべての罪を自分に帰する自己に対する徹底的な価値否定を通して，すべての良きことの源泉である神の地位を至高のものにする姿勢である。完全なる神に対して，その助けなしには良きことを行う能力のまったくない自己が向き合う，というその徹底性の中に宗教的魅力が宿るのであろう。
(13)　イスラム圏の女性作家が女性の性欲を正面から扱ったポルノ的小説として，サルワ・アル・ネイミ著，齋藤可津子訳『蜜の証拠』（講談社，2010年），などもある。ただそこでは，イスラム教以前のアラブ地域にあった，もっと開放的な性へのアプローチも示唆されている。

るために，規範から外れる女性が，家族の男性によって一族の名誉を守るために殺害されることがある[14]。また逆にそれができない家族は，名誉を失って親族社会の中で軽蔑の対象となる危険がある。そして人々は経済的社会的に大きく親族関係に依存しているので，その帰結は致命的でありうる。このような「名誉殺人」は，イスラム女性が西欧の文化に接してその影響を受ける機会が多い西欧内の移民社会でも，多く発生している。これと別に，一夫多妻制に関連する問題群もある。

　正義の問題に戻れば近代法の下では，当然名誉殺人を犯す男の行為は殺人罪に当たるし，ヨーロッパ諸国ではその罪で犯罪者の捜索・逮捕・訴追が行われている[15]。当該社会の価値観では名誉を守るためだといっても，その理由が殺人罪の違法性や責任を阻却するはずもないから，西欧の刑法理論を適用すればこの結果は当然である。しかしその当然は，リベラルな価値観を前提にしての当然であることに，改めてわれわれは気づくのである。女性を殺すことは人間を殺すことであり，殺人は名誉のためであっても，いや多分そのような理由であればなおさら，非難に値する。そう結論されるのは，近代的な刑法が自由主義を基礎にしているからである。家長が家族や奴隷の上に行使する支配権を是認するような体制は，西欧にも，そして日本にも，ある時期まであった。しかし現代の先進国の法原理では，家庭内暴力は犯罪であるし，夫婦間にも強姦罪は成立する。親による子供の虐待も犯罪となる。これは要するに，個人の自律というリベラルな価値観に基づくものである。もしそうなら，近代刑法を適用すること自体が，大半のイスラムの人々に対しては自分たちの受け入れているのではない価値を押しつけていることにもなるだろう。それらの人々は，アラーの名においてその犯罪を否定し，その判断の基礎にある自由主義と人権思想を軽蔑する可能性が高い。

　性器切除も，検察が訴追すれば実行者は傷害罪になるであろう。それを受ける者は5歳前後の子供であるから，その同意が違法性を阻却することもありえない。しかし，性器切除の跡は大半の女性の身体に残っているとしても，そし

---

(14) 婚外の妊娠を理由に義理の兄に殺されかけ，全身に火傷を負ったが運良く生き延びた女性の自伝として，参照，スアド著，松本百合子訳『生きながら火に焼かれて』（ヴィレッジブックス，2006年，文庫本），（ソニー・マガジンズ，2004年）。

(15) 私は数年前，インターネット上の米国の新聞で，ベルリンで行われた名誉殺人とその犯罪捜査の記事を読んで驚いたし，それがこの問題に興味をもつきっかけであった。しかしそれは私が無知であっただけで，そのような事件はむしろムスリムに関するありふれたニュースだったようである。

第2節　ムスリム社会の反自由主義

てそれが西欧への移民後に実行されたことが明らかであっても[16]，実際にその実行者を捜査し処罰することは行われていないようである。多分西欧の警察は，文化衝突の問題として，多文化主義的な立場から事実上それを黙認しているのではないだろうか。

　結論的にいえば，ムスリムの社会はリベラルではない。だから，もしわれわれがリベラルな正義概念を採用するなら，「それは正義に反する」と言わねばならないことになるだろう。法学の教科書的にいうなら，ムスリム社会が全体として不正だというより，そこで行われている個々の行為と制度化された人間の扱いが不正だ，というべきだろうが，多分この二つの間に大きな差はない。なぜなら，リベラルな正義をそれらに適用することは個人の自律という価値を押しつけることになり，結局その社会が大きく変わることを事実上強制することになるからである。

　教育についてであるが，ムスリムたちは「欧米の教育はムスリムの娘たちを堕落させる」という。それに対するアヤーンの答えは，

　　本当のことをいえば，西洋の教育はムスリム的生活のあり方を堕落させる。独立した思考の中で娘たちを教育することは，イスラム教の教えに対する挑戦である。しかしそれは，キリスト教の教えやユダヤ教の教えにとっても，かつてはそうだったのである。好奇心と独立した思考の中で持続的に行われる教育のプログラムは，ムスリム的生活のあり方を持続的に浸食するプログラムである。ムスリムの国々の中でこのプログラムを進めてゆくには長い時間がかかるだろうが，西洋諸国の中にいるムスリムたちにはそれほどの時間はかからないかもしれない[17]。

というものである。要するに彼女は，ムスリムの社会はより現代的な，彼女の用語では「啓蒙的な」，ものへと変わる必要がある，と考えている。ただアヤーンの場合は，法と正義を正面にたてて行政や司法の力を使ってムスリム社会の変革を実行しようというのではない。彼女は2008年に「西洋，特に米国にいる女性の権利を戦闘派イスラム教と有害な部族的慣習から守る」ためにAHA（Ayaan Hirsi Ali）基金を設立した。その目的は，「女子に対する教育の

---

(16)　アヤーンの場合は，モガディシオの自宅で5歳くらいで切除を受けている。それを受けないことが難しいような社会的圧力があることなど，詳細については，*Infidel* pp. 31-34.

(17)　*Nomad* p. 160.

否定，性器切除，結婚強制，名誉（を守るための）暴力，女性の移動の自由への制限，などいくつかのタイプの犯罪に対抗して，研究と情報提供と影響力波及を行う」ことにある[18]。

それでも，もしこのような抑圧下にあるムスリム女性が個々の抑圧行為について，西欧の裁判所に民事訴訟を起こしたり，警察に犯罪として告訴したりすれば，司法は何らかの法的な対応をせねばならないから，正義の問題を回避できるわけでもないのだが。

第3節　寛容の自由主義——チャンドラン・クカサス

しかしでは仮に，ムスリム社会に代表されるイリベラルな社会がわれわれの考える正義に反するとして，われわれは一体どうすることができるのか。もっとも望ましいのは，彼らの考え方を変えることである。アヤーンが行おうとしているように，時間をかけて啓蒙活動を行ってリベラルな考え方を広め，徐々にムスリム社会が変わってゆくことを期待することはできる。あるいは歴史上未来のどこかでイスラム版宗教改革が登場して，宗教としてのイスラムの性格が地滑り的変化を被るかもしれない。それとも特に西欧世界のエンクレーブでは，ムスリムたちがキリスト教に改宗することはないとしても，経済的発展によって人々が世俗化することで宗教的把捉力が弱まって，ムスリムたちが個人主義的な経済人に変わってしまう時代が来るかもしれない。彼らにとってはもちろんそれは「堕落」そのものではあろうが，長期的には実際にそうなる可能性は高い。多分イスラム原理主義者たちもそれを恐れており，間歇的に「コーランに帰れ」という運動が起こるのであろう。われわれが，もしこの過程の完成まで不正義の犠牲になる人々を放置できないとすれば，正義の十字軍を仕立てて軍事的に，というか西欧のマイノリティーとしてのイスラム社会の場合は「警察的」に，彼らを打ち破り，われわれの正義の支配を確立するとか，何らかの方法で誤った考え方の人間を世界から抹殺するというナチス的な「解決」方法とかも，論理的には存在する。正義が力によっても遵守を確保すべきルールであるなら，不正義の排除は，唯一国家による暴力の行使が要請される場面なのである。考えてみればこの，暴力に依存して異質なる者を排除する方法は，キリスト教徒内部でカソリックとプロテスタントが宗教戦争の中で，相手を異

---

(18) *Nomad* p. 275.

第3節　寛容の自由主義

端とみなして相互に採用した問題解決の方法でもあった。しかしどちらも力によって敵を打ち破ることができず、問題は解決しなかったので政治的妥協を強いられ、その状況の中で世俗的な権力の下での信仰の自由と異質な相手に対する寛容を核とする近代自由主義が西欧で誕生するのである。その意味では自由主義は、単にその正しさの力によってではなく、ギリシャ・ローマの伝統に加えて、宗教戦争で流された大量の血が背景にあってはじめて世に登場したものといえるだろう[19]。

　現実的に考えれば、反自由主義者たちを自由主義に改宗させることは、少なくとも当面はできない。正義論だろうが憲法論だろうが、司法的プロセスによって人々の宗教をねじ曲げることなど、強大で残酷な警察権力を背景にするのでもないかぎりできない。いや、それをもっていたかつての共産圏の国家ですら、やろうとしてできなかったのである。宗教と一体となっている生活スタイルの中で行われる反自由主義的な抑圧は、それを受ける者にとってもそれを不正と呼ぶこと自体が至難であり、ましてそれと対抗して声を上げることができる者はごく少ないだろう。自由主義にとって不都合なこの事実に、われわれは向き合わねばならない。自由は一つの価値であり、それを価値と認めない人々または集団も、世界には多いのである。その時、権力は何をできるのか、してよいのか。

　あるいはわれわれは、自由主義の基本にある寛容をもう一段拡張してそれを、反自由主義的社会をも包摂するような政治共同体の基本原理にすることはできないだろうか。チャンドラン・クカサスの『自由の群島』[20]は、そのような主張を展開している。ただこの本は、徹底した人間の多様性を議論の出発点にしてリベラリズムを論じ、彼の経歴をも反映して普通の多文化論が扱う以上に広範なマイノリティーの例を挙げていながら、実はイスラムをまったく扱っていない。それでもその中には、これまでの代表的正義論に対する要を得た鋭い批判的検討と、現代の多様性または文化衝突を包摂する可能性を感じさせる政治社会の像が示されているように思われる。

　新しい本ではないが、日本の読者には必ずしも内容が知られていないと思われるので、以下、私の理解に従って自由な形で内容を紹介する。ちなみに、私

---

(19) ちなみに、下に紹介するクカサスの『自由群島』の表紙には、ユグノー戦争におけるサンバルテルミの虐殺を描いた凄惨な絵があげられている。

(20) Chandran Kukathus, *Liberal Archipelago: A Theory of Diversity and Freedom*, Oxford UP, 2003.

35

第Ⅰ部／第2章　自由主義は反自由主義を包摂できるか

にとってもっとも印象に残る命題は，人の共同体所属は「かりそめのもの（ephemeral）」だ，という命題である。最初に展開される古色蒼然を思わせる人間本性論は，予想に反してかなり面白いし，後の議論に効いている。ヒュームを引きながら，人間の動機には3つあって，それは利益と愛情と原則だという。そして最後の原則を，クカサスは「良心」と読み替える。たとえば，人間の言語は様々だが，言語獲得能力として一般化するなら，それは人間に普遍的である。ここでの人間本性論は，このレベルのものを意図している。人間は，自分が正しいと思うこと，つまり良心を恒常的に裏切りながらよき生を送ることはできない。しかし世界の現状では，人の良心または原則の内容は多元的であり，だから正義の一元的支配ではなく「群島」が必要だ，というのである。また，これら3つの動機は同時に働くし，どれが強いかも場合による。だから，良心の動機が利益の動機によって覆されたり，その逆が起こったりするのである。利益動機の分析は，経済学的なモデルでかなり解析可能だから，クカサスの人間本性論は，宗教原理主義者の中に経済人的利益計算を見ることも可能にする。人は利害によって自分の古い良心を捨て，新しい良心を採用することもある。これは当然のことだし，アヤーンの主張のようにそれが「正しい」ことは多いのである。

　クカサスは「寛容の自由主義（tolerationist liberalism）」を擁護するが，そこで中心に据えられるのは「共同の自由（freedom of association）」である。この語は，人権論の中では「結社の自由」と訳されるのが普通だが，結社だと参加者が意図的に選択することで成立する団体といった含意になるので，このように訳すことにしたい。クカサスが擁護する自由は結社を含むが，本人の選択と無関係に個人の所属が決まる，民族や宗教的集団など歴史的な共同体を包含している。他のリベラリズムの理論家たちと彼が異なる一つの点は，彼が選択または自律自体に大きな価値をおかないことである。自分が偶然そこに生まれた文化や共同体の中で無反省に人が送る人生も，十分よき人生たり得る，と彼はいうのである。論点をより先鋭化すれば，一般にリベラルたちは，異なる善について優劣をつけないとか中立的だとしてそれを当事者の選択に委ねるが，選択の価値自体は前提にしている場合が多い。自分が置かれた偶然的境遇について反省的に検討し，より自分の満足できる境遇や環境を意図的に選ぶ機会が与えられることを，場合によって人の権利の問題とする（キムリッカ）。しかしその選択の価値自体について，クカサスはより弱い支持しか与えない。後に述べるように彼は，人が自分の属する集団から離脱する決心をした場合に，それを

第3節 寛容の自由主義

実行する権利は「離脱の自由（free exit）」として保障されるべきだと考えている。しかしそれは，コストなしに離脱する権利ではない。普通所属する共同体からの離脱を実行するための経済的・社会的コストは膨大だから，この自由を実際に行使する者は多くないだろう。多大なコストを負う覚悟のある者だけが，それを実行するのである。クカサスは逆に，元の共同体の価値たとえば宗教的崇拝の対象について，その共同体に留まりながら公然と批判するような「表現の権利」を否定する。キリスト教の場合でも，わざわざ教会の礼拝の席で神を否定して声高に無神論を弁じる自由は認められないはずだ，というのである。だから，その共同体の価値を認められなくなった者は，そこから離脱する自由をもつだけである。

　前述のムスリム社会の場合で考えるなら，いつも自分が所属するべき最善の社会を各個人に自覚的に選択させるような制度が組み込まれている社会は，伝統的な価値や安定性を早急に失ってゆくかもしれない。そしてその社会は，孤独な個人の思いつきと流行によって糸の切れた凧のようにドリフトするかもしれない。従来の価値を抱く多数派は，これを心配して個人の自由を制限したいと考えるかもしれない。ここでアヤーンが，遅れたムスリム社会に対比して「啓蒙」を挙げることは，彼女が考えている以上に示唆的かもしれない。つまり啓蒙は理性を信頼する哲学だが，理性を神の位置に置くロベスピエールの「理性教」の祭典が啓蒙主義のカリカチュアであることに示されるように，そしてヒュームの哲学全体が理性の限界を示そうとしているように，人が理性のみを支えによき生を生きて行けるか自体には大きな疑問がある。理性は，手段を与えても目的は与えないかもしれないからである。

　しかし同時にクカサスは「開かれた社会」を擁護している。各人が所属する共同体は，閉じた共同体ではなく，それ自体が今ある形態のまま存続する資格または特権が認められるのではない。だからキムリッカが認めるような既存の集団がもつはずの権利または特権はすべて否定されるのである。個人が，所属する共同体と独立に裸の個人であることは困難であるとしても，その所属自体は固定的であるとはかぎらない。これが前述の共同体所属の「はかなさ」の問題である。アボリジニーの中にも，文明から離れた故郷にとどまる者も都会化した者もいる。多分その中間の意識をもつ者が大半なのであろう。前者に肩入れをすれば，アイリス・ヤングのようなマイノリティーへのエンパワーメント論になるし，後者に肩入れすれば，ある時点までオーストラリア政府が展開した同化政策となる。しかしクカサスは政府の政策としてはいずれも誤りであり，

これは個々人の「共同の自由」に委ねられるべき問題だ，というのである。

クカサスが序で述べている彼の個人的価値観のリストがある。彼はスリランカで少数派のタミール人であった父が移民してきたマレーシアで生まれ，教育のためオーストラリアに送られて育った。ブミ・プトラ政策ではマレー人優遇策をアンフェアーと感じながら育ち，民族的ラベリングと民族政策一般への嫌悪感を後までもち続けている。しかしオーストラリアでは，アボリジニーの同化政策をめぐる不当な歴史に関連してアボリジニーに共感し，彼らは土地の一部を返却され，自分たちの生きたい生き方を認められるべきだ，と考えるようになった。そして最後に，父の教えもあって国家または政府は実際には問題ではないのだ，という考えをもち，直接の言及は少ないがこの点でハイエクやオークショットの思想の強い影響の下にある。

これらの価値観を一つの理論として統合することに彼は苦労したが，『自由の群島』はこれらを一定程度統合するのに成功した成果である。それは，政府による平等化政策を否定し，個々のグループの広範な自決権を認め，それに対する政府の介入を否定する。ここでは紹介を省略したが彼は，一般に政府の目的としては平等論を否定する。平等化を実施するためには，誰の何についての平等か，を決定しなければならない。しかし「誰の」部分は実は固定したものではなく，たとえばアボリジニーを優遇するなら，前述の利益動機から，混血の人々は自分をアボリジニーと同定することになる。また価値の物差し自体が多元的な現実の下では，「何の」平等か自体が，一元的な価値観を押しつけることにならざるをえない。後期ロールズが平等にかかわる第2原理に言及する機会が減ることも，これに関係しているのかと思う。だから権力が平等を追求することは，むしろ現状以上の不当な結果をもたらすだけだ，とクカサスはいうのである。

第4節　残されているもの

上記のように，チャンドラン・クカサスが扱っているマイノリティーは多いが，アーミッシュやフッター派，アボリジニーやプエブロ族などであり，イスラム教徒は含まれていない。もちろんこの限度でも，たとえばアーミッシュの子供が近代的な教育を受ける権利をもたないのか，といった問題など，マイノリティー内の慣行が近代的な人権の原理と衝突することは多い[21]。しかしこれ

---

(21) 実際には，アーミッシュ社会では，青年の時期にアーミッシュの規律から自由に暮

第4節　残されているもの

らは基本的に，全体社会の内で主流派が大きな力をもっていて，同化政策の可能性もある文脈で，それを行うべきではない，といった主張につながっているにすぎない。だから上述の離脱の権利は，主流派がそれを正しいものと認めるなら，実行可能であろう。アーミッシュの中に変わり者がいて，外部の書物を読んだりする中でアーミッシュから離脱したいと宣言した場合には，米国政府または裁判所は，たとえアーミッシュが抵抗しても，その者の権利を簡単に実行させることができそうだからである。

　しかし，これがいつも簡単とは限らない。それに属するメンバーに対して離脱の自由を認めないような集団の場合に，この自由を主張するクカサスは，政府に対して何を根拠に何を要請するのか。この点は本書のどこにも書かれていないのである。これに対する私の解釈は，後期ロールズの「重畳的合意」論とも関連する。私の理解では，多数ある包括的信条が相互に他の信条を許容するという内容をもつ重畳的合意は，もともと「ある」ものではなく「あらせるべき」ものだからである。リベラルな政治共同体の市民は，それぞれが抱く異なる包括的信条について，それが他の包括的信条との間で重畳的に重なる部分をもつようにする，市民としての義務を負っているのである。その内容は薄いが，この義務は個々の包括的信条，たとえば宗教上のそれに優先する。そしてそれでも一部の信条が他との重ねあわせを拒否するなら，国家は強制力を行使するのか。ロールズはリーズナブルネスに言及するばかりで，どうもこの点を明らかにしないが，私はそうならざるを得ないと考える（たとえば名誉殺人を想定せよ）。

　チャンドランは，ロールズ研究者として大部のロールズ研究書の編集者でもあるのだが，彼の「離脱の自由」は，ロールズの重畳部分を内容上さらに縮減し，最低限にしたものなのではないか。当然，各共同体がメンバーの離脱を認める点で合意するならよいが，そうでなければこれは強制される，と考えないと，全体の議論の整合性がとれない。チャンドランは元々，市民が均等に抱くべき正義の内容ではなく国家の行動の範囲を考えるべきだ，と述べることでこの本の議論を始めていたのだから。

　現在，アヤーンの例にも見られるように，イスラム原理主義者は，メンバー

　らす数年間が保証されており，その状態から自発的にアーミッシュに戻ってくる青年だけが，以後もアーミッシュを続けるという制度を採用しているので，米国憲法との齟齬は随分軽くなっている。参照，ドナルド・B. クレイビル著，杉原利治・大藪千穂訳『アーミッシュの昨日・今日・明日』論創社，2009年。

の離脱の自由を認めない。しかしチャンドランの最小限化された多元社会下の国家論でも，これを認めないグループは軍事的にそれを変更するように強制されざるをえないのではないだろうか。チャンドランの議論の中で印象的な部分として，一つの政治共同体の中にある複数の部分共同体の関係を，これまで国際関係を論じてきたような議論の枠組みで，すなわち複数の正義の概念が適用されることを容認するような形で考えよう，という発想があった。それでも，軍事介入はゼロにはならないのだと考える。

　さらに興味深い論点は，彼の議論がわれわれの主題を，正義論から正統性論または管轄論へと戻す方向性を示している点である。複数の正義を掲げる各々のグループは，国際関係のようにしてそれらを同時追求する。だから，場所によって正義も異なるのである。もちろん彼は相対主義者ではなく多元主義者である。それでも，一旦通り過ぎたはずの実定的規範体系の複数性を正面から是認するような，ある種法実証主義的なヴィジョンが視界に現れているのである。

【後記】
本稿脱稿後に読んだ関連文献について少しだけ触れておく。

　——Paul Marshall; Nina Shea, *Silenced: How Apostasy and Blasphemy Codes are Choking Freedom Worldwide*, Oxford UP, 2011

タイトルを仮に訳せば『批判言論は封殺される——棄教と瀆神の禁止則が世界中でいかに自由を窒息させているか』。イスラム圏の各国ごとに，棄教（apostasy）・瀆神（blasphemy）禁止を強制するメカニズム（国家法の場合もあれば，私人による暴力行使容認の場合もある）の実態を，国家権力と特定宗派の野合（反対勢力を両者が協力してそれぞれ「違法」「異端」として排除）として詳細に論じている。イスラム諸国が，国連を通して「ヘイト禁止」の名目で反イスラムの言論を抑圧しようとする運動が，総会決議としてほぼ毎年成功していることなども説明している。最後のまとめ部分だけでも邦訳が出てほしいものである。

　——Ibun Warraq, *Why I Am Not a Muslim*, Prometheus Books, 1995（2003 Kindle）

『私はなぜイスラム教徒でないのか』。棄教したイスラム教徒による本。学問的な方法でイスラム教を批判してきた古今の文献を，非イスラム圏とイスラム圏の双方から大量に引用しているので，アラビア語もペルシャ語もできない私のような読者にはありがたい本である。タイトルは，バートランド・ラッセルによるキリスト教批判の講演とパンフレット（*Why I Am Not a Christian*）を擬している。著者名はペンネーム。内容として印象に残るのは，イスラム教が，マホメッドが活躍した7世紀では（世界的にも）常識だった規範（武力的征服による宗教支配，被支配者の

奴隷化，反対者の抹殺など）を氷漬け，または化石化して，現在まで保持しているメカニズムの詳細な説明である。

　——Flemming Rose, *The Tyranny of Silence ; How One Cartoon Ignited a Global Debate on the Future of Free Speech*, Cato Institute, 2014

『沈黙の専制——一つの漫画がいかに自由言論の未来（を危うくする）世界的論争に火をつけたか』。著者は，デンマークのユランズ・ポステン紙でモハメッドの漫画を募集し掲載（2005 年）した編集者。ソ連内の反体制派・地下出版などを継続的に取材した経験をもつジャーナリスト。漫画がイスラム圏内外で巨大な反対運動を引き起こし，酪農製品ボイコットなどが行われた結果，新聞社は謝罪，ローズは退社した。ここでは，「宗教感情を傷つける」こと（肉体的加害＝harm と区別される offense）の禁止と表現の自由の関係づけが問われる。本件に関して西欧の論者は大半が表現の自由擁護の立場だったが，圧力を受けて西欧諸国はこの種の offense を（微罪としてだが）処罰する立法を余儀なくされた。

　この事件の後漫画に関連して，シャルリ・エブド襲撃事件（2015 年）も発生。漫画家など 12 人が殺害された。もちろんこれは殺人事件だから，2 人（関連して他 1 人）の犯人は射殺され，他の関係者（の一部）も犯罪者として処罰された。

　——Andrew C. McCarthy, *Spring Fever: The Illusion of Islamic Democracy*, encounter digital, 2012

『春の熱（春先のうきうきする気持ち）——イスラム民主主義の幻想』本書第 1 章のおわりで述べたイスラム民主主義が崩壊する過程を述べている。自由民主主義を普遍的価値だとする前提で，CIA によるものを含む様々な介入を行った米国の思い込みが，結果として失敗した経緯を述べる。

　——若宮總『イランの地下世界』角川新書，2024 年

　多くのイラン人たちは，イスラム原理主義者たちとは距離を置き，冷めた目で指導者ハメネイ師などを見ている，戒律遵守もいい加減，という実態を現地で暮らす日本人が体験的に述べている本が興味深かったので挙げておく。これまでなかった視点だが，考えてみればそれも当然であるとともに，（普遍主義的には）ある種の救いを感じさせる。当然ながら著者名はペンネーム。

　また，イスラム教徒ではないイスラム教の専門家という例外的資格で飯山陽氏が最近展開しているいくつもの著書（『イスラム教の論理』『イスラム 2.0——SNS が変えた 1400 年の宗教観』『イスラム教再考——18 億人が信仰する世界宗教の実相』『エジプトの空の下——私が見た「ふたつの革命」』『中東問題再考』——以上，私が読んだものだけ）が参考になる。

　その他読んだ本。大川周明『回教概論』（中公文庫，1992 年）（初版は慶応書房，1942 年）は，西欧批判の文脈でイスラムに接近する。現在も親イスラム＝反西欧の専門家が多い中で，池内恵『イスラム世界の論じ方』（中央公論新社，2008 年，増補新版，2016 年）は，「文明の衝突」的観点から中立的に見ようとする。

第3章　実証主義的な知の概念が生みだす哲学的混乱
　　――ポストモダニズムから現代の米国左翼まで

【付記】本稿は 2022 年 8 月 6 日に日本ポパー哲学研究会の学術大会で行った報告に基づいている。報告時のアイデアを言語化することを優先させているため，形式上不完全な「生焼け」論文であることをお断りしておく。

第 1 節　米国の大学キャンパスにおける言論の不自由

　マイケル・レクテンウォルドの『春，雪の結晶が解ける時』という面白いタイトルの本[1]を読んだ人は少ないと思う。そこには，最近ではわが国でも徐々に知られるようになってきた，米国の大学キャンパスで行われている，いくつかの驚くべき言論抑圧の制度が紹介されている。ちなみにこれらの制度は，〈社会正義〉(Social Justice)[2]の名の下に正当化されている。

1　安心空間（safe space）

　この語の起源は古く，1960 年代にロサンジェルスのゲイ・バーやレズビアン・バーまでたどれるという。まだゲイやレズビアンが社会で公認されておらず，眉をひそめるような対応が普通だった時代に，特定のバーがその種の性的嗜好[3]をもつ人々が批判的な言辞にさらされずに集まる安全な場所だ，と示すためにこの語が使われたらしい。その後これが，フェミニストのサークルで使われるようになって広がった。その場合はもちろん，男性支配的な言辞に汚染されていない，フェミニストにとって安心な空間，という意味になる。一般化すれば，マイノリティがマジョリティを排除して自分たちの言説が支配する

---

(1) Michael Rectenwald, *Springtime for Snowflakes: "Social Justice" and Its Postmodern Parentage, An Academic's Memoir*, 2018（Kindle）副題部分を仮訳すれば「〈社会正義〉とそれを産み出したポストモダニズム――ある大学教員の回想」。
(2) 後で述べるブラックローズたちも，米国左翼の使う「社会正義」が独自で特殊な用法であることを示すために，それを大文字で書いて一般名詞と区別している。私もその書法に従うため，以下ではこれを〈社会正義〉と表記することにする。
(3) 「性的指向」が正しいとの指摘もあるが，「性的嗜好」の方が私にはしっくりくるのでこのままにさせていただく。人の好き好きの問題という含みである。

空間を確保する，といった意味であろう（もちろん女性はマイノリティではないが，フェミニストは，特にその主観においてマイノリティなのであろう）。また，この語が物理的な危険を問題にしているわけでないとすれば，safe の訳語は「安全」より「安心」の方が適切だろう。

そして最近では，その安心空間が，大学のキャンパスにも設けられるようになった。レクテンウォルドが講師として教えていた NYU（ニューヨーク大学）にこの空間があるのは確実だが，他の大学にも広がっているらしい。その場合このスペースは大学当局によって設定されるのだから，その「安心」確保，つまりマジョリティ（白人男性）をそこから排除するについては，大学がその責任をもつことになる。ではその設定に反してその部屋に入ってくる者がいたら，大学はどうするのか，といった点も興味深い。米国のことだから，そのための規則を明文化し，違反行為にはサンクションを規定して厳格に対応する，といった扱いが想像される。

2 引き金警告（trigger warning）

最近はテレビ番組などで目にすることもあるが，大学との関係ではこの語は授業などの内容に関わっている。授業聴講者につらい気持ちを起こさせるような（その意味で offensive な）内容が授業に含まれる場合に，この制度はそのことを事前にシラバスなどで警告しておくことを要求する。フェミニストのソーシャルメディアやブログが始まりで，学問の場に移ってきたという[4]。

この警告をしないで一部の学生にとってストレスフルな内容の授業をすると，学生が「警告がなかった（あれば授業に出なかったのに）」としてそれにクレームをつけ，教師が大学から責任を問われる，といった事態の発生が予想される。ではその違反の判定は誰が，何に基づいて行うのか。下手をするとその閾値がどんどん下げられて，思想警察的事態になることも危惧される。現実に，『ファニー・ヒル』のような本は「感情損傷的教材（offensive text）」とされる恐れがあるため，大学のカリキュラムからは完全に外れることになった，という。

---

(4)【後注】2005 年にハーバード大学学長の辞任につながったローレンス・サマーズの「舌禍」事件も参照のこと。発言が，理系の高等教育における男女差について統計的事実を述べただけなのか，差別発言だったのかを巡っては論争が繰り広げられたが，論争に火をつけたのは，発言により「気分が悪くなった（感情が害された＝ offensive だった）」としてその場から退席しサマーズ発言を公表した女性教授（N. ホプキンス）だった。

第1節　米国の大学キャンパスにおける言論の不自由

3　偏見通報ホットライン（bias reporting hotlines）

　大学にはあらかじめ偏見対応理事（bias administrator）や偏見対応チーム（bias response team）が設けられており，「バイアス事例」「バイアス違反」「心理的攻撃（micro-aggression）」を経験したり目撃したりした場合に，そこに連絡するためのネット上または電話のホットラインが設けられている。そして授業の中で教師が口にしたバイアスを学生がそれを通して大学に通報する，といった制度である。私には，ナチスや各国共産党，神権政治の国などで実施される，体制を批判する言論の通報制度を想起させる。

　レクテンウォルドの場合は，SNSへの一連の書き込みを大学から問題にされたので，キャンパス内の発言が対象になったわけではないが，NYUは，彼の了承の下に有利な条件を提示して（外部の批判を浴びている教師を）授業から外す，という複雑な対応を取った。

4　登壇拒否（no-platforming）

　これは「危険な」講演者，特に「論証的暴力（discursive violence）」を揮うことが予想される者が授業や講演などで演壇に上がることを事前に拒否する，という活動である。学内のデモや反対運動などによって言論封殺を行うもので，「制度」とは言えないかもしれないが，大学当局はこの種の圧力に屈することが多く，その限度では大学運営の問題でもある。また反対運動には，アンティファ（antifa=anti-fascism）[5]などの過激派が参加して，物理的破壊が伴う場合もあるが，一般にその犯罪（日本では建造物損壊罪）は大学にも警察にも大目に見られる。少し古いが，2017年にUCバークレイでミロ・ヤノプーロスが，ミドルベリー・カレッジ（バーモント州）でチャールズ・マレーが，予定されていた講演を阻止された。日本でも同年，一橋大学で，予定されていた百田尚樹の小平祭での講演が反対運動の結果中止された[6]。

---

(5)　アンティファについては，粘り強い実地調査に基づく優れた著書として以下のものを参照。Andy Ngo, *Unmasked; Inside Antifa's Radical Plan to Destroy Democracy*, 2021 (Kindle).

(6)　立派な憲法学者が何人もいるはずの同大学法学部が，一体どのような対応をとったのか，何もしなかったのか，知りたいところではある。ネット上では，「一橋大学はアジア人留学生が多い大学なので，予想される彼らに対する侮辱的言論を防ぐため」という理由でこの処置を是認する意見を詳しく述べている論者のページを目にした。言論の自由を原則にすると必然的に，相手の言論によって傷つく人も出る。しかしそれは基本

第Ⅰ部／第3章　実証主義的な知の概念が生みだす哲学的混乱

著者のレクテンウォルドはある時までポストモダニズムの立場に立ち，それにしたがって論文も書き講義もしてきた。しかし比較的最近自分の立場を見直し，ポストモダニズムに批判的見解に転じた。その彼が，上記のような米国の左翼運動は（たとえばトランス・ジェンダー推進運動も含めて），ポストモダニズムを思想的基礎にしている，というのである。他にも，その一部である批判的人種理論（critical race theory）に従って，学生が寮の同室者を選ぶ場合にマイノリティが同じ人種同士になるよう配慮するとか，卒業式を人種別に行う，といったものもある。レクテンウォルドは，「このような扱いは逆向きの人種隔離（segregation）だよね」とSNSに書き込んで，大学の（人種関連）政策への批判を行ったが，この種の一連の書き込みが問題にされたのである。

しかしこの本は自伝的な文脈で，「ポストモダニストであった私が言うのだから間違いない」といった書き方のため，私には，彼の言うポストモダニズムと米国左翼運動の関連がよく理解できなかった。ところが，最近読んだプラッククローズらの本がまさにこの点を詳細に説明していて，私なりに納得できた。この点については本稿の後の部分で紹介することにする。ただ私の観点から言えば，この種のポストモダニズムのより背後には，哲学の世界に根深い実証主義の陰が見える。その点をまず論じたい。

第2節　規制理念としての真理と実証主義——知は「獲得」できるのか

ここでの議論は私がいくつかのところですでに論じたこと[7]が中心なので，詳しい議論はそちらを見ていただくとして，以下ではドグマ的に箇条書きにしてその結論だけを述べさせていただく。

・真理は規制理念である。
　これはポパーの主張だが，それについての私なりの理解がどれほどポパー

的に，当人が我慢すること（そしてできれば反論すること）を，この原則は要求するはずだ，というのが私の見解である。批判されることを（集団の力で）回避する人々の社会では，言論の自由は存立しえない。学生たちが投票で選び，本人も承諾していた講演者の発言内容を事前に一方的に予想して行われた，反対「運動」による検閲（封殺）を容認するのは，憲法理論としても例外かと思う。

(7) 本書第15章「無知の知をめぐる考察」，同20章「民事事件における事実の認定——「言語の内と外」各論として——」，拙著『問いとしての〈正しさ〉』第7章「正義論の経緯と現状」，など。

第2節　規制理念としての真理と実証主義

自身の意図に近いかはよくわからない。
- 「知る」という動詞は，真なる命題にしか使えない（「私は〜を知っている」）。だから，本当に知っているなら，その内容は真である。しかしこれは単なる動詞の文法であって，知るという活動さえ正しく行えば結論が必ず正しくなる，というような夢のような活動が存在するわけではない。長い伝統をもつ哲学の「認識論（epistemology）」は，この点で前提を誤っているかもしれない。
- 命題Pについて「証拠がそろっていること＝E（evidence）」や「他の人々が真だと信じていること＝B（belief）」は，Pが真だと人が信じるための根拠の一部にはなるが，Pが真であることと同値の関係にはなりえない。EやBが成立していてもPが偽になることは論理的にいつも可能だからである。その意味で「真」（そして知）は超越的概念である。だからEやBがあっても，「Pは本当に真だろうか（私は本当に知っているのだろうか）」と疑問をもつことは，つねに可能である。それでも真をめざす（真を規制理念として設定して進行する）議論と，別のもの（知的優越性や権威，支配，利益など）をめざす議論が区別可能である，という限りで，「真」が理念として（議論の的として）機能しうることは明らかだから，「真」は無意味ではない。ただ真はあくまでもめざすべきもの，でありそれに留まる。つまりそれを，最終的な形で「獲得」することはできないのである。
- 実証主義とは，真（および知）の超越性を克服または回避しようとする（成功の希望がもてない）誤った試みのことである。
- （デイヴィッドソンやヴィトゲンシュタインに見られる）基準（criteria）論は，「いかなる基準が充足されている時にPだと言えるか」を問題にし，Pの「意味」とこの基準の充足とを同視する傾向がある。しかしたとえば，目だけしか見えない人と耳だけしか聞こえない人がイヌについて（健常者の通訳を介して）会話する場合，両者に共通の基準はありえない。では両者は異なる対象について会話している，と考えねばならないだろうか。我々の日常の言語使用においてはむしろ，人によって依拠している「基準」は（その人の成長と言語獲得の過程に応じて）実際には異なっているのではないだろうか。それぞれが暫定的にもっている自分で勝手に設定した（本人が自覚しているともかぎらない）基準を相互に調整しながら，当人たちは同じ対象について話している，と考えているのではないか。対象の存在は，基準設定の前に，それにコミットするものである。そうすることで，厳密に

第Ⅰ部／第3章　実証主義的な知の概念が生みだす哲学的混乱

は一致しない複数の基準によっても同定しうるもの（「存在」）としての対象が，言語的世界に登場するのではないか（そして，どう試みてもこの関係が成立しない対象は，幻想とか錯覚とか呼ばれ，「存在」しないものとされるのである(8)）。

- 法理論において「認定のルール（rule of recognition）」を問題にする H. L. A. ハートは，基準が共有されているから認識が一致する，という論理に立っているようだが，その前提も危うい。〈法（的諸関係）や権利〉も，神も，貨幣価値も，言語の意味も，その存在に人がコミットすることで，事後的にそして社会的に生成するものなのではないか。

- かつて論理実証主義においては，「verification」が語られた。これは「検証」が定訳であるがむしろ字義通り（veritas＝真だから）「真化」と訳す方が，この語に託されたねらいがよくわかると思う。この立場は，何らかの方法によって命題Ｐを真にすること（真化）ができる，と考えたのである。つまり「真」の超越性を廃し，それが手の届くところにあるようにする，もしくは，手の届くところにあるものを「真」に（代替）する，ことを目指したのである。この目論見が成功すると，すべてのＰは，理念的に真と偽と無意味（verifiable でないもの）に三分されつくすことになるはずであった。この試みの破綻を見事に示したのが，本書第Ⅳ部で詳論するポパーの理論である。主著『科学的発見の論理』は，普遍命題の真が確定できないと（だけ）論じている，と考える人が多いが，よく読んでみるとポパーは，経験命題の特定にも，単称命題（これには1回きりの occurrence と追試可能な event が区別される）の真偽如何にも，確定的結論が出せるとは言っていない。これらは，やってみないとわからないこと，なのであり，それで一向にかまわない，とポパーは言っていると思う。科学に「真化」は不要なのである（何かを真とみなすことはもちろん必要だし可能だが）。

- 「言語論的展開」（J. ローティ編の論文集のタイトル）の後には実証主義的情熱は，「Ｐである」ことと，言語ゲームにおいて「Ｐだと言ってよい」こと，つまり発話としての正当性やゲームのルールへの合致，とを同視または意図的に混同しようとすることに向かう。これも真理（「真」であること）の超越性回避のための一つの戦略と考えるべきだろう。

---

(8) 存在するものとそうでないもの，についてのこの議論は，ポパーの何が経験命題か，についての議論に類似する。要するに，複数の主体が自分の経験を語ることでその経験の共通性を試してみるしか，それは確定できない。

・ちなみに，T. クーンが短い論文で，科学的「真」を研究者共同体の集団心理の問題に解消しているのを読んだことがある。確かに，現在「真だと信じられていること」は何か，について具体的回答を得ようとする場合には，このようなアプローチも可能だろう。しかしその場合も，この集団心理は確定的ではなく，多くの場合様々な少数派・反対派を含む動的なものである。そしてその動的な集団心理の運動を導いているのが，超越的な「真」の概念なのである。だから，集団心理に真を解消できるとするのは誤りである。その集団心理とは，「何が真か」をめぐってその共同体が信じていることなのだから，真理概念を抜きに問題の「(集団)心理」を特定することはできないのである。

第3節　米国左翼の急進主義へとつながるポストモダニズム (PM)

以下では，このテーマについて書かれた本[9]の内容を紹介しながら (報告の当日使用したパワーポイントより)，私のコメント (イタリック部分) を加えてゆきたい。

■PMの3期と貫通する2つの原理

PMの3期とは，以下の通りである。
- 1960年代から70年代にフランスで盛んに論じられたオリジナルのPM (第1期)
- 1980年代から90年代に主に英米圏のアカデミアに移植されて実践的関心から注目されるようになった応用的PM (第2期)
- 2010年代以降に米国のアカデミズムと社会運動において急進主義化した，実物化されたPM (第3期)

そして，この全期に貫通する2つの原理と4つのテーマが挙げられる。

原理1は，知の原理である。これは，客観的知と真理に対する根源的懐疑を基礎にする。そしてこの態度は，知についての文化的構成主義につながる。

原理2は，政治の原理である。ここでは社会は権力と (上下の) 階層秩序で構成され，それが，何がいかにして知りうるのか，を決定するのだ，とする。

---

(9) Helen Pluckrose and James Lindsay, *Cynical Theories; How Activist Scholarship Made Everything about Race, Gender, and Identity—and Why This Harms Everybody*, 2020 (Kindle).

第Ⅰ部／第3章 実証主義的な知の概念が生みだす哲学的混乱

つまり知や真は客観的でありえない以上，誰かによって決定されるものでしかありえない，というのである。ここでは，元々世界に存在するはずの正解を求める認定と処分によって世界を変更する力をもつ決定が，多分意図的に混同されている(10)。例えば数学問題の正解は，多数決であろうと何かの権威・権力であろうと，それを変更することはできない。誤った認定を正解に変更する力は誰にもないのである。似たことは，裁判の事実認定でも起こる。つまり，有権的な裁判官による有罪認定の判決が，無実の被告人を犯罪の実行者に「変更する」ことができるわけではない。ただ法の世界内において，誤っているが有効な有罪の認定をし，それに基づいて処罰を課すことができるだけである。具体的な場面で被告人の有罪無罪を確実に知ることが困難な場合は多いが，判決によって無実の人が真犯人と入れ替わるわけではないし，実際本人はほとんどの場合，自分が真犯人か否かを知っている（罪名は知らないかもしれないが）。それに日本を含む国々の刑事訴訟法は再審制度を備えているから，確定した判決であってもそれが誤りうることを，むしろ制度的前提にしているのである（ただし一事不再理の原則に従う制度上，誤った無罪判決を確定後に取り消す方法はない）。

これに対して，世界を変更できる決定というものも存在する。契約が成立すると，それまで存在していなかった権利と義務がそれぞれの当事者に発生するし，物権行為によって，所有権は移転し，権利関係のネットワークはその限度で変更される。もし売却後にかつての所有家屋に無断で立ち入れば，今度は不法侵入罪に問われるのである。有効な宣戦が行われると国家間で戦争状態になるし，平和条約によって戦争状態は終了する。これらはもちろん，認定や判定ではなく決定（または決断）だから，（有効な条件下で有権者によって行われれば）世界をその限度で変更するのである。

貫通する4つのテーマというものも挙げているので，その名称と簡単な説明だけ以下に挙げておく。

　　テーマ1／境界（カテゴリー）のあいまい化　（例として，*LBGT*のどれで

---

(10) この混同の例として挙げられる本は多いが，その古典的例としてカール・シュミットが若い頃に書いた小さな著書（*Gesetz und Urteil: Eine Untersuchung zum Problem der Rechtspraxis* 1912）がある。Urteilというドイツ語は，決断，判定，判決などと訳せる語だが，シュミットは語の複数の意味を利用して，そのすべてを「決断」の問題として処理しようとする（決断主義）。私の指導教官のお一人お気に入りの本だったが，事実認定論に取り組んでいた私には，読んでみて最悪の混乱した本に思えた。

第3節　米国左翼の急進主義へとつながるポストモダニズム（PM）

もないもの，カテゴリー化を拒否するものとしてQ＝クイアー（queer）が登場させられる。既存のカテゴリーに潜む権力性を否定するということらしい。）

テーマ2／言語の力　（既存の言語に含まれる支配関係の問題化と，それを変更するために，新しい言語のシステムを強引に導入しようとする試み）

テーマ3／文化的相対主義　（先進と未開，多数派文化と少数派文化の優劣は語るべきでなく，結果としてすべての文化は平等だ，とするような態度）

テーマ4／個人的なるものと普遍的なるものの喪失・放棄　（アイデンティティを共有する各グループ間の支配・被支配を問題にするために，グループ中にもある様々な個人差は問わない。人間としての普遍性は無視する。）

■第1期　オリジナルPM

- 1960〜70年代のフランスで，Foucault, Derrida, Lyotardなど。
- PM：近代主義と近代性を否定（Post Modernという場合postの意味は，「近代の後に来るもの」ではなく，近代的なるものの存立・妥当性を全否定するということ），啓蒙的価値，特に知の生産に関する諸価値の否定が特徴
- PMは，近代主義による〈神権政治，奴隷制，家父長制，植民地主義，ファシズム，他の多くの形態の差別〉の打倒をより過激に継承する。同時に，啓蒙期の確実性にたいする信念を強く懐疑する。（啓蒙主義は知と理性に「夢」を見た時代なので，知と理性の限界に対する理解が不足している。その点は嶋津の見解も同じである。しかしそれを，科学の優位性の否定に直接つなげるのは誤りである。むしろはっきりと誤りうること，そして誤りが公開の場で確認されることによりさらに進歩できること，が科学の利点というべきなのである。）
- 他方，客観的真理を否定。「知」と「真理」は社会的構成物とする。科学と理性，証拠に基づくテストの意義を拒否。結果として，リベラリズムは抑圧の一形態とする。あらゆる権威に対する「脱構築」に専念。（しかし，何の権威にも依らずに何を信じるかをすべて自分で判断する，などということが人にできるのだろうか。）
- 彼らは自己永続化する権力システムに関心を集中していたので，（この時期の）PM理論家の中で，何か特定の政治活動を擁護する者はほとんどいなかった。彼らはむしろ，崩壊ごっこや虚無的絶望に従事することを好んだのである。（←第2期，第3期のPMとの差）
- IP（identity politics：属性政治）もまだ始まっておらず，PM思想家たちは

第Ⅰ部／第3章　実証主義的な知の概念が生みだす哲学的混乱

ほぼ全員が白人男性西洋人だった（その点が，後に批判もされる）。
・西洋文明の核心にあるリベラリズムと近代性は，PMによって観念のレベルで大きなリスクに晒された。
・しかしオリジナルPMは，自己自身を含むすべてのものに対する懐疑主義によって自己崩壊した。

■ 第2期　応用PM
・PMは，1980年代から90年代にかけて，〈批判的社会正義〉の活動家たちによって再び取り上げられた（まるでこのグループのみが社会正義を論じているかのように）。
・マルクス主義（メタ・ナラティブの一つとして否定されることになる）への幻滅もPM隆盛の原因に。（左翼的・反体制的活動の）意味の喪失にたいする恐怖の増大。PMの核心にある絶望。
・大学内では，精神分析，言語学，哲学，歴史，社会学，などの分野でPMが浸透。大学のポストを獲得する就職戦略としても，PMは有効だった。（弱者の味方，見えざる社会的抑圧の暴露，といった立場が，優れた新たな学問的可能性を開く，ように見えたため，多くのポストが大学で用意された。）
・Social Justice Movement（〈社会正義〉運動）の社会的影響力増大："identity politics"，"political correctness（政治的誤謬の糾弾）"として大きな力をふるった（その後これらの語は，徐々に否定的な文脈で使われるようになり，現在は支持を失いつつある）。
・PMが社会の核心に見る問題は，不当な権力へのアクセスにある。
・以前はなかった実践的目標，つまり〈社会正義〉と自称しているイデオロギーの描くイメージに従って，社会を再建することが掲げられるようになる。（ただし，マルクス主義などとは異なり，その「イメージ」または運動のエンド・ポイントは不明瞭なままである）
・これら学者＝活動家が使う言葉の意味は，通常のそれと異なる。たとえば，racismは「人種差別」であるが，PMがいう（systemicまたはstructural）racismは一般人が理解するracism（人種差別的偏見をもったりもたなかったりする個々人の問題）とは異なる（PMのいう人種差別は，社会の構造に内在しているとされるため，個人的努力で克服できるものとは捉えられない）。この見解を採ることにした人々は，物理的には身近にいるかもしれないが，知的には離れた別世界にいるため，彼らを理解したり彼らと意思疎通する

第3節 米国左翼の急進主義へとつながるポストモダニズム（PM）

ことは，信じられないほど困難になる。…… 我々の人間的な社会関係を，最悪の冷笑的やり方で解釈[11]する者……

■ 様々な分野における応用 PM

- ポスト植民地主義（第3章）：他を救うために西洋を脱構築
  - PM 的ポスト植民主義のアプローチは，リベラルなそれと根本的に異なっており，しばしば，オリエンタリズム的二項対立を克服するのではなく永続化させている，として批判される。
- クイアー理論（第4章）：正常（ノーマル）からの自由
  - 性，ジェンダー，セクシュアリティは，主に支配文化に依存する社会的構成物だ，とクイアー理論は考えるので，物質的進歩（格差の解消など）には関心が薄く，支配的会話が如何にして「男性」「女性」「ゲイ」のようなカテゴリーを打ち立て強制するのか，の方により関心を払う。
- 批判的人種理論とインターセクショナリティ（第5章）：あらゆる所に人種差別を見ることによってそれを終わらせる
  （インターセクショナリティとは，複数の差別的カテゴリーの重なりをいう。たとえば，黒人女性は，黒人であることと女性であることで二重の差別の下に置かれるため，黒人一般，女性一般とは異なるレベルの被差別者という位置づけを与えられるべき存在，と論じられ，それに該当する人の自伝的著書が高評価を受けたりする。原理上は三重，四重のインターセクショナリティを問題にすることもできるから，それによって被差別者のグループはますます細分化されてゆくことになる。）
  - マテリアリストの人種批判家と対照的に PM 理論家は，言語システムと社会システムに，より大きな関心があるので，対話を脱構築し，言外のバイアスを見つけ，背後にある人種差別的仮定と態度に対抗することを，*（物理的世界の改善）*より重視する。
- 様々なフェミニズムとジェンダー研究（第6章）：洗練としての単純化
  - インターセクショナルなアプローチを採ることは黒人フェミニストに特有のものだったが，究極的にはそれはフェミニズムを支配した。*（この論理では白人フェミニストは，黒人フェミニストとの関係では加害者の立場に立つことから，陰の薄い存在になる。）*

---

(11) この「冷笑的」が，同書のタイトル（*Cynical Theories*）になっている。

第Ⅰ部／第3章　実証主義的な知の概念が生みだす哲学的混乱

- ○ インターセクショナルなフェミニズムとクイアーのフェミニズムは，女性たちが共通の経験をもつことを否定したことで，女性であることが何を意味するのかさえ複雑にしてしまった。
- ・障がい研究（disability studies）と肥満研究（fat studies）：支援グループのアイデンティティ理論
  - ○（遅れて来たので新しい理論の影響を受けた）結果，障がい研究はインターセクショナルとクイアーの理論的アプローチをますます取り込んで，どんどんあいまい，抽象的になり，障がい者たちの機会と生活の質の改善には適さないものになった。
  - ○ 人気を博した『すべてのサイズの健康』という本は，すべての寸法の身体は健康でありうると論じている。医学的意見は，この発想に反対で一致している[12]。

(障害も肥満も，個性にすぎず，卑下して見られるべきものではない，というメッセージが，PMからは発せられる。ただこれが行き過ぎると，障害を軽くして健常者に近づこうとする人，肥満から脱してスリムになることをめざす人がそれぞれ，障害者，肥満者のグループに対する裏切り者とみなされる，といったことが発生する。「障害も肥満も，他と同じ誇らしい属性なのに，なぜそれから脱しようとするのか」「自分と同じ属性をもつ他の人々を，劣ったものとして侮辱するのか」といった論理である。障害があるより健常の方がよい，肥満よりスリムの方がよい，という価値観自体を社会的抑圧システムとして拒否する，という論理が行き着く先は，こんなものになる，ということだろう。

　もしこの論理がもっと先まで進むなら，法を守る者と犯す者の間とか，努力する者と怠ける者の間とかにも差はない，犯罪者も薬物中毒者も差別されるべきでない，というところまで行くことも想像できる[13]。しかし，結果として行き着く，すべての価値的序列化とお説教を拒否する社会[14]

---

(12)【後注】肥満自体を治療が必要な病気とみなすべきかをめぐっては，医学界にも対立があること，また，ある割合で「肥満だが健康（MHO: metabolically healthy obesity）」の人がいることについて C. Aschwanden, "The Great Weight Debate", 日経サイエンス2024年9月号，参照。

(13)【後注】たとえば，刑務所を現代の奴隷制になぞらえるアンジェラ・デーヴィス（1960年代以来マルクス主義フェミニストとして左翼活動の指導者であり続け，刑務所廃止運動にも携わる）の本 *Are Prisons Obsolete?*（2003）などがある。

(14)　アラン・ブルーム『アメリカン・マインドの終焉』（みすず書房，1988年）はこの

第3節　米国左翼の急進主義へとつながるポストモダニズム（PM）
とは，いったいどんなものになるのだろうか。）

■第3期　実物化されたPM

- PMの仮説を現実の客観的真理とする（reification＝実物化）
  （PM理論を自身に適用すれば，定義上，それをするものは「権力」になるはずだが……）
- 2010年代後半の文化戦争
- 〈社会正義〉（＝Social Justice）と呼ばれる独自の新宗教
- Social Justiceの線にそった真実にかなうように我々の言語を検閲せよという圧力が増大
- 何十年も前に，またはティーン時代に話したことで，キャンセル・カルチャー（PM的観点から非難に値する言行がある者に対して，職を奪うよう圧力をかけるなどの活動が行われること）の餌食にされる。
- Social Justiceの背後にある諸価値は，あまりに直感に反するので，理解するのが困難である。
- PMは，脱構築と希望なき出発点から，今日のほとんど宗教的ともいうべき執拗な活動主義（activism）へと進化した。
- PMの主張：性は生物学的ではなく，スペクトラム（分布帯）に渡って存在している。言語は言葉の暴力でありうる（だから，発言を暴力行使として取り締まるべき場合がある）。ジェンダー同一性の否定は人々を殺している。障がいと肥満を克服したいとの願望は嫌悪すべきものである。すべては脱植民地化すべきである。
- Social Justiceを支持すると主張する者たちに対抗して，普遍的な自由の倫理と，理性と証拠（に基づく議論）を擁護すべし。←著者たちの主張
- PMは，広く確立した信念にたいする懐疑的な再評価を発明したわけではない。しかしPMは，科学その他の形態をとった自由な理性使用（民主主義と資本主義を擁護する議論のような）が，メタ・ナラティブというより，生産的かつすぐに実施可能な形態をとる不完全ではあるが自己矯正的な手続きであること，が理解できないのである。←著者たちの主張

種の問題を提起して注目された。面白かったのは，流行のリベラリズムに従えば"This is my way of life（これは私の生き方だ）"と言いさえすれば（たとえば「怠け者」と非難された者でも）すべての説教に対抗できてしまう，という点。

第Ⅰ部／第3章　実証主義的な知の概念が生みだす哲学的混乱

【感想】私は，このような米国左翼の主張を見て，太平洋戦争後日本に乗り込んで来て，勝者の立場から自信たっぷりに自分の国の自由と民主主義を日本に押し付けたアメリカ人たちが，むしろ懐かしい気がする。日本の法学徒が現在も憲法学で学ぶのは，まさに彼らの精神である。だから，現在の日本の憲法学者たちに，現在のアメリカ論壇やメディアを牛耳りつつある左翼の主張と活動を評価させればどのような結果になるかは，きわめて興味深い。実際，当時のアメリカと現在のそれがいかに乖離しているかは驚くべきである(15)。

第4節　【後記】米国のイデオロギー的「分断」とその経緯

このような米国のイデオロギー的分断がいかなる歴史的経緯で生じてきたかを，「アメリカの文化革命」として解説する本［Rufo 2023］(16)をこの後読んで納得するところが大きかった。早く邦訳が出ることを期待するが，現在未訳なので以下，その内容を簡単に紹介しながら，米国左翼思想史の一面を論じる。前もって私の視点を述べておくと，次のとおり。米国の思想的・政治的分断を問題にする場合，最近はそれをトランプのせいにする議論をよく目にする。確かに彼の議論のマナーは，敵を作ってののしるなど，誉められたものではないし，それが必要以上に論争の場で敵対的雰囲気を醸成しているのも事実である（加えて，2020年の大統領選挙後，選挙不正を訴えたすべての裁判で敗訴した後でも選挙結果を認めないという彼の態度は，民主主義——平和的政権交代を可能にする制度——の基本ルールに反している。実際に選挙で何があったかなかったか我々にはわからないが，当該選挙の不正如何は，今や歴史家に委ねるべきことではないだろうか）。しかし私は，この「分断」の真の責任は，一般のアメリカ人の常識——動乱期を除いて一般人の常識は常に保守的であるから——を無視して自分たちの非現実的で極端な革命的主張を押し通しつつある左翼（反「保守」なのでアメリカではこれは「リベラル（字義的には「自由主義者の」）」と呼ばれるが，むしろ実態は反自由主義）の側にあると考えている。そしてそれが，2016年（と

---

(15) 【後注】この乖離を，従来のアメリカ憲法と1964年市民権法（の左翼的解釈と適用）との対立として現代米国史を描くものとして，本書第1章でも言及している Christopher Caldwell, *The Age of Entitlement: America Since the Sixties*, 2020
(16) Christopher Rufo, *America's Cultural Revolution: How the Radical Left Conquered Everything*, Harper Collins Publishers Inc., 2023

第4節 【後記】米国のイデオロギー的「分断」とその経緯

2024年）に大方の予想を覆してトランプが大統領選挙で勝利した真の原因なのではないか。トランプの登場以前にこの左傾化するエリート層（と諸マイノリティ・グループとの連合）とアメリカ社会の多数派中間層との思想的分断を指摘して憂慮を表明していた学術的著書もいくつかある。中でも本書第3章でも言及している，A. シュレジンジャーの本（『アメリカの分裂（The Disuniting of America）』原書1991年）とS. ハンティントンの本（『我々は誰なのか（原書タイトル：Who Are We?）』2004年＝『分断されるアメリカ（邦訳タイトル）』）などがその代表になるかと思う。

上記ルーフォの本[17]は，序論と結論を除いて17章からなる300頁弱の本だが，4部に分かれている（第1部 革命，第2部 諸機関を経由する長征，第3部 教育，第4部 権力）。そして各部の最初の章が，その部で論じられる思想と運動を先導した理論家個人の伝記となっている。それぞれ，ヘルベルト・マルクーゼ（第1章），アンジェラ・デーヴィス（第5章），パウロ・フレイレ（第10章），デリク・ベル（第14章）である。そして「（この4人がいっしょになって）革命の知的起源を代表している。彼らのアイデア，概念群，言葉遣い，戦略が，現在の政治を形作り，それを覆っている」（序論）という。

本全体は，その後の沿革とそれぞれに連なる思想家群を詳論しているが，以下には上記の4人についてだけ略説を試みる。

■ ヘルベルト・マルクーゼ（1898-1979）――**革命**

ルーフォの記述で，若きマルクーゼについて印象的な部分がある。(第一次大戦終戦からワイマール共和国建国に向かうドイツ革命進行中の1918年11月，20歳のマルクーゼは，反革命勢力から革命を守るために革命防衛隊に志願し，ライフルを持って配備に就いた。)「この瞬間は，マルクーゼを生涯支配したテーマ群――革命と反革命，ユートピアとディストピア，希望と裏切り――をすべて含んでいる。」

【これに対する嶋津コメント】しかし第一次大戦末のドイツ革命は，右翼反革命勢力と共産主義極左勢力という左右の敵を打破し，一応自由民主主義の共

---

[17]「アメリカの文化革命は1968年に始まった。当時アメリカは，学生反乱，都市暴動，革命的暴力からなる長い季節を堪え忍んだが，その暴力が，その後起こった（現在に至るまでの）すべてのことのテンプレートを提供した。この期間に左翼インテリは西欧における新しい革命の理論を展開し，……国家の転覆を夢見た。……本書の野心は，アメリカ文化革命の内的歴史を暴露することにある。」（2頁，序文より）

第Ⅰ部／第3章　実証主義的な知の概念が生みだす哲学的混乱

和国を確立して成功した（十数年後にナチスによって崩壊させられるが）。そしてその革命に対する国民の反感と抵抗も少なく無血革命に近いものだった。しかし1960-70年代の世界の学生反乱について，私もその時代にいた当事者として振り返って見るに，そこに同種の「革命」の可能性があったとは到底思えない。両者では歴史の局面が異なっているということだろう。ただし，暴力革命や体制変革を含意しない「意識革命」のみを問題にするなら，この時代に米国・日本・世界それぞれの規模である種の「革命」があったと言うことは可能な気がする。この期に既存の様々な権威と常識が大きく揺らぎその後完全に元に戻ることがなかったのは事実だからである。

【ルーフォの記述】マルクーゼは，いわゆる新左翼の傑出した哲学者であるが，新左翼は白人インテリと黒人ゲットーを動員して新たなプロレタリアート（革命主体）にしようとした。彼は西欧における革命のための根拠と方法を（抽象的な言葉で）スケッチした。マルクーゼ学者のダグラス・ケルナーはこの立場を「西欧マルクス主義」「ネオ・マルクス主義」「批判的マルクス主義」などと呼んでいる。

【ルーフォには性の解放に関する記述がないので，一部私の自由な言葉で述べれば】マルクーゼはマルクスとフロイトを総合することで，厳格な道徳生活を模範とする謹厳な米国人のピューリタン的生き方の理想を批判し，「すべての価値判断を超越すること (transvaluation)」「（資本主義社会の文化の中心にある）必要性，搾取，暴力を超える純粋な自由」を説いた。「文明は，人間本能の恒久的隷属化である」とするフロイトを批判して歴史は，階級闘争としてでなく，我々の本能の抑圧に対する闘い——つまり本能的諸欲求解放の過程——と見るべきであり，経済発展の進んだ現代社会では，必要性の抑圧から性を含む本能の解放が可能になっていると説くことで，1960-70年代に西欧世界で広がった学生反乱（一部にフリー・セックス運動を含む）の下，新左翼学生たちの間で大きな人気と影響力を獲得した。

【学生反乱の後】中でも，マルクス・レーニン主義ラディカルたちは公式に，ウェザー・アンダーグラウンド組織（WUO），黒人解放軍（BLA），バーダー・マインホフ集団，などの暴力革命をめざすグループを設立した。そして「1969年から1970年の間の15カ月だけでも，警察は4,330の爆破とそれによる43人の死亡を記録している[18]。」しかし，当然のことながらこのような活動は行

---

(18) 同書 p. 32。爆破は場合により，避難を促す予告を伴って行われたため，死者数は

第4節 【後記】米国のイデオロギー的「分断」とその経緯

き詰まり，1974年までには，マルクーゼは新左翼の敗北を公式に認め，ウェザーメンたち[19]も，自分たちが袋小路にいて先に進めないことを理解した。

しかし運動はそこから「長征（Long March）」に入る。この語は本来，中国共産党が国民党に追われて延安へと後退する場面を指すが，ここでルーフォはこの語で，当初の米国革命運動が暴力革命から知的セクターでの思想・言論支配をめざす長い時間をかけた「文化革命」へと転換していったことを指している。「一般の人々が冷戦終結によって心を和らげ安らかな眠りについている間に，西欧のラディカルたちは，様々な機関を通過する長征を忍耐強く実行していた。」「全体として，もっとも活動的なウェザーメンのおよそ半数が，教育分野での地位をどうにかして確保した。」しかし暴力革命は犯罪として取り締まれるが，（旧体制を意図的に破壊するための）思想的浸透は犯罪にならないから，静かに進行させることができる。それに対する一般の警戒心も希薄だった。その結果（約半世紀後の）2018年の調査で，「40の上位大学での教員の政治的所属を研究したある研究者が見いだした結果は，リベラル派対保守派の割合が，政治学で8対1，歴史学で17対1，社会学で44対1，英文学で48対1，人種とジェンダー研究で108対0だった（「対1」は比率だが「対0」は実数ということであろう）。」（43頁本文，出典については同書第3章注30）一方，学術誌についてのある用語の頻度調査では「白人至上主義（white supremacy）」が105,000件，「白人特権（white privilege）」が61,000件，「新植民地主義（neocolonialism）」が52,000件，「独占資本主義（monopoly capitalism）」が35,000件，「男性特権（male privilege）」が34,000件，「男性至上主義（male supremacy）」が29,000件，「制度的人種差別（institutionalized racism）」が28,000件であった（44頁，注39）。

「これは，下からではなく上からの革命である」「批判理論関連の用語は論文の言語世界を短時間に征服した。」「人種差別と性差別という非難が，異論を沈黙させるために投げつけられる。」そして，「社会変革のために国家が利用され，国家は左翼活動主義の後援者となる。」その途中で，抵抗はほとんどなかった。

この流れに対するルーフォの反論は「しかしながら問題は，批判諸理論を満足させることは不可能だ」という点にある。要するに，それを実現するには人

相対的に少ない。

(19) このグループの名称は，「Weathermen」「Weather Underground」「Weather Underground Organization」と変化するが，その参加者たちは「Weathermen」と呼ばれ続けたらしい。

間は生まれ変わらねばならないが，人はそれを望まないし，その理想は実行可能でもない。それでも，その理想を語ることはできるから，ある種の偽善が言葉の上で強制されているのが現状である。結果として，現在エリートになるためにはこの語法を学んで身につけることを要求される。もちろんこれは，当初あれほど嫌悪・非難された「（思想・言論の）自由の抑圧」そのものである。「解放が，支配の口実になる。カウンター・カルチャーが体制となる。革命は凝固して官僚制となる」のである[20]。

マルクーゼの評伝に Thorkelson, Buhle & Lamas, *Herbert Marcuse, Philosopher of Utopia: A Graphic Biography*, City Lights, 2019 という本があるのを見つけた。タイトルの「ユートピアの哲学者」というコピーは秀逸だと思う。ユートピアが観念の中だけの理想郷（原意は「どこにもない場所」）であるとともに，本気で実現しようとすると大規模な社会的悲劇につながる，という意味を含めて[21]。

■ アンジェラ・デーヴィス（1944-）——人種

「彼女は，大学院でのマルクーゼの教え子の一人であったが，暴力によって国家を打倒しようとする連中の仲間になった後，西欧におけるラディカルな反乱の顔になった」（p. 2 でのルーフォの要約）。暴力的黒人解放運動に共鳴・参加した，哲学の学位をもつ黒人女性（修士論文はカント論，ただしフンボルト大学に提出したとされている博士論文の記録が大学にはないとのこと。家宅捜査の際に原稿が紛失したとの説も。後にソ連の大学などから名誉学位は得ている。米国共産党員であることを公言。東西冷戦下で東側を支持）として，マルクーゼ理論＝解放の哲学の語彙を自由に使いこなしながら，黒人の抑圧からの解放と「革命」を論じた（現在の BLM 運動や警察敵視論の思想的原型をなしている）。下記の裁判以後も大学（主に UC サンタクルーズ）教授のポストを得て教育に携わり多数の（デーヴィス派）学生を輩出するとともに，退職後の現在まで思想的影響を与えている。

Rufo［2023］第5章は，1970年に拘置所にいるデーヴィスに対してマルクー

---

[20] 2025年1月に就任したトランプ大統領（2期目）は，この流れを逆転させる施策を矢継ぎ早に連発しているので，今後どうなるか，少し時間を置いて見る必要がある。
[21] ユートピア論については，拙稿「ユートピア論の射程」『問いとしての〈正しさ〉』第11章，および拙稿「増補版訳者解説」M. オークショット『［増補］政治における合理主義』（勁草書房，2013年）中の「バベルの塔」論を参照されたい。

第4節 【後記】米国のイデオロギー的「分断」とその経緯

ゼが書いた手紙から始まる。そこには，彼の教えを哲学レベルから（黒人解放の）実践レベルに適用した彼女への理解が表明されている。当時彼女は，誘拐，殺人，脱獄（幇助）失敗に絡む州間逃亡の容疑で拘置されていた。

しかし陪審裁判の結果，これらすべての容疑でデーヴィスは無罪と判定された。刑事裁判としては，情況証拠は多数あったが（実行犯が射殺されたこともあって共謀の）決定的な直接証拠がなかった。弁護士はこの事件を「奴隷の反乱」に擬し，デーヴィスらを国家の政治的抑圧に対する犠牲者として描く戦術を採り，陪審員（ヒスパニック1人を含むが全員白人）の一部がそれに共感した結果でもある。

全体の被疑事件（英文の Wikipedia では「Marin County Civic Center attacks」の項参照）はかなり複雑だが，以下私の理解した限りでその概要を挙げておく。1970年当時，ソレダード刑務所（サリナスの南東約34キロ。US-101 道上にあり，サンフランシスコから南に車で2時間程度か）内では，受刑者（拘置中の者を含む）の人種間および看守・受刑者間の対立が激しかったようで，受刑者間での殺人，副所長による3人の受刑者の射殺，（その報復と考えられる）受刑者による複数の看守の殺人，などが起きていた。中心となる黒人の受刑者グループは，ソレダード・ブラザーズと呼ばれるブラック・パンサーズに属する「（自称）革命家」たちだった。その中の1人で作家でもあるジョージ・ジャクソンとデーヴィスは恋仲で，手紙の交換もしていた。ジョージの弟で当時17歳の高校生ジョナサンが，この事件の主犯であり，デーヴィスとの共謀が疑われている。少なくとも，犯行に使われた複数の銃（拳銃，ライフル，ショットガン）は，デーヴィスが購入したもの。

事件当日は，（サンフランシスコの北の対岸サン・ラファエルにある）マリン・カウンティ市民センター内の州の地区裁判所で，上記の看守殺人事件の審理が行われていた。被告人は3人（ジョージは含まれない）だが，目撃証人として他の受刑者も複数出席していた。ジョナサンは，傍聴席に銃を隠して持ち込んでいたが，裁判の途中立ち上がってそれを示して威嚇し，他の受刑者にも銃を手渡して犯行に加えるとともに，判事，検察官，3人の女性陪審員，看守を人質にとって，被告人たちと刑務所にいる兄の解放を要求した。そして（逃亡を企てる）囚人たちと人質を乗せてレンタカーのミニバンでサンフランシスコ空港に向かおうとした（不確定情報ではデーヴィスは同空港で待機していたらしい）。しかし市民センターの外には警官隊が待ち構えていて，受刑者たちとの間で銃撃戦となった（受刑者の1人が警官隊に発砲したのに警官側が応戦した，とされる）。

第Ⅰ部／第3章　実証主義的な知の概念が生みだす哲学的混乱

　結局，ジョナサンと受刑者2名，および（首にショットガンの銃口をテープ付けされていた）判事の計4人が死亡，車内で犯罪者から銃を奪って闘った検察官が後遺症の残る重傷，陪審員の1人が腕に銃創，犯人の1人だけは銃弾を受けたが生き残る，という結果になった。

　捜査の結果，デーヴィスはジョナサンと共に事件を計画した共犯と見なされて指名手配されたが，2年間協力者を得て逃亡を続けた後逮捕された。逃亡中と逮捕後拘置所にいる間に様々に発信し，それが広くメディアで報道されて，黒人解放をめざす極左運動のヒロインとして世界の注目を浴びることになった。

　新聞やFBIの手配ポスターで何度も再掲されたサングラスをかけ巨大なアフロヘアーをした彼女の印象的な写真は，左翼の偶像になった。また冷戦を背景に彼女の声は，マルクス主義者として西欧世界の内側から発される（資本主義的抑圧）体制批判の実例となり，後に訪問したソ連でも大歓迎され，その活動と批判的人種理論は，ソ連の少年少女たちにも教科書などを通して広く教えられた。

　デーヴィスの主張を列挙すれば，「人間が生き，愛し，健康で創造するためには，社会の組織（fabric）全体を完全に革命化せねばならない」「黒人革命家は，システム全体の破壊を完遂してはじめて人種差別と闘いそれを効果的に破壊する過程を開始することができること，を理解している。」「警察の残虐に終止符を打ち，国の刑務所に拘束されている黒人をすべて直ちに解放すべきである」「400年間の人種的残虐，殺人と搾取を背景にすれば，これ（暴力的黒人運動）を自衛だとすることだけが正しい定義である」「アメリカ合衆国は，ファシズムへとらせん降下しつつある」（現在の暴力的「アンティファ——Anti-Fascism」運動はこのことを前提している）などがある。

■ パウロ・フレイレ（1921-1997）——**教育**

　Rufo［2023］第10章で論じられるパウロ・フレイレは，「ブラジル人マルクシストで，学校を革命の道具にしようという彼の著作は，アメリカ左翼の教育における福音書となった。」（P. 2）とある。英文ウィキは「批判的教育学の指導的擁護者」としているが，（主に南米の）解放神学などにも影響を与えたらしい。

　私はこの原稿を書くに当たって，毀誉褒貶の激しい彼の主著[22]を読んでみた。

---

(22) 『被抑圧者の教育学——50周年記念版』三砂ちづる訳（亜紀書房，2018（2010）年）。

第 4 節 【後記】米国のイデオロギー的「分断」とその経緯

　この本の 1968 年に出たポルトガル語の初版が評価されて，彼は 1969 年にハーバード大学に客員教授として招聘された。そして米国滞在中の 1970 年に英語訳とスペイン語訳が出て，米国内と世界で反戦・反体制気分が盛り上がる状況を背景に，爆発的な影響力をもつことになった。その後も主に教育学の中で，「17 の言語に訳され，どの国においても成功を収め」たとある。「社会科学において 3 番目に多く引用される作品」(Google Scholar による 2016 年のデータ) でもあるらしい。しかし私にとっては，読み続けるのにかなりの苦痛を感じる本であった。

　「この教育学においては，被抑圧者が抑圧と抑圧の原因について省察することが対象になり，その省察は結果として被抑圧者の解放の闘いへと向かい，そのなかでさらにこの教育学はつくり，つくり変えられていく。」(61 頁)「この教育者の目ざしている活動は，教育される側の目ざしているところと同じであり，教育する側とされる側双方の人間化——ヒューマニゼーション——を目ざすものである。」(111 頁)「ただのものを容れたり貯めておいたり（引き出して他に移したり）する活動に終始」している「銀行型」教育が抑圧のツールとして否定され，「問題提起型で対話的な教育」が推奨される。目指されるのは，「人間化・自由な労働・疎外からの解放・一人の人格ある人間としての認識」である。「新しい人間が誕生する——抑圧する者でも，抑圧される者でもない，真の意味での自由な人間の誕生である。」

　議論はこのような抽象的な語が続くだけで，具体像はなかなか明らかにならない。ただ方法として，対話から生成テーマを拾い出し，教えられる者にとって身近なテーマから，社会の抑圧構造などを理解するための素材を見つけて次のテーマへと展開・発展させてゆく，というようなアイデア（フレイレはこの本出版以前から，南米で文盲への教育実践などの経験があった）が示される。ほとんど唯一の例として挙げられているのは，最初「アルコール依存症」をテーマにして，貧困や搾取，抑圧の問題へと展開する事例である。最終章では解放の（対話型）指導者にも言及し，「「反——対話行動の理論でまず特徴となるのは征服であり，それはある主体が他を征服し，まるで「モノ」のように変えてしまう……。（これに対して）対話的行動の理論では，主体が出会い，協働して世界を変革していく……。」「対話的行動の特徴である協働は，（解放のリーダーと組織される人々で）それぞれの役割と責任に違いはあっても主体同士にしか成り

　これはポルトガル語（46 版）からの訳で，英語版からの邦訳書は 1979 年に出ている。

第Ⅰ部／第3章　実証主義的な知の概念が生みだす哲学的混乱

立たず，コミュニケーションを通じてのみ実現される。」(256頁) この話は，「対話」(ある種の教育を受けること)によって，結局は抑圧と支配を行う(体制)エリートたちが広めている「神話」から目覚めて，実践を通じて世界と自分を脱神話化する，そしてそれぞれの場所での解放をめざす革命家になるべきだ，という話につながる。「支配エリートは支配しやすくするために世界を神話化するが，対話理論は，世界の神話をはぎ取っていく。」(258頁) と言われる。もちろんそんな見解が，「リーダー」からのヴィジョンの押しつけとしてでなく，被抑圧者の自己理解として生じる，というストーリーを素直に信じることは難しい(23)。

　この本は，冷戦のただ中で書かれ，自由民主主義圏に対する代替的選択肢としての共産主義がまだ魅力をもっていた時代の本である(被抑圧者たちが「歴史」の担い手として自覚することの重要性も強調されている。歴史の内容は明示されていないが，それはどうも「革命」と社会主義の到来を必然的なものと見るマルクス主義の歴史観のことらしい)。ちなみにこの本の中で指導者(ただし相手を対等の存在として対話するリーダーである点が繰り返し論じられるが)としてもっとも賞賛されているヒーローはチェ・ゲバラであり，フィデル・カストロも肯定的に評価されている(252頁)。エンゲルス・マルクーゼ・ルカーチへの言及もあるし，(主観主義批判をめぐってではあるが)「マルクスが批判し，そして科学的に看破してみせたのは……」(70頁) としてマルクス理論の科学性を肯定する箇所もある。私の「苦痛」の原因は，まっとうな教育さえ行えば，人々(抑圧される者たち)は支配的イデオロギーの蒙昧から覚め，正しく自己と状況を見られるようになり，その結果解放と革命へと向かうのだ，という夢物語に，私が全く共感できないことにある(24)。現実を正しく認識すれば共産主義者になる，などという教説は，この時代だから通用した話としか思えない。1990年前後に共産圏が崩壊し，残っている共産中国も伝統的王朝支配の側面が強く，自由民主主義に対する普遍的魅力のある代替案たりえていない，という歴史の

---

(23)　オークショットがひ弱い陰として語る否定的な大衆論の中の「腹話術」が思い出される。政治指導者は，自分の見解を人々に吹き込んだ後で，それをオーム返しにする人々の声を「大衆の声」として自身の主張の正当化に利用する。そのプロセスを彼はこの語で呼ぶのである。「代表民主主義における大衆」『増補版　政治における合理主義』(勁草書房，2013年)，および同書内の拙稿「増補版訳者解説」参照。

(24)　私には，自由主義や民主主義もイデオロギーにすぎないことを認める用意がある。問題は，それを追求した場合の(常に理想とは距離のある)現実の帰結の許容性如何である。

第4節 【後記】米国のイデオロギー的「分断」とその経緯

後知恵を得た後でこの本を読んでいるからでもあろう。要するにこの本はフレイレのユートピアを語っているのだが、そのユートピアは実現可能性に欠け、魅力に乏しいのである。

ルーフォのフレイレに対する最終的評価は手厳しく「フレイレの国民教育プログラムは、結局純粋の幻想に終わった」「振り返ってみれば、フレイレは悲劇的誤りを犯した。彼は、コロニアリズム（植民地支配）、資本主義、無知、抑圧という怪物たちの布置を特定したが、革命に執着しすぎた。古い怪物たちを一掃はしたが、暴力、野蛮、生活不安、幻滅、という別の怪物を解き放ったのである」「アンゴラ、モザンビーク、ニカラグア、エルサルバドル、ギニア・ビサウ、など彼が行った所（左翼政権が支配する旧ポルトガル植民地などの発展途上国で教育アドヴァイザーを務めた）はどこでも、コロニアリズムが貧困、弾圧、文盲、大量殺戮、内戦に道を譲った」（Rufo [2023, p. 158]）という。そして彼は結局、識字率の向上といった初歩的だが最重要な側面においても、教育成果を出せなかった（調査の結果、ギニア・ビサウでの3年間に2万6千人が参加したフレイレのプログラムで、基礎的識字力を獲得した者はほぼ皆無であった）。別の論者は、批判的人種理論（CRT）を批判する文脈で「問題は狭義のCRTよりずっと大きい。批判的教育学は、教育の広汎な再定義を要求する。教育として通用しているプロパガンダ（にすぎないもの）が関連しているが、もっと基本的な問題がある。このアプローチは、読み書きと思考が上手にできる生徒を生みださない。それは、真なる知と能力の獲得を通した、教養教育の伝統の擁護者たちが推奨する知的解放の達成を疎外する」という[25]。「真なる知」については言いたいことが色々ある（本書のいくつかの論文で論じるように、「真」は目指すものだが「獲得」を確認できるものではない）が、いずれにせフレイレ流の「解放」とか「革命」とかが何を意味するにせよ、初等教育から批判教育学で育てられ、それにしか能がないように育った若者たちが成長後に構成する社会は、たとえ政治的な解放や革命が実現するとしても、経済的・文化的な貧困化を免れないのではないだろうか。

それなのに米国の教育学においては、（私の読んだ三砂訳 [2018] も数人の教育学者による大仰な賞賛を掲載しているように）フレイレはヒーローとして扱われ続けている。そしてこの種の教育学内の偏りは、現在の米国で左翼的教育を

---

(25) Daniel Buck, 'Where Critical Race Theory Comes From', *National Review PLUS*, January 8, 2022 6:30 AM より嶋津の要約。

第Ⅰ部／第3章　実証主義的な知の概念が生みだす哲学的混乱

推し進める教師たちと生徒の父兄たちとの間で広範な対立を生み出しているのである。

■ デリック・ベル（1930-2011）――**権力**

　デリック・ベルは，批判的人種理論の基礎を築いたハーバード・ロースクールの教授で，人種論イデオロギーによって多数のエリート機関を乗っ取った幹部活動家たちをリクルートした（ルーフォによる序文での要約）。

【以下私が理解した限りでベルの略歴等を記す。評価的な部分も含まれる】

　ベルは1957年に法律家の資格を得て最初，連邦司法省の市民権部門で仕事をした。同時にNAACP（National Association for the Advancement of Colored People：「全米黒人地位向上協会」：民間の財団）に属して活動もしていた。1959年に司法省から，中立性に疑問を持たれるのを避けるためNAACPを脱会するよう要請されたが，彼は逆に司法省を退職して，弁護士としてNAACPの支部の活動に専念することにした。法律的背景としては1954年のブラウン事件判決で，学校での人種隔離を違憲とする連邦最高裁の判断が出ていた。その後黒人運動の盛り上がりを背景に1964年には市民権法（Civil Rights Act）が成立し，（そのための予算と官僚群を得て）連邦政府も人種統合に積極的に乗り出すことになる。しかし様々な手段でこれに抵抗する人々（南部の政治家とその支持者たちなど[26]）がいて，それは簡単には浸透しなかった。その前後の頃の話である。ベルは，人種統合が全米でもっとも遅れていたミシシッピー州で，NAACPを通して300を越える学校の人種隔離（解消）事件を統括した。この頃の実地経験が，その後の米国では真の人種平等は実現不可能だとするような悲観的（同時に革命的）見解へと結びついてゆく。

　10年の実務活動の後ベルは学問の世界に移り，そこで後半生を過ごした。南カリフォルニア大学で教師を始め，ハーバード・ロースクールに移ったが，彼はそこで1971年，最初の黒人で終身在職権をもつ教授となった（その後，教授陣に自分以外のマイノリティがいないことに抗議して長期休暇をとるなどの抗議行動を展開）。1000頁を越える人種関連の判例を扱うロースクール用教科書（*Race, Racism and American Law*, Little Brown & Co, 1973）[27]も出版し，名声を

---

(26)　その実態を描いたT. ロウィ『自由主義の終焉』村松岐夫監訳，木鐸社，1981年。人種統合をめぐる米国判例については拙稿「法と平等――その論理と歴史」『問いとしての〈正しさ〉』9章，参照。

(27)　【以下ルーフォのコメント】この本は，後に「批判的人種理論」として知られるこ

第4節 【後記】米国のイデオロギー的「分断」とその経緯

確立した。その他，臨終の時までNYU（ニューヨーク大学）の客員教授であり，オレゴン大学ロースクールでは学部長も務めた。そしてそれぞれの機関で，教授陣がより包摂的になる（つまり黒人教授の比率を上げる）よう巧妙に活動した。法学の論文も多く書いたが，晩年にはフィクションを通して人種問題に接近するという異例のやり方も採用し，それらの著作は広く読まれて影響力をもった。

　【理論上の問題】標準的な（古いとも見なされる）権利論では，権利の担い手は個人であり，それが侵害された場合には裁判を通して救済を得ることができる。この仕組みは，多数派の横暴から少数派を守る手段としても機能することが期待されてきた。実務家のベルはこのルートを通して法的手段による黒人の差別解消の努力を続けたが，その限界を痛感することになった。典型的には，プレッシー事件（1896年）におけるハーラン判事が（鉄道における人種隔離を，「分離すれでも平等」として容認した多数派に対する）反対意見で述べた「アメリカ憲法は色盲である」（当該の人が白人か黒人かで扱いに差をつけること——プレッシー氏が白人用客車に乗ることを人種を理由に禁止すること——は違憲である）という色盲原則が，多くの法律家に称揚されてきた（私は今でもこれが正しい平等原則だと考えている）。しかしベル（の法律論）はこのアプローチを，白人優位を保持するための策略だとして敵視する。

　ベルの自伝では，（市民権を得たばかりの）白人移民に優しく黒人少女には侮蔑的な態度を取る，まるでジキルとハイドのような二つの顔を見せる（市民権事件を扱う）ある判事の態度に大きなショックを受けたことが書かれている。「彼ら（白人移民）が市民になった途端，その白さが彼らを，私が代理している（米国生まれの）黒人たちよりも受け入れやすく歓迎すべきものにする。私は実存的疑問に襲われた。私はなぜ，（裁判を提起して）子供たちを学校に受け入れさせたのか，彼らを欲しがっていないところ，彼らが——例外的でないかぎり——多分みじめな成績しか上げられないところに。彼らが落第するか，確実に受けるであろう敵対的扱いに対して怒りか暴力で応えて放校になるかする可能性が高いのに。」[28] この実存的疑問は，彼の残りの人生を通して彼につき

とになるものの種をすべて含んでいる。ベルは論じる。人種は「不確定な社会構成物であり，支配を維持し白人特権を高めるために，不断に再発明され操作され続ける。」ベルの目的は，「人種間の差異を具体化し，人種間の不平等を維持し，現状を固定するについての法の役割を調べること」——それからそれを政治権力を適用することによって変えること——にある。

(28) *Ethical Ambition: Living a Life of Meaning and Worth*, Bloomsbury, 2008, 158.

まとった。そして「ハーバード大学でベルは，彼の市民権運動への幻滅を人種と権力を結合する理論へと変換するための研究に従事した。」［Rufo 2023, 212］

【考察】ただ，黒人の落第率や放校になる率が事実として高いとしても，それが差別の結果か否かの判定は難しい。これらを含む様々な統計上の比率が，本来は人種間で同じになるはずだ，という（均一性：parity の）前提は外から持ち込まれた仮定にすぎず，それが正しいとは限らないからである。もしすべての分野で人種間が（事実として，または規範として）平等なら，プロ・バスケット（NBA）の選手に圧倒的に黒人の比率が高いことも，異常または不当なことになってしまう。スポーツは，能力主義（meritocracy）が際立つ（選手の人種バランスなどに拘っていては試合に勝てない）世界である。アファーマティブ・アクション（積極的差別解消措置）やアイデンティティ・ポリティクス（属性政治）でよく使われる，統計結果の不均衡を社会的差別が存在することの根拠とする，という扱いには問題が多く，むやみに強行すればそれは社会を歪めることになるだろう。

これに関連して，2023年に連邦最高裁は，Students for Fair Admissions v. Harvard, 600 U.S. 181（2023）で，大学入試で人種を考慮することを憲法修正14条（平等保護条項）違反と判定した。（ベル的な方向からの転換点となりそうな）画期的判決だが，依然として「多様性」の理念に依拠して実質的にアファーマティブ・アクションを支持する法律家も多い。これにはハーバード等の大学関係者やバイデン大統領なども含まれ，法律論争は現在も進行中である。同判決に対して，「判決には従うが我々は，合法的に多様性を追求することができる方策を今後も考えてゆく」といったコメントを述べる当局者（DEIを担当するために雇用された理事などを含む）も多かった。

【ルーフォの著書から】

「ベルは，殺人被疑裁判でデーヴィスを援助し，フレイレの批判的教育学を読み，（弟子の学生を通して）ブラックパンサーと密接な関係を維持していた。しかし彼のゲームのやり方は，同時代の（暴力革命に走る）連中とは異なっていた。」「ハーバードでの長いキャリアを通してベルは，彼の下に集まる――卒業後も批判的人種理論の規律を確立してゆこうとする――若き幹部インテリたちを育成し，彼らに様々な制度に内側から挑戦するよう奨励した。」「彼がマルクス・レーニン主義革命の修辞からエリートの不満の修辞に移した人種的悲観論は，左翼人種イデオロギーの支配的トーンとなった。」「デリック・ベルが我々の時代の人種政治の舞台を作ったと言っても過言ではない。法学とフィク

第4節 【後記】米国のイデオロギー的「分断」とその経緯

ションの著作によってベルは，アメリカの物語を不吉な光の下に再構成した。ワシントン，ジェファーソン，リンカーンは，〈奴隷の憲法史〉を書いた皮肉な（歴史の）作者たちであり，〈人種差別はこの社会の必須の，恒久的，破壊不可能な構成要素〉であり，色盲的平等による今の支配は，実際のところ，〈これまでより一層抑圧的な人種差別の狡猾な新形態だ〉と述べた。」「しかしこの運命論のポーズにもかかわらずベルはまた，力を手に入れる方法を実践して見せた。抵抗，スト，弾劾を行った。彼の学生活動家幹部たちは，〈多様性〉の旗印の下に，様々に圧力をかける活動に従事した。彼（自身）は公然と同僚たちを辱め，全国紙上で辞任すると脅した。人種政治を使って官僚制を牛耳るやり方を理解している制度の操り手だった。」「彼の弟子である学生たちは，憲法秩序を脱構築するための実践的要求と彼の理論とを結びつけた。〈批判的人種理論家〉を自称するこれら学生たちは，国の建国理念に異議を唱え，色盲的平等の廃止，言論の自由の縮減，個人の権利の集団アイデンティティーに基づく要求権への転換，人種間の再分配のためにする私的所有権の停止，などを擁護する議論を展開した。」「教授自身はマルクスの原典を読んだことはないと言っているが，弟子たちは，批判理論，ポストモダニズム，ブラックナショナリズム，マルクス主義イデオロギーなどのごった煮によって（教授の）法学教育を補った。」「ベルの死後10年を経て，今や批判的人種理論は，その名で，または〈多様性（diversity）・公正（equity：強制的結果平等）・包摂（inclusion）〉（DEI）という婉曲語法を通して，大学，連邦政府，小中学校，会社の人財課（human resources department）のデフォルトのイデオロギーとなった。それは，一人の聡明だが苦悩を抱えた男のヴィジョンから始まった驚くべき手柄である。」「ベルは法的色盲（主義）に満足できなかった。……グラムシは彼に，マイノリティを助けるように見える市民権法が実際にはいかに白人エリートの利益に仕えているかを説明する理論的枠組みを与えた。フレイレはベルに，授業の中に政治的活動主義を注入することの理論的正当化を提供した。」「ベルは，進歩は幻想だと信じており，あたかもそれが事実であるかのようにして〈黒人がこの国で全面的平等を獲得することなど決してない〉と告げるのである。」

第4章　動物保護の法理を考える[1]

第1節　モラル・ウェイト

　日本ではまだ少ないが，欧米では大きな街ならどこにも菜食主義者（ベジタリアン）用のレストランが多数営業している時代になった。健康上または美容上の理由や単に食物の好みにすぎないベジタリアンもいるが，中心は倫理上の理由からするベジタリアンである。この人々は肉が嫌いなのではなく，動物を殺して食べるという行為は善くないことだから（不当な犠牲を動物に強いることになるから），という理由によって，食肉の快楽をあきらめて菜食主義を採る。菜食主義の是非を論じること自体は本稿の目的ではないが，その立場を擁護したR.ノージックの議論[2]は，この種の倫理問題を扱うやり方の例としても興味深い。原典は1974年に出版されていて古いが，この分野の先駆的業績の一つといえる。

　「もしあなたが，音楽のビートに合わせて指を鳴らしたいと思ったが，何か奇妙な因果連鎖によって，あなたが指を鳴らすことが1万頭の牛が大きな痛みと苦しみを経て死ぬ原因となることをあなたが知っていたとしたら……あなたが指を鳴らすことは，完全に申し分のないことなのだろうか。」とノージックは尋ねる。もし答えが否定的であれば，つまりこの状況で指を鳴らすことは慎むべきだ，といったものになるなら，あなたは牛になんらかの道徳的重み（moral weight）があると考えていることになる。これは，他から押しつけられた考えなのではなく，あなたが元々立っていた，しかしかならずしも自覚はしていなかった，あなた自身の立場だ，というのである。例は架空でも，問われ

---

(1)　本稿の議論は以下の拙稿と重なる部分が多いので参照されたい。「実験動物の法的・倫理的位置と実験目的によるヒト由来物の利用」町野朔・雨宮浩共編『バイオバンク構想の法的・倫理的検討──その実践と人間の尊厳』（上智大学出版，2009年）41-59頁。また，実験動物に関する法と倫理の研究で2015年に千葉大学より博士号を得た古澤美映氏からも多くを得ている。

(2)　ロバート・ノージック著，嶋津格訳『アナーキー・国家・ユートピア』（木鐸社，1992年）56-67頁。出典が明示できないが昔に読んだ米国における同書の書評で，「これまで読んだ菜食主義擁護論の中でもっとも説得的だった」と書いていた評者がいた。

ているのは現実の自己理解[3]である。

　ではその「重み」はどれほどだとノージックは考えているのだろうか。「(米国では) 動物を食べることは健康のために必要なわけでなく，他の食料品より安価なわけでもない……。そうすると動物食による利得は，……味覚上の喜び……にあることになる。問題は，……動物をも食べることによって得られるこれらの利得の限界的増加分が，動物の生命と苦痛に対して払われるべき道徳上のウェイトに優るのかどうかという点にある。」米国紳士録でノージックは「ユダヤ人菜食主義者協会の会員」とされていたと記憶する[4]ので，彼はこの点について「優るのではなく劣る」と答えて，味覚上の利得をあきらめ，菜食主義を採ることになったのだと考えられる[5]。

　なお同書ではノージックは自分がこの立場に立つとは明言しないまま，「最小すぎる立場」として「動物には功利主義，人間にはカント主義（常に同時に目的として扱われ，手段として他の犠牲にはできない）」という二元論的立場を提示している。これは明示的な二重基準だから，形式的に見ても不公平だが，犠牲にするためには功利主義的正当化が必要になる限度で，つまり他のより大きな利益のためにだけ犠牲にできるという形で，動物のモラル・ウェイトを是認している。

　ちなみに議論はこの後，人間より優れた宇宙人がいる場合にはこの基準は三重になって人間が二番目の地位につき，宇宙人が最高の地位につくとともに，宇宙人のためになら人間を犠牲にすることが許される，という可能性がある，

(3)　方向は逆だが，中絶問題でR. ドウォーキンが展開する議論も，より深い自己理解を促す，という形を取る。中絶禁止派であるブッシュ（父）大統領候補は選挙運動中，胎児の生きる権利から中絶禁止を演繹するという，プロ・ライフ派の典型的なレトリックを採用していたが，質問に答えて「もし自分の娘や孫娘が中絶を決断したら，私は彼女を支えます」と言った。娘や孫娘が殺人を犯す場合にはこんな答えにはならないはずだから，中絶に反対する彼の本当の論拠は，胎児の権利を前提としないこれとは独立の生の価値から来ているのだ（それなら，プロ・チョイス派とも妥協の余地がある），というのである。この関係（本当の論拠と既成のレトリックとの違い）はプロ・ライフ派一般に拡張される。Ronald Dworkin, *Life's Dominion*, Random House, 1993, pp. 13-20.

(4)　1980年ころの *Marquis Who's Who in America*。ただし後の版にはこの項がなくなっているようである。事後にノージックが出版した多くの本の情報など，学者としての活躍の結果，載せるべきことでもっと重要なことが増えたからかもしれない。

(5)　ただ，最近の人類学が教えるところでは，人類と肉食の関係は極めて密接で，樹上生活から地上生活に変わって栄養の大きな部分を肉食から得ることを始め，それによって長寿と発達した脳を獲得した霊長類，としてヒトを捉えることもできそうである。H. プリングル「ヒトが長寿になったわけ」日経サイエンス，2014年6月号，68-75頁。

などという方向に展開する。まあ，現在動物が置かれている立場に人間が置かれるような場合も想像してみなさい，ということであろう。あなたはそれでもこの二重基準（というか，基準が三重以上になりうる論理）を支持するのか。

どうもノージックは功利主義一般に否定的なようだが，現在の動物保護をめぐる規範の状況は，後に述べるように，ここで功利主義と言われているものが基本的に妥当していると考えられる。動物実験に関して見られるように，必要な場合には，必要な限度に限って，動物を犠牲にすることが許される，というものだからである。それでも後述のEUによる化粧品指令では，化粧品という必要性の薄い目的のために動物を犠牲にすることは許されないとの論理に従って，動物実験によって開発した化粧品のEU圏への持ち込みやそこでの販売を全面的に禁止する，といった規則が制定されている。後述の「三つのR」という動物実験の基準の背後にある論理もこれに近似する。限定的ではあっても，功利主義も動物保護について一定の有効性はもつのである。

第2節　一元論

ラディカルな動物保護論者は，動物と人間を包括する道徳上の一元論を主張する。例えば，一元的功利主義を採るP.シンガーと一元的権利論を採るS.ワイズなどが挙げられる。

1975年に初版が出て，この分野を事実上切り開いたともいえる『動物の解放』でシンガーは，レイシズム（人種差別）やセクシズム（性差別）に連なる意味でスピーシーシズム（種差別）を定義し，それを批判する[6]。そして，これらを通して擁護すべき平等主義について論じる。その場合，平等主義を能力その他の事実面における平等によって基礎づけることは危険だという。なぜならそんなことをすれば，人種や性差についてそれらの事実面での科学的調査が行われ，もし重要な側面で対等ではないとの結果が出た場合，平等主義者は，

---

[6] 逆にいえばシンガーは，人間も含む全動物種の間で差別をしない平等主義が理想だ，と考え，その動物全体を1グループとし，それについて功利主義を採用する（注(13)に挙げた論文でポズナーはこれを panspecies utilitarianism（種横断的功利主義）と呼んでいる）。ということは，一定の政策や立法などの評価に際して行われる快苦計算において，他者のより大きな快のために犠牲になる，という関係をすべてのメンバー間で要請するわけであるから，人間以外の動物のために人間が犠牲になることも認める，というふうに要求する，という帰結が当然発生する。これは，上記のノージックのいう二重基準を放棄した結果ともいえるのだが。

73

その調査は事実認識として誤りだ，と主張するか，さもなければ平等主義そのものを撤回せねばならなくなってしまうからである。平等主義はそのようなものではなく，たとえ主体間に事実としての格差があっても妥当する。それは，それぞれの必要性と利益に対する配慮の平等を命じる（prescribe）意味の平等主義だからだ，というのである。

　　我々の関心と配慮が正確に何をせよと我々に要求するかは，我々が行うことによって影響を受ける者たちの性格に応じて異なる。アメリカで成長中の子供たちのよき生にたいする関心であれば，子供たちに読むのを教えることを要求するだろうし，ブタたちのよき生にたいする関心であれば，ブタたちを他のブタたちといっしょに適切な食物と自由に走り回れる空間とがある場所に置いておくことを要求するだけだろう。しかし基本的要素――その利益が何であれ，その存在者の利益を考慮に入れるということ――は，平等原理に従って，すべての存在者に向けて広げられなければならない。黒い存在者にも白い存在者にも，男性的存在者にも女性的存在者にも，人間の存在者にも非人間の存在者にも[7]。

　ここでの「存在者」に共通するとされているものは，ここでは「必要性と利益」であるが，虐待禁止などの規範に関するならそれは，苦しみを経験（suffer）するということだろう。また功利主義は元来，快と苦の総量を問題にするのだから，快と苦を経験するとは思えない植物などはこの「存在者」には入らない。しかし動物については，この経験があると考えられるかぎりで功利計算の中に含める，という態度は，ベンサム以来の思想的伝統に属している。

　ただ人間を含めた動物に一つの物差しを適用するシンガーの理論は，重度の障害をもつヒトよりも認知その他において優れており，それゆえより高度の配慮を要求する道徳的立場に立つ類人猿，のようなカテゴリーを生じさせるおそれもある。この点が特にドイツで問題にされ，優生思想との近似性を疑われ，激しい非難にさらされることになった。人間（という種に属する個体）を特別扱いし，能力と独立に「人権」の主体とするという現在の標準的な扱いと，シンガーの立場がどのような関係になるのか，など，考えるべき論点はまだ多いようである。

---

(7) Peter Singer, *Animal Liberation*, HarperCollins, 2009 (1975), p. 5.

第 2 節　一 元 論

　2000 年に出版されたワイズの『檻を揺らして』[8]も，特に法学の分野で動物の権利論に関して大きな理論上の影響力をもった本である。本の構成は大がかりで，議論が広い分野に渡っていて読み応えがあるが，ごく絞って要約すれば，当面議論をチンパンジーとボノボ（当時広範に悪条件下で各種の実験に使用されて犠牲になっていた）に限って，これらをモノとしてではなく法的人格として扱い，身体の尊厳への権利，そしてそれに従った訴訟上の救済請求権を認めるべきだ，というのが結論である。

　霊長類研究の成果が積み重なるにつれて，チンパンジーとボノボがもつ能力が，一般に予想されていたよりも高いことが明らかにされてきた。手話や絵文字を使って人間と対話ができるようになった個体（それぞれが固有名で呼ばれている）が報告されたり，群の中で後天的に伝達される知識が多い（つまり伝統をもつ）ことがわかったり，道具を作って使う（シロアリ釣りなど）ことがわかったりしてきたのである。一般に心（mind）や意識の定義は難しく，特にそれが「ある」ことの証明は不可能ともいえるが，これは人間についても同じで，哲学上の心身問題（および「他人の心」問題）を構成する。より常識的な形では心は，あるかないかではなく，どの程度複雑か，自己意識を含む自他の認知や感情の高いレベルに達しているか，といった程度問題として捉える専門家が多くなっている。要するに少なくともチンパンジーとボノボは，権利主体として扱われるに足る，というかそうなるべき，知能と意識をもっている，とワイズは判断するのである[9]。

　しかし，権利の主体は人間に限られる，という常識は強固であり，この壁を崩すことには当然大きな困難がある。これとの関連で，事実に関しても大規模な世界認識の変更がいかに大きな抵抗を受けるかを示す文脈で，ガリレオ事件に言及もしている。自分が唱える地動説が望遠鏡による木星の月の観測などによって証明できたと思ってもそれが他に認められず，ガリレオは結局異端として有罪の判決を法王庁より受け，終身監視下に置かれた。これに関して，クーンの『科学革命の構造』も引用しながら，パラダイム転換が受け入れられるこ

---

(8)　Steven Wise, *Rattling The Cage: Toward Legal Rights For Animals*, Basic Books, 2000. 邦訳はまだ出ていないようである。
(9)　ただし，知能やその他の能力と権利の享受をパラレルに扱うワイズの議論は，上述のシンガーについて問題になったのと同じ，幼児や重度の精神障害者よりもより権利をもつに値するチンパンジー，といった一般に受け入れられがたいカテゴリーを生じさせる。

との難しさをワイズは語るのである。

　しかし，権利主体として動物というこれまで存在しなかったものが認められるとしたら，その過程は黒人奴隷が財産としてではなく人間として認められるようになる過程と平行したものになるだろう。政治的にはこれは，南北戦争で北軍が南軍を打ち破ることで解決したが，その決着がつくずっと以前の時代から，多くの議論や記述が，奴隷制度の是非両方の立場からなされており，それらを引用しながら展開される議論は興味深い。特に（奴隷制）賛成論は，現在からは愚かに見えるが，もし動物についての常識が変化すれば，現在の権利否定論が将来は同様の酷薄な議論に見えるようになる，ということを示している。中でも成功例として強調されるのは，植民地時代にアメリカから英国に逃げてきた黒人奴隷（サマーセット氏）が捕まり，船に乗せて連れ戻されそうになった時，他の英国市民の請求に応じて人身保護令状を発給しこれを救済した，1772年の裁判官マンスフィールド卿の裁定である[10]。

　ワイズは，米国の裁判所でチンパンジー等に訴訟適格を認めさせることをめざしている。だから，法的権利についての一般的分析や，実践上の技術的問題なども論じている。英米圏では上記のサマーセット事件のように裁判官の裁量による部分が大きい。だから誰か裁判官の一人がその決断をすれば法的世界におけるある種の革命は可能だ，とワイズは考えているようで，候補となる裁判官のサーヴェイなども行っている。もちろんこの「裁量」や「決断」は，恣意的な決定という意味ではなく，その正しさを確信することで行われる決定，ということであり，しかもそれは「法的な」正しさについての確信であることが前提である。

　現実には，実験に使われて犠牲になろうとしているチンパンジーかボノボについて，その代理人として何らかの組織や個人が，人身保護令状を請求する，といったことであろう。チンパンジーとボノボは突破口であって，もしこれが成功すれば，権利主体の範囲を他の優れた能力（弱い意味で定義される自律の能力）が確認されている高等生物，つまりオランウータンやゴリラから，イルカ，クジラ，ゾウ，オウム，カラス，そしてイヌなどにも拡張してゆくことが想定されていることは，いうまでもない。請求権の対象となる権利の範囲も，当初

---

(10)　Somerset v. Stewart, ibid. p. 50, 102. これについては，ワイズは独立の本 Though The Heavens May Fall: The Landmark Trial that Led to the End of Human Slavery, Da Capo Press, 2006 も出版している。本のタイトルは，その時マンスフィールド卿が言ったとされる「天落下しようとも正義行われよ」から来ている。

の身体的完全性（bodily integrity）と身体的自由（bodily liberty）から，生殖の権利，子孫をもつ権利，適切で十分な生息場所への権利，などへと広がることが考えられている。ただ，チンパンジーなどの場合，人間と接触させることで一定の人間化（human-enculturation）が可能であることがわかっているが，これを権利に含めるべきかは未決の難問だ，としている。

この種のことを実現しようとして訴訟を提起するなどの活動はこれまで行われているのだが，権利主体としてどれかの動物が裁判所の救済を受ける，という形ではまだ実を結んでいない。待たれているパラダイム転換またはゲシュタルト転換は，たとえ実現するとしてもまだまだ先になるらしい，ということである。

第3節　立法先行型のアプローチ

一方で，動物虐待を禁止する立法（anti-cruelty law）は，日本を含む世界中で増加するとともに，内容も徐々に厳格化しつつある[11]。米国のロースクールでも，動物法の講義を開設するところが広がっている。特にEUでは，各国の国内法や各種EU指令を通して動物保護のためのルール化がもっとも熱心に取り組まれている。その他，動物実験に関しては，機関内倫理委員会による実験計画の審査が多くの世界的ジャーナルによって要求されるので，その承認をえた研究でないと成果の発表が不可能な時代になりつつある。

米国での動物保護法の現状は複雑で，連邦レベルでは一見包括的に見える動物福祉法（Animal Welfare Act）があるが，それには対象となる動物の範囲などで，大きな例外が設けられている。実験動物についてその大半を占めているマウスとラットそれに鳥類が適用外であったり，特に重要な産業である畜産に関連する動物（Farm Animals）が全体としてこの法の外に置かれたりしている。その結果連邦法による規制のない畜産動物については，州によって内容の異なる立法が林立している。それも，州議会による立法もあるが，住民投票による直接立法によるものも多い。大規模工場によるもの（Factory Farming）を含む畜産業界の利害と，動物保護団体の活発な活動との対立と交渉・妥協によっ

---

(11) 動物の愛護及び管理に関する法律（1973年制定，1999年，2005年，2013年改正）
　　【後注】その後2019年の改正では，殺傷への罰の上限を懲役2年から5年に，罰金200万円から500万円に，虐待・遺棄への罰を従来の罰金100万円に懲役1年を加える形で引き上げた。

て，各州の立法内容も異なっているが，基本的には，畜産業特に食肉生産は経済活動として認めながら，飼育される動物の置かれる環境を改善するためのルールを作ってゆく，という形に落ち着くのが一般である。多層の鉄線ケージでニワトリを飼うことの禁止や，ブタや子牛を身動きできない枠（crate）に入れたままにすることの制限，動物たちが窓もないような部屋で立錐の余地もないほど詰め込まれて飼われることのないように，飼育条件（壁や動物同士にぶつからずに自由に方向を変えられるだけのスペースを義務づけるなど）が設定される。

　その意味では法的世界の中で動物は一般に，すでに単なるモノの地位を脱して，保護の対象として扱われているともいえる[12]。また，上記のシンガーやワイズがこの問題を取り上げるに至った直接の動機になっていると思われる過酷な動物の扱いの一定部分は，虐待禁止法を厳格化することで防止されるようになっており，たとえばシンガーの本に写真があったようなショッキングな状況におかれている実験動物や家畜はもういない。各地の動物保護法が，罰則も軽微で抜け穴の多いザル法という面はまだあるが，動物保護強化の方向に立法が進んでいることは疑いがない。以下，その根拠について，少し考えてみたい。

　ワイズが人間と動物の間にある厚い壁を壊す一元主義を訴えたのに対して，同じ法律家であるR. ポズナーはワイズを批判して，むしろ「人間中心的アプローチ」を擁護する[13]。これは，我々の発展して行く知識と感じ方に応じた立法を行いながら，我々の動物にたいする態度を改善して行こう，という用意を伴っている。しかしワイズのような権利を基礎タームとする司法を経由するのではなく，人々の意識に応じて内容が変化してゆく立法を経由した社会変化を予想するアプローチであるから，動物の権利はここでの論理のステップとして入ってこないのである。

　少し自由な言葉で述べれば，ポズナーによるワイズ批判の中心は，ワイズの提案では突破口はわかってもエンドポイントが定まらず，そのような状態のままで漸進的変化しかできない司法に解決を委ねることはできない，という点に

---

(12) この点を強調する動物の権利問題の概観として，Cass Sunstein, 'Introduction: What are Animal Rights?', Cass Sunstein and Martha Nussbaum eds., *Animal Rights: Current Debates and New Directions*, Oxford University Press, 2004. pp. 3-15. 同書の邦訳として，安部・山本・大林監訳『動物の権利』（尚学社，2013年）がある。

(13) Richard Posner, 'Animal Rights: Legal, Philosophical, and Pragmatic Perspectives', in *Animal Right*, supra note 12, pp. 51-74. この論文はワイズの『檻を揺らして』を承け，ワイズとシンガーへの反論のために書かれている。

ある。どの動物をどんな条件の時に、誰を代理人として認めて救済するのか。救済される動物の引き取り手は誰にするのか。野生動物、家畜、実験動物、ペットなどに応じて、法的処理に必要な事項も異なるだろうが、それらを個々の裁判官が混乱なく決められるのか。動物の権利を認める方向に踏み出した場合予想される巨大な社会変化がありうるが、その責任は誰が取るのか、また必要になる費用は誰が負担するのか（負担者はそれに合意したのか）……。ワイズやシンガーが繰り返し類比する黒人や女性の解放と、裁判を通した動物への権利付与は、実際には大いに異なる、という点が重要である。基本的には支配的な人間（白人、男性）と同じ能力をもちながら差別の下に置かれてきた人間（黒人、女性）を「解放」しても、解放されたのは人間たちなのだから、言語で意思疎通でき、経済的自立の力もあり、自分の行動の責任もとれるはずである。それができると考えるからこそ差別を批判し平等を求めてきたのである。しかし動物はもっとも知能にすぐれたチンパンジーであっても、誰か代理人や保護者を通してしか訴訟活動も法律行為もできないし、民事刑事の責任も取れない。何らかの取り決めや約束に応じて自分の行動を変化させることもできない。新たにルールを全部作って行かねば、動物の解放など不可能なのだから、これは司法というより立法の仕事だ、というのである。

その際ポズナーは、人間の法が人間中心になるのは当然だという。動物保護法は、動物が権利をもつから制定するという論理によるのではなく、残酷な扱いを受ける動物に同情し、それを救うために一定のコスト（金銭以外を含む）を負担してもよい、と多くの人が考えるようになるから、つまり人間の観点から、制定されるのである。もしそうではなく、種貫通的功利主義の観点を貫くなら、一定の条件では動物の利益のために人間が犠牲になることを認めねばならなくなるはずである。これについてはいくつもの不幸な例が考えられるが、どれも我々の道徳的直感とはうまく整合しない（チンパンジーの功利的容量が重度障害者のN分の1であれば、N+1匹のチンパンジーを救うためにはその人の方を犠牲にすべきだ、など）。我々は人間だから、我々の直感は功利主義が要求するようには働かないのであって、それでよいのだ、というのがポズナーの答えである。不要な苦痛を動物に与えるべきではないが、医薬品の開発など必要な場合には、犠牲を限定するための条件を守りながら[14]動物実験を行うことが認

---

(14) この関係では、Refinement（麻酔などによる痛みの限定）、Reduction（犠牲になる個体の数の削減）、Replacement（PCソフトなど動物実験の代替方法の開発）が標準となるが、この「3R（スリーアール）」と呼ばれる原則には、元になる研究そのもののコ

められるべきなのである。

　最後に，動物虐待禁止法は法による道徳の強制にならないのか，という論点がある。これについて結論だけのべれば，道徳の真空地帯で法を運用することは不可能であり，最後は法的強制によって得られるもの（動物の悲惨さ解消）と失われるもの（配慮の労力からの自由）との衡量になるが，虐待を是認すべき理由は乏しく，禁止は許される。しかし食肉用動物に関連して，多数が賛成すれば菜食主義の強制が許されるかについては，食物選択の自由を侵害するので不可である[15]。

　　　スト・ベネフィットについての規定が含まれないなど，限界も指摘されている。
　(15)　リバタリアンの立場からこう論じるものとして，Jan Narveson, 'Animal Rights' included as Chap. 6 in *Moral Matters*, Broadview Pr., 1999 (1993).

第5章　外的根拠としての弱者保護は正義か
―― 尊厳死法または Natural Death Act をめぐって

第1節　ファインバーグの場合

　ジョエル・ファインバーグは「死ぬ権利」を論じた論文[1]を，当局または国家（地方公共団体……）が決定を行う際，それを正当化する「内的根拠（merits of the cases）」と「外的根拠（extraneous consideration）」を区別することから始める。前者は一応，当該の事例自体の中に正当化のための内在的な根拠がある場合である。普通，倫理学でこの文脈でもっともよく言及されるのは，危害原理つまり，他者への危害を根拠として自由を制限するような決定は正当だ，というものである。内的根拠の内容と限界などを詳しく論じることが一般には倫理学の中心であるが，以下で問題となるのはむしろ外的根拠の方である。
　簡単にいえば外的根拠とは，当該の人の行為そのものがもつ害悪の故ではなく，国家が一般的ルールとしてあることを定めた場合に，他の人が受ける害や利益のために，その害や利益のない人にも，自由制限などの効果が及ぶ，といったものである。これには不利益が及ぶ場合と利益が及ぶ場合があるが，古典的リベラリズムが想定する個人単位の論理の中では，このようなものは一般にその正当性が疑義にさらされるだろう。ただし，自由または自己決定に最大の価値を置く傾向の強いファインバーグ自身も，外的根拠をすべて否定することは難しいと考えており，実際の場面での適用は単純ではない。外的根拠の例として挙げられているものを見てみよう。

■ 真夜中の交差点

　夜中はほとんど車も人も通らない荒野の交差点に信号機があるとしよう。ほとんどのドライバーは慎重な運転をするから，信号機が消えていても交差点では徐行し，事故は起こらない。しかし中には無謀な運転をするドライバーがいて，信号機が消えているとスピードを出したまま交差点を通過するので，年に

---

[1] 'An Unpromising Approach to the "Right to Die"，初出 1991 年，嶋津格・飯田亘之編『倫理学と法学の架橋：ファインバーグ論文選』東信堂，2018 年，第 15 章「『死ぬ権利』への見込みの薄いアプローチ」。

第Ⅰ部／第5章　外的根拠としての弱者保護は正義か

または数年に1回ほど事故が起こり，人が死ぬ。もし信号機を夜中も機能させれば，そのような事故がほぼ防げるとしよう。ただしこの場合，日本の信号機のようにそれぞれ赤と黄色の点滅にして，赤点滅は一旦停止，黄点滅は徐行とするという，よくできた選択肢はないことにして考える。

　ここで当局が，事故を防止する目的で信号機を夜中も動かすことにしたとしよう。しかし，慎重派のドライバーにとってそれは迷惑なことであって，その人たちは他のもっと無謀なドライバーが事故を起こさないために夜中も維持される信号機のために，信号が赤なら停止して青になるまで待たねばならない。電気代は考えないとしても，まったく無人の交差点で赤信号の間待たねばならないドライバーは，無意味なルールに従わされていると感じるだろう。もちろんこの場合も，信号無視は法律違反であって，罰金等の制裁を受ける危険がある。この処理は妥当だろうか。つまりこの強制は，慎重派ドライバーにたいするものとしても正当化可能だろうか。

■ 禁 酒 法

　アメリカ合衆国では1919年から1933年まで，憲法（修正第18条）の規定に従って禁酒法が行われていた。法律では，飲酒自体は禁止されなかったが，酒の製造・運搬・販売などが禁止された。その理由は主に，過度な飲酒に伴いがちな，健康破壊，暴力，売春，無気力，粗暴運転，などの防止にあった[2]。しかし，節度を持って適度に飲酒を行うことができる「節飲家」も多いとすると，節飲家たちには禁酒法の理由は当てはまらないはずである。彼らは，他の者たちを飲酒から遠ざけるためのルールである禁酒法の犠牲となって，飲酒の楽しみを丸ごと禁じられたのである。これは妥当な根拠といえるだろうか。

■ 死 刑 廃 止

　これは，犠牲とは逆のいわれなき利得つまり「棚ぼた（windfall）」の例である。仮に死刑廃止の主な理由が，数は少ないが無実の罪で死刑となる人をゼロにすることができない，という点にあるとする。全面的な無実の罪でなくとも，量刑の誤りで死刑を科されるとか，主犯が誰かの認定を誤ったために本来死刑

---

[2]　J. S. ミルの『自由論』が，大人に対して本人の利益を理由にその自由を禁止するパターナリズムだとして禁酒法に反対したことはよく知られている。ただしここで挙げた「暴力」と「粗暴運転」は，その犠牲となる者の利益を考えれば，危害原理からして妥当な自由制限の根拠でありうる。

を免れるべき者が死刑になることも理由に含めてよいだろう。死刑は取り返しがつかないから，これを防止するには，死刑を廃止して終身刑などに換えるべきだ，というのである。

　この議論は，重罪の犯人が死刑を科されること自体を否定しているのではない。ただ，誰が犯人かの認定の誤りをすべて回避することができない，という事実を通して，本来死刑になるべき犯人も「棚ぼた」としてそれを免れるにすぎないのである。特に積極的応報刑論の立場からは，これも外的理由であり，やむを得ないかもしれないが好ましくないものといえるだろう。

第2節　尊厳死法制化への反対

　尊厳死法制定に対しては，たとえば「安楽死・尊厳死法制化を阻止する会」などによる有力な反対運動が展開されている。反対の根拠はいくつかあるが，その中でもっとも説得力があると考えられるのは，法制化によって，弱者が意に沿わぬ形で尊厳死の意志表示をさせられてしまうのではないか，という危惧である。これはたとえば，

　　ただでさえ弱い立場の人々に「周りに迷惑をかけずに自分で進んで早く死んでいくように」というのです。法によって自分で決める形をとらせて，進んで「死の行進」をさせられることは許せません。(同会のHPの「トップ」より)

　　尊厳死の法制化をめざすとき，個人の「死ぬ権利」は，「死ぬ義務」となり，弱い立場の者に「死の選択を迫る権利」に置きかわっていかないか。……「尊厳死」を法制化することは，病に苦しむ人や高齢者に「死の選択を迫る」圧力になりかねない。(同会のHPの「声明」——2005年6月25日——より)

などとして述べられている。同会の場合，このような主張の前提に，「命ある限り精一杯生きぬくことが人間の本質であるという立場」(上記「トップ」より)とか「生きようとする人間の意思と願いを，気兼ねなく全うできる医療体制や社会体制」が不備であること(上記「声明」より)にたいする非難という価値的な前提がある。この点も後の議論との関係で指摘しておきたい。「人間の本質」は立場の違いや人の好みの問題ではなく，人間一般に普遍的に妥当するものと考えられているだろうし，「医療体制や社会体制の不備」も，その下にいる市民一般の権利を侵害すると考えられているのかもしれない。しかしこ

こに外的根拠論を導入すると，どのような問題が見えてくるだろうか。

また，上記の議論がもつ説得力の最大の源泉は，「弱い立場の人々」という句にあるように思う。ここで想定されているような人々を以下の議論では，「the weak：TW（弱き者たち）」と呼ぶことにしよう。

第3節　Natural Death Seeker

まだ実現していない日本の尊厳死法にあたるものが最初に法制化されたのは，カリフォルニア州の Natural Death Act（1976年）[3]である。自然死（natural death）と尊厳死（death with dignity）とは，見かけ上の表現と意図は異なるが，機能上は同じと考えてよい。以下の論述では，これを自分の意思として希望する人を「natural death seeker: NDS（自然死を求める者）」と呼ぶことにする。

NDSは，上記のような「命ある限り精一杯生きぬくことが人間の本質であるという立場」を取らない。彼にとってこれは，価値観の相違に起因する問題なのである。彼は，元気なうちは様々な活動に従事し，できれば自分の可能性の一部を実現したいと考えるが，一定の活動を終え，生きていることに自分として意味が見いだせなくなった時は，できるだけあっさりと死んでゆきたい，と考える。これには普通，自分の最良の時間と労力を，老後の準備以外の目的のために使いたい，という人生設計上の選択も含まれている。自分の人生を一つのドラマとして捉えた場合[4]，それをどう演出したいか，についての彼の方針が，「命ある限り……」論とは異なる，と言ってもよいだろう。

近代医学は，人の寿命を延ばし終末期を後へとずらす技術を驚くほど発達させたが，もちろん不老不死を人間に約束することはできなかった。むしろそれは，結果として終末期を引き延ばすだけで，老人性痴呆と機械に繋がれて死ぬことへの恐怖を増大させている面もある。昔ならとっくに死んでいるはずの人

---

(3) この州法は，手続き的によく考えられていて，living will（生死に関する意思表示）の作成にはサインの際に二人の証人が必要である，とか，これが発効するためには，事前にその存在を担当医師に告げていること，二人の医師が当該の患者が終末期にあると診断すること，などいくつかの条件が充足されることを要請している。

(4) cf. R. Dworkin, *Life's Dominion*, Knopf, 1993. 信山社から邦訳も出ている。ここでのドゥオーキンの議論は，その人らしい人生ドラマからして，どのような死が相応しいかが，本人だけでなく裁判官や代理人にも判断可能だ，と想定する。これは安楽死擁護論であり，本稿での議論よりもさらに先に進むものであるが，本稿では，延命措置の拒絶という限度で，本人による人生ドラマの演出を考えている。

があちこちで，自分が生きていることの自覚もおぼつかないまま，延命装置につながれて生きている。「昔ならもう死ねていたのに……」という嘆きは，マルクス的な疎外論が妥当する状況ともいえる。人間が産み出した技術が，当の人間を責めさいなんでいるからである。いや，実はここで人間を責めさいなんでいるのは技術ではない。それは規範である。昔のような自然な死を人から奪っているのは，死の過程の引き延ばしを可能にした技術のためというよりむしろ，昔ながらの死に方を禁止している法または倫理の規範のためだからである。「自然死」という語は，このような文脈で現状を打開するために選択され，この桎梏から人間を救出しようという意図の下に使われるものである。

第4節　NDS（自然死を求める者）vs. TW（弱き者たち）

　ここで，NDSとTWの対話または論争を考えてみたい。もちろんNDSからすれば，TW側が持ち出す尊厳（自然）死法導入反対の理由——そんなものを法制化すればTWに尊厳死希望の意志表示をせよという圧力がかかる——が，外的理由であって，NDSには迷惑なものだ，という点がポイントである。
　TW（弱き者たち）は実際にはあまり大きな声を上げないから，その声とされるものは普通，その代役を買って出る論者たちによる正義の叫びである。そしてその声はかなり大きい。もちろん，政治の世界と異なって正義の世界は，声高な主張と消え入りそうな弱々しい主張とを，その内容に応じて平等に扱おうと努力し，それに一部成功するところに存在意義がある。だからここでは，どちらの声が大きいかは無視して，その対話を構成してみたい。私の立場は基本的にNDSの側にあることを，最初に断っておく。
　TWまたはその擁護者の最初の主張は，NDSは存在しない，というものである[5]。人間は，特に死に臨んではすべてTWであり，死に方を選びたいというNDSの主張は，非現実的な背伸びであり，NDSは幽霊にすぎないというのである。これにたいするNDSの反論は簡単で，「私はNDSとしてここに存在している」というものである。「あなたは，本当はそんなものなど求めていない。あなたは自分を偽っているだけだ……」というTWによる説得はありうるが，NDSが納得せず，その確信が揺らがなければ，この説得は空しい。

---

(5)　現在もその職におられるかは定かではないが，国立病院機構新潟病院副院長の中島孝氏の議論などが例になるかと思う。「ウチではみなさん（延命措置を経た上で）満足して死んでいかれます……。」

TW は，自分と価値観が異なる者が存在する，という事実を認めねばならないのである。

　逆に，NDS の方から「TW は存在するか」と問うことも可能だろう。他人の利益や意向を思いやり，それに従って自分にかかわる決定を行う人は，「弱い」のだろうか。周りを細やかに配慮しながら，それでも満足して自分の一生を生きてきた人は，むしろ強い人なのかもしれないからである。また，胃瘻をつけられた痴呆の老人たちが，それでも「命ある限り精一杯生きぬ」きたいと思っている，という理解の方が，外から持ち込まれた幻想だ，ということも十分あるのではないか。TW とされる者たちの多くが，自分の意思を表示するのは不得手だが，実は NDS なのではないか。NDS の価値観からは，そう見えるだろう。

　ただ，ここでは主張されるような TW が存在するとして，元の問題設定どおり，NDS は TW の犠牲の下に自分の選択を行う権利を得ようとしている，という非難について考えてみよう。想定されている TW はその弱さ故に，自分の本当の意思，つまりもっと延命治療を受けたいという望みを十分表現できず，尊厳死法が導入されると，家族，医師，国家……の示唆に負けて心ならずも尊厳死を希望する意志表示をしてしまう。だから，NDS が望む法制化は認められるべきではない，というのである。しかし考えてみると，ここでの対比は均衡を欠いている。NDS は自分の意思表示を合法的なものとして，それに従う医師を免責すること，などを求めている。TW を論拠とする法制化反対論は，これを許さない。つまり，いくら個人的にその用意があっても，自分の意思を表示したくてもできない状況を NDS に強いるのである。一方逆に，NDS の要望どおり法制化が実現した時，TW に要求されるようになるのは何か。ここで，TW が同時に NDS である場合には問題は何ら発生しない。尊厳死の意志表示が標準となる世界では，TW もそれをすることになるだけだからである。むしろ NDS の運動が成功することで，この種の TW は自分がしたかったことができるのだから，利益を受ける。問題が発生するのは，TW が実は手厚い延命措置を望んでおり，周りの圧力によってそれに反対の意志表示をさせられる場合である。この状況ではこの TW は，自分の意思を実現しようとすれば，もっと世間との関係で強くあらねばならない。それとも，自分の選択を強く表現することをあきらめ，周りの意向に従いながら必ずしも本意ではない形で一生を終わるか，である。

　つまり，法制化が認められないと，NDS は有効に自分の意思を表示できず，

その意味で延命措置を伴う標準的な医療を受けることを強制される。一方，NDS でない TW は，法制化が認められた場合，周りの圧力に従うか，それとも自分の希望を言える程度に強くなるか，の選択を求められるのである。これは，強いのに自由を拒否される者と，強くさえあれば自由になれるのにそうしない者との間の利益考量であって，日本国憲法もそれにコミットしている自由な社会の理想は，前者の側に秤を傾けさせるのではないだろうか。

第5節　寛　容　論

　以上の議論を振り返れば，問題が〈尊厳死＝自然死〉と〈治療を尽くす死〉の間の価値的優劣を論点先取として設定した後で，個人の選択が語られている危険が大きいことがわかる。人は素直に自分の心に尋ねれば，〈尊厳死＝自然死〉の方を，または〈治療を尽くす死〉の方を選ぶのだから，それと逆の選択は自己を裏切るものなのだ。どうもこんな発想がどこかで，いずれの論者によっても下敷きにされているのではないか。

　これに対置されるべきものは，多元主義と価値的寛容論である。宗教的信念がその代表だが，それ以外も含めて人生の何に価値を見いだすかについては，人は多様である。そのようなものとして他者を受け入れ，自分にとって譲れない価値を自分が保持することを他人に認めさせるとともに，自分が共感できない価値が他人にとって譲れないものでありうることを認め，それを許すことが，自由な社会の出発点である。別に他人と仲良しになる必要はない。C. クカサスなら「resigned acceptance（諦観的受容）」[6]と表現する，価値観を異にする人間同士の，距離を置いた共存である。NDS をそのような他者として受け入れることが，今要請されることなのではないか。もちろん，本心は「命のかぎり……」を望んでいる TW への配慮も必要であるから，その真意の確認手続はかなり慎重なものでなければならないが。

　法制化が可能にする，当事者の意志表示による解決の前提にあるものは，全能的なモンスターとしての「意思」を前提にする法学のお化け，なのではなく，このような価値多元性の下で社会秩序を可能にするための，必須の工夫なのである。

---

(6)　*cf.* Chandran Kukathas, *The Liberal Archipelago; A Theory of Diversity and Freedom*, 2003, Oxford.

第Ⅱ部
法と哲学
―― その1　私法中心の法概念など

第6章　正しさを語る教育
―― 司法改革のために（2001年）[1]

第1節　社会改革としての司法改革――「法の支配する社会」を求めて

　今回の司法改革は，日本社会の改革の一環であるとともに，後者と一体になってはじめて成功すると考える。そこで，私の観点からして，現在進行中の改革が実現しようとしているように見える社会変化のイメージを，法の観念に関するいくつかのディコトミーを使って若干図式的に描いた後，その実践的含意を考えてみたい。その際，現実に進行中の改革の射程からは一部外れた部分もあることをお断りしておく。

1　法概念が前提する秩序構想と「正義感覚への依拠」

　何らかの社会秩序を実現することが法の第一の目的だが，その際に人々のもつ正義感覚に依拠しようとするかこれを排そうとするかによって，その法と法理論の基本的性格が決定される。つまり，各人のもつ「正義感覚」（一方の立場からは，それは原理上分裂した危険なものとされる）への不信から出発して，自覚的にこれと切り離された法の観念を社会の基礎におこうとするのは，法実証主義に共通の秩序構想である。これに対して，「法の支配」で問題となる法は，人々の間にある正義感覚を基本的に信頼し，これに依拠して社会秩序を維持しようとするような法の観念を前提している（だから，法実証主義者の「法の支配」に対する説明は常に困難を抱えている，というのが私の印象である）。

　現在視野におかれている日本の社会変革は，標語的には，「正しさに関する問を排除する社会」から「正しさを語る社会」へ，また別の観点からは，官僚の法から法曹の法へ，ということもできるだろう。元来日本の大学の内歴史の古いものは，創設期において法学を中心に発展したところが多い。ここでの法学は主に，中央と地方の政府官僚を養成するのに使われるそれ，または民間企業での組織運営に関わるそれであり，問題になる法は直接的には，近代的な行

---

(1)　本節のアイデアを国際会議で報告したものとして Itaru Shimazu, 'Legal Mind as Basic Faculty for the Citizens of Liberal States', Svein Eng ed., *Proceedings of the 21st IVR World Congress Part II: Law and Practice*, Franz Steiner Verlag, pp. 55-60, 2004.

政と官僚組織にとって不可欠な垂直的関係を規律する「官僚の法」または〈法＝統治〉であった。これの知識と訓練が，野心的な若者が（公私の組織における）官僚制の階梯を駆け上がるのに役立ったのである。これに対して，レヒトとしての法（〈法＝権利〉）は，水平的な関係を規律する「法曹の法（lawyers' law)」であって，人々の権利意識をその基礎とし，それによって支えられているような法である。そして「法の支配」は，（人間の意思でなく）この種の法が支配することを政治的支配の理想または目的として掲げる。しかし，この理念が決定的な場面において政治的な力を現実に発揮するためには，人々の実感する正義の感覚によってその法が内容的に支えられていなければならない。そして裁判官も含めた法曹本来の活動の基盤もまた，ここにある。さもなくば，選挙によって選ばれたのではない裁判官の判断が立法府の決定を覆すという違憲立法審査権は，ほとんど不可能な政治的基盤に立つ危ういものになってしまうだろう（日本における司法消極主義の真の原因もここにある，と私は考えている）。

　ちなみに，実証主義的な法と秩序の構想（法の存在または認識をその内容上の評価と截然と切り離そうとする）は，法と言語のアナロジーからすれば，言語感覚にまったく依拠せずに文法書のみを手引き（排他的権威）として営まれる言語生活のような，奇妙で倒錯した社会像にも接近する。まずここでは，法と権利の乖離が発生しやすい。権利主張は法との関連づけを失って，単純な利益要求と区別がつかなくなり，法は権利との絆をもたないことから，制定者の権限と意思にのみ基礎づけられることになる。そして，それが手続を越えてなぜ正しいのかという（正義の）問は，イレレバントなものとして黙殺される。

2 「正しさを語る社会」のイメージ

　〈法＝統治〉においては，各階層の法と命令，決定の間に形式的な授権（権威づけ）関係が成立していることが重要であり，この場合の権威を「形式的権威」ということにすれば，〈法＝権利〉における権威は，それが人々の権利意識と結びついていることから生じる権威であり，むしろ「内容的権威」ということができるだろう。しかし，法実証主義が常に問題にしてきたように，人々の正義の内容が一致するという予定調和の保証が事前にあるわけではない（同じ社会に住む人々の間には一定の共通部分──抽象的レベルにおける──はあるだろうが）。私の理解に従えば，そのような状況において，正義に関する合意を調達するための議論（それが常に成功するわけではないが）に従事する専門家が，法曹なのである。

第1節　社会改革としての司法改革

　これまで私はいくつかの機会に,「合意達成問題」と「正解発見問題」の区別と,民主主義による決定においてこの区別がもつ含意を論じてきた。確かに,道路を右側通行にするか左側通行にするかとか度量衡とかの決定は前者であって,この場合公正な合意は正解を作り出すと考えてよい。そして数学や物理学の問題(「地球は回っている」など)は後者であって,民主主義であれ何であれ,どんな手続をふんだ決定によっても,それが正解を生み出すことはない(それは「(内容上)誤った決定」でありつづける)。しかし法的決定(解釈)を単純な正解発見問題と同視する(R.ドゥオーキンの議論はこれを示唆するが)ことにも疑問がある。ここで詳論はできないが,私は現在この問題を以下のように考えている。

　特定の問題(たとえば,「脳死下における臓器提供を許すべきか」)が上記の二つのうちどちらの問題であるのかの判定は困難な場合が多い。これ(脳死下の臓器摘出)を是認する社会も否定する社会も,いずれも(存続)可能であるかもしれないという意味では,これは外的視点からは合意達成問題であるかもしれない。たとえそうであってもわれわれはむしろ,社会的合意にいたるためにも,自分が正しいと思う結論を,理由を挙げて弁証しなければならないのである。反対派がゼロになることはないかもしれないが,そこであげられた理由は,詭弁や口先だけのものでなく真剣なものであれば,その後の決定と行動を拘束する。そして他の規範的問題へも含意が波及する。そして,なにが,なぜ正しいのか,についての弁論が,それに関する社会的決定とともに蓄積されてくると,正義主張に伴う普遍性要求の結果,われわれは「正しきもの」に関する理由づけのネットワークに取り巻かれる世界に住むことになるのである。この世界(トポス)の内部においては(内的観点からは),規範問題の「正解」を求めて論じることは無意味ではない。むしろそのようにしてはじめて,正義感覚に関する調整または一致が,結果として人々の間で達成されるのである(ソフィスト——弁論により正義を産み出す技の教師——のリアリティーはまさにここにあるのではないか)。しかし,法律家としてのセンスの中には,自分が展開しようとしている議論が,現在の聴衆に正しいものとして受け入れられるか否かについて予測する能力もまた含まれるはずだから,彼の弁論のあり方は,その内容を含めて聴衆の「聞く耳」(についての予測)によって左右される。その意味ではこの弁論は,純粋な数学や自然科学などのそれとは異なっている(後者を前者になぞらえて合意の問題として理解する科学哲学——T.クーンのそれなど——も十分ありうるが)。だからこそ,弁護士は争訟のいずれの当事者からの依頼でも,

93

第Ⅱ部／第6章　正しさを語る教育

受けることができるのである。有能な弁護士ほど，争訟のどちらの側でも勝たすことができる余地が大きくなるのも事実である。これは古代ギリシャにおいてソフィストたちとソクラテスが対立した問題と同型の問題である（ここにおけるソクラテスの勝利は，まったく自明ではない）。

　弁論と議論をつくしても，正義に関する結論の一致は得られないかもしれない。その場合でもわれわれは，自分がかならずしも全面的には賛成していない相手の規範的世界の中で，一定の結論を正当化したり，自分の利益を権利として相手が認めるべきことを主張したりすることができる。法曹に要求される基礎的技能とは，このような弁論による世界を自らの議論によって作り出し，その中で自由に論じ続けるためのそれなのである。これはもちろん司法改革審議会の新構想では，「法科大学院」において課される訓練の内容とならねばならない。

3　いくつかの実践的示唆

　上記の描写は，特に紙面の制約のために，概略的な素描にすぎないが，これを要約すれば，法的正しさ（正義）の弁論は，それによって正義感覚の一致を生み出すという力をある範囲でもたねばならないし，法的社会を実現するためには，われわれはこの一致を得るための技術を高めねばならない，ということである。以下にはその含意を明らかにするために，ここから導かれると思われるいくつかの実践的帰結を列挙してみよう。

■ 条文を被説明項として扱うこと

　これまでの裁判実務や行政実務では，「○○の条文があるのだから，□□の結論は正しい」という形で，制定法の条文は説明項（結論の正しさをそれによって説明するもの）として扱われるのが一般である。しかし「正しさを語る社会」では，裁判官や官僚は，決定的な場面で法律条文を引用する場合，その法律が内容上なぜ正しいのかを，自分の才覚で弁証する（社会的・政治的）義務を負うと，人々に考えられることになる。彼らには，法を適用する自分と，それを適用される相手の正義感覚と法との同調を試みる義務がある，と言ってもよいだろう。これが困難な場合，その条文は可能な限り制限的に解釈されるし，場合によっては無視されることになるだろう。

第 1 節　社会改革としての司法改革

■「不当判決」の例外化

　自分が求めていた判決と異なった判決が出された場合に，簡単に「不当判決」の旗を掲げる，というような行動は，厳しい批判に晒されるべきである。個々の判決の内容はもちろん批判することが許されるべきであるが，司法制度と法の全体的権威は，それが社会の最終的紐帯であると理解される以上，それに相応しい権威あるものとして扱われねばならない。権威は最終的に，それに従う者たちが作り出すものだからである。わかりやすい例を挙げるなら，現在天皇に対して払われている程度の注意（つまり「権威への服従」）が，法と裁判に対して払われる（べきだと人々が感じるようになる）ということかもしれない。

■ 国民的教養としての法学教育

　法学の基礎的素養は，法学徒のみに限定されていてはならない。社会生活上の基礎的教養として，初中等教育の中で，広く国民に法学的素養が体得されてゆくような教育制度を作ってゆく必要がある。その際重要なのは，現行法の内容が記憶されることではなく，体育実技のようにして，自分の正義感覚を言語化し，それを弁証し異なる意見との間で論じ，調整してゆくことを体験し，その能力を高めることである。陪審制または参審制が採用される場合には，国民の誰もが裁判における判定能力を持つ必要性があるので，この点はより明らかとなる。いずれにせよ，このような国民的背景の下ではじめて，法曹の存在意義は広く理解され，尊敬を集めることも可能となる。

■ 行政改革との関連

　法の重点が官僚の法から法曹の法に転換することに関連して，社会の中で官僚が果たす役割は相対的に縮小される。これは現在進行中の行政改革の基本的ビジョンとも一致する。これまで大きな権限をもって日本社会の秩序を実質的に運営するとともに，各種アクターの間の調整役を果たしながら肥大化してきた行政＝官僚組織の役割を，一部は政治（政党・内閣など）に，他の一部は市場（「規制緩和」）に取り戻すことで，本来の仕事にそれを限定しよう，というのがその趣旨だからである。「事前調整から事後救済へ」という改革審答申の標語も，この文脈で理解されねばならない。法曹人口の増大は，それ以上に行政官僚の数が減少することによってはじめて辻褄があうのである。

第Ⅱ部／第6章　正しさを語る教育

■ **権利と責任**

　行政によるパターナリズムまたはマターナリズムを縮減して，透明なルールが支配する法と権利中心のシステムに置き換える以上，そのシステムの登場人物は，自分の権利行使の結果に責任を負うのでなければならない。「権利は義務を伴う」という標語は，日本的文脈では権利を与えないことの口実になりやすい。しかし，権利に伴う直接的義務とは，権利者の周りの人々がその権利を尊重する義務のことである（これを認めることと，権利を認めることは同じことである）。一方，「権利は責任を伴う」という標語は，権利行使の結果に関わるものであり，法的な社会の登場人物について，一定の行動と態度を採用すべし，とうい要求を行っているのである。

■ **利益団体と法**

　行政の一定部門と，その規制に服する業界と，族議員によって構成される「鉄の三角形」が問題にされてきた。正義感覚と関連づけられる法は，公開性・普遍性・公平性などの要求に従うから，特定の利益団体の特殊利益を権力によって温存しようとする圧力には原理上対抗する。この文脈では，今後「行政」と「公共性」を同義語として扱うことは，徐々に少なくなるであろう（そのような判決が出るようになることが期待される）。しかし，法曹も一つの業界であり，それが独占的に法と正義に関わることがもつ矛盾に対する対応は，法曹が社会の中心的役割を担うようになればなるほど，より大きな問題を提起するようになるだろう。これに対して原理論的に対応すべきか（法曹の独占を否定），システムが存続するためには不純な要素が必要だ（トクヴィルは民主主義の健全な運営のためにこそ貴族が必要だ，と主張し，フランスにおける貴族の役割をアメリカでは法曹が果たしている，と論じた）と考えるべきか。この問題は法曹の人数制限の問題にも直接関係している。

第2節　正しさを語る教育について——司法改革と初中等教育（2001年）

　近代の幕開け以来の苦闘に充ちた我が国の歴史を省察しつつ，司法制度改革の根本的な課題を，「法の精神，法の支配がこの国の血肉と化し，『この国のかたち』となるために，一体何をなさなければならないのか」……を明らかにすることにあると設定した（司法制度審議会の最終答申案——ウェッブ上で公開中——p. 3）。

第2節 正しさを語る教育について

統治客体意識と横並び的，集団主義的意識を背景に国家（行政）に過度に依存しがちな体質」(p. 4)から脱却して……「国民が統治の主体として自ら責任を負う国柄へと転換」(p. 7)すること……（同中間報告より）。

その言やよし。ただ，司法制度審議会がいうように，もし本気でこの方向に国が変わらねばならないとすれば，なさねばならないことは司法部内部の制度改革以外にもたくさんあるはずである。ここでは，特に初中等教育の内容という，遠いけれども核心的だと思われる問題を論じてみたい。明治以来の日本の建国がそうであったように，「この国のかたち」に関わるような大きな社会変革は，大学教育だけでなく，小学校以来の国民教育の改革とも結びつかねばならない，と考えるからである。

「法になぜ従わねばならないのか」という問に対する答は，コンテクストに応じていくつか可能だが，大枠では，「国会で（国が）決めたものだから」（手続的権威）か，「正しいものだから」（内容的権威）かに分かれるだろう。「権利を守ってくれるものだから」，「ないと困るから」という上手な答もありそうだが，敗訴当事者などからはこの答を期待し難いだけでなく，そこに含まれる普遍化された利益への配慮の中には，「正しいもの」への訴えが含まれているから，一応後者に入れておくことにしよう。手続的権威が法の本質的部分であることは多言を要しない。しかし，国家の活動そのものに関わる規制理念として実効性をもつ「法の支配」を語れるような「法」となると，これだけでは済まず，どこかで国民の「正しさ」の感覚と結合している必要がある。日本の場合，これまで賛否はあっても事実として強力だった，中央と地方の官僚組織が行う非公開の利害調整による社会問題への対応を廃して，法曹が正面に出て明示的な法と正義の弁論を中心にして憲政を担おうという以上，人々の行動も，それに対応する変化を遂げる必要がある。

結論的には，気の長い話ではあるが，私は中学校くらいの段階で，「正しさ」を論じる訓練を導入すべきではないか，と考えている（もちろん，小学校，高等学校にもそれに対応するコースがあってよい）。現在の大学入学者（大学教師としてこれに対する不満は尽きないが）を基準にして大学入学後できる教育は限られているし，日本と日本人全体が変わる必要がある，というなら，法学部学生だけ変えても足りないからである。

私が考えている，「法（と権利）の支配」を担うために必要な能力としての「正しさを論じる」力とは，以下のようなものである。

第Ⅱ部／第6章　正しさを語る教育

　法律家は，弁護士として活動する場合，依頼者の利益を，単なる利益としてでなく（社会に是認されるべき）「権利」として主張することができなければならない。さらに，もし陪審制下であるなら，それを素人相手に説得的に主張できなければならない。これは，争いのどちらの当事者から依頼されても，その人の利益を正しきものとして主張できる力であるとともに，それぞれの弁論について，「優れたもの」と「劣ったもの」が区別できなければならないから，単純な「正解」を知っている，というタイプの知識ではない。また裁判官は，単なる法律条文と通説・判例の暗記者なのではなく，「中立的な傍観者」（アダム・スミス）を制度化したものであるから，個別的な紛争から視野を広げて，一般的な観点から公正な解決法を考える力を養っている必要があり，この判断とそれの弁証にも優劣の評価が可能なはずである。

　問題は，現行法の知識を与えることではない。知識ではなく訓練が中心であって，これは体育実技のようにして，生徒たちに体で体得してもらわねばならない。中心は，（政治化した授業は悪夢なので）日常的な常識で処理可能な，私法と刑法などがよいのではないか。題材を適当にとって，当事者として説得的に権利を主張しようとする者と，裁判官または陪審員として公正な解決を考え，そしてそれを「正しき結論として」理由をつけて語る者に分け，役割を交代しながら議論を重ねる，といったものである。米国のケースメソッド的な方法もよいだろう。判例を単純化したような事例集をテキストにして，正しい解決について考え，論じ，判断する，という訓練である。結論が一定のものになることは重要ではない。ただ議論の質に，いいものと悪いものがある，ということを体験し，その点での自分の能力を高めることに興味をもたせる，ということが授業の目標になるだろう。言葉がもつ力（他人の判断を変えたり，確信を増したりする力）を体験する，ということも重要である（古代ギリシャで弁論の教師として活躍したソフィストといわれる人々も，このような活動をしていたと考えられる）。

　既存の知識を説明し記憶させるのとは異なるから，この種の授業を行うためには，教員側にも新しい訓練が必要になるだろう。しかし基本的にはこの方向は，知識の総量よりも理解度と応用能力を重視する，現在の教育改革の方向性とも合致しているように思われる。

　小学校では，まずみんなの前で話すこと，それも，自分しか知らないことや，自分の意見を話すこと（そして聞くこと），の訓練をするべきだろう。10年以上前の話だが，カリフォルニアの小学校1年生だった私の娘の教室では，

第2節　正しさを語る教育について

「sharing（分け合い）」という授業をやっていた。その日担当の子供が順番に，自分のもっている宝物（人形とかコインなどだが，誰でも店で買える高価なものを持ってくる子，またはもたせる親は悪趣味とみなされるはずである）を教室に持ってきて，それがなぜ大切なのかをクラスの前で説明し，一日だけ希望者に貸してあげる，というものだった。もちろん，大切なものを独占しないで他人と分け合う，というような道徳教育上の意味もあるのだが，これが面白いと思ったのは，その宝物が何で，いかに重要かを知っているのが当該の子供だけだ，という点である。そしてその説明が成功しないと，それをシェアーしたい，という希望者が現れない，という仕組みになっている点である。大げさに言えば，自分しか知らない価値を公衆相手に語り，それをその場の人々に理解させて（「ひとりよがり」ではなく）公共的な価値とする，ことができるような能力の訓練，とでも言えるだろう。裁判官的な能力の訓練はもう少し高度だから，上級学年になってからでよいが，小学校の1年生から，まず自分を大勢の相手に理解されるように主張することの訓練を行う，というところがいかにもアメリカらしいと感じたものである。

　弁論や判定，およびその理由づけの「評価」は，別に教員が行う必要もないかもしれない。相互評価，それも多数によって一人が評価されること，に耐えることも，訓練には含まれてよい。

　こうして，この分野における国民の一般的な関心と能力が向上すると，「法学部」や「法科大学院」が何をするところか，についての理解も高まるだろう。法律家は，「何かわからない（「ケンリ」という）呪文を使って私的利益実現の争いの代役をしてくれる人」「変な服を着て裁判官席に座りハンケツを出す風変わりで気取った人」としてでなく，基本的には皆ができるはずの弁論と判断について専門的に訓練を受けた人々，として社会に受け入れられる必要がある。そのためには，プロ野球と草野球が区別可能な程度に，この分野における法曹の能力が高くなり，しかもそれが個々の事例で示され続けるのでなければ，社会での信頼と権威は得られない。「わからないから」ではなく「わかるからこそ」与えられる（プロのアスリートと同種の）権威を，法曹もめざすべきなのである。

　違憲立法審査権を単純な民主主義論の中でわかりやすく弁護することは難しい。それどころか，選挙で選ばれない裁判所が国会や政府と対等なのだ，という三権分立の原理自体が，簡単には説明しづらいのである。現在私の同期では出世頭の一人である裁判官で，大学で法学の授業が始まった最初の学期の憲法

の答案に，民主主義徹底の観点からする三権分立否定論を書いた友人がいる（鋭い法学的センスではあるが，現在の見解は変わってるはず）。また年輩の社会人学生で，「田中角栄裁判は，裁判所ではなく国会で無罪を決議すべきだった」という趣旨の論文を熱心に書いた人がいて，なぜそれが誤りなのかを理解してもらうのに苦労し，結局論文指導に失敗した経験もある。「法の支配」が社会に体現されるためには，人が，「国会が決めたから」ではなく「(正しき)法だから」，それを主張しそれに従う，という行動を取らねばならない。政治家や役人の行動が，「法(とその精神)から外れている」として非難されるような社会においてはじめて，司法は最高の権威の一つになりうる。そしてそのためには，人は(憲法を含む)個々の法の知識ではなく，法なるもの一般について，一定水準の理解と議論の能力をもっていなければならない。

　ところでこの種のものが，現在混迷中の「道徳」教育の一部としての役割を果たしうるかも考えてよい。『道徳感情論』を書いたA.スミスの答えは多分，イエスのはずである。

第3節　国民への法学教育——小中学校での実験授業など（2004年）

　ジュリスト2001年7月1日号の「視点」欄に，「正しさを語る教育について——司法改革と初中等教育」(上記第2節。以下「語る教育」として言及)という短い文章を書かせていただいた。その時にはまだ司法改革(といっても社会全体の改革につながるものとして)の基本理念が関心の中心で，国民教育自体は単なるアイデアにすぎなかった。だがその直後，幸運にも教育学関係者から協力が得られることになり，私の所属する千葉大学内の研究プロジェクトとして教育実践の試みが発足した。学内には付属の小学校と中学校があるので，まずその先生方の理解と協力を得て授業をやってみることにしたのである。その後も，学内の資金や科学研究費を得ながら，もう3年ほどこの試みが実質的に継続している。その基本的な目的や考え方と，まだその少し大げさな意気込みには釣り合わないが実験で得られたささやかな経験および成果とについて，以下に概要を述べさせていただく。

1　体育実技のようにして

　「語る教育」の中で中心となるアイデアは，「体育実技のようにして」とい

第3節 国民への法学教育

う部分である(2)。理論がわかっていても，生徒が体を動かして実技ができるようにならないかぎり，体育実技の教育は成功しない。これは，アート（技芸）の教育一般についていえることである(3)。実は同じことが，法科大学院での教育についてもいえるであろうが，国民教育も同様である。その目的は，細々した法律の知識を与えることではなく，伝統的に日本で「リーガル・マインド」と呼ばれてきたもの（後に述べるように，その内容に若干異なる点があると私は考えているが）を伝達し訓練することにある。この場合，教育に際しての問題は，教師がただ「know that（命題知）」として知識を説明し覚えさせることでは，それは生徒の身につかない，という点にある。もちろん法律をめぐる実践は言葉によって行うのであるが，その特殊な言語使用をめぐる「know how（実践知）」を教えねばならない，という点がポイントである。法律条文を覚えさせること（そして法の権威によって語ることを，ここで述べようとしているもっと基本的な能力より先に身につけてしまう(4)こと）は，ここではむしろ有害かもしれないのである。

　体育実技は，生徒が自分の体を動かしてみることで上達する。同様に法学的能力は，生徒が法的問題（ごく抽象的な意味で）の中に身を置き，自分で問題を解いてみることで身につくはずである。その典型的場面は何といっても裁判であろう。自分の利益に直接関係しない何らかの意味で正義に関わる争いについて，裁判官や陪審員として判断せねばならない場面に生徒を置いてみること。そして各人が自分なりの判定を下した後，それを他に説明し賛同を得る努力をする，という体験を生徒達させる。このようなやり方が，ここでまず考えられることである。

---

(2)　ある研究会で「語る教育」に関連した報告をした際，東京大学の刈部直助教授から，この点について肯定的なコメントをいただき，勇気づけられた。

(3)　オークショットでは「技術知（technical knowledge）」と「実践知（practical knowledge）」が区別されている。前者はあんちょこを丸暗記することで獲得できるような単純な知であり，後者は言語を超える部分を含む複雑な身についた能力である。Michael Oakeshott, *Rationalism in Politics and Other Essays*, Methuen, 1962（嶋津格，森村進他訳『政治における合理主義』勁草書房，1988年）中の書名と同名の論文参照。後者に類似の概念は，マイケル・ポラニーでは「個人的知識（personal knowledge）」として語られ，自転車に乗る能力などがその例に挙げられる。参照：Michael Polanyi, *Personal Knowledge: Toward a Post-Critical Philosophy*, The University of Chicago Press, 1958（長尾史郎訳『個人的知識』ハーベスト社，1985年）。

(4)　法という形式がもつ権威を借りて語ることができれば，内容上の正当化は不要になるからである。もちろんこれが，法実証主義のめざすところではあるが。

現在，日本の裁判員制度が形を現しつつある。それは，重大な刑事事件に限って，裁判官が同席する場で素人が判断に加わる，というものになるようで，英米の陪審とはかなり異なる制度になるらしい。日本の事情からして，このような市民参加の形態も有益かもしれない（特に，裁判官を含めた法曹が，素人を相手にして法の趣旨を説明せねばならないという場面が設定される点において）。ただ本来の陪審は，次のような点で法学的能力を磨く上で大きな利点があると考えるので，われわれの実験授業では一応これに倣った方法を採った。

2　正解発見と合意

　日常の世界には，単に合意のみが問題になるような場面が多く存在する。度量衡の選択などはこの例であって，特定の物差しが採用されることが重要なのではなく，皆が同じ物差しに従うことが重要である。ちなみに，権威をともなう国家権力の萌芽は，このような場面から生じることも多い。ここ（合意達成問題の場）では，権威というものの存在意義が誰の目にも明らかだからである。町内会の旅行の行き先決定なども，これに類するであろう。一定の範囲の中では，どこに行くかよりもみんなでいっしょに行くことが重要だ，と皆が考えている場合には，その限りでこれは純粋な合意達成問題となるからである。そのような場合には，合意は事後的に正解を創造することができるから，一旦決まったことに従わない人は，（勝手に別の度量衡を使う人のように）ある種非難の対象となってもやむを得ないだろう（もちろん町内会の場合には，組織から抜けて単独行動を取る，という選択肢が常に開かれているが）[5]。

　しかし法的問題は，単純な合意達成問題ではない。刑事の事実認定などはその典型である。当然のことながら陪審員は，他の人々が合意に達しそうだからという理由だけで，自分の信念を簡単に譲ってはならない。米国の刑事陪審のように，全員の合意が得られないかぎり評決は下せない，というルールの下では，少数派であり続けることはそれなりの圧力にさらされるだろう。「あとはあなただけ賛成してくれればわれわれは家に帰れるんですよ」と言われて，「でも私には被告人は無実に見えるんです」と言い続けることは難しい。しかし，自分が無実だと確信している被告人を有罪にする評決に，ただ圧力を受けたから賛成するとすれば，その人は「正義」（の概念）に直接背いていると言

---

(5)　拙稿「民主主義——その認識論的基礎と機能のための条件について」『問いとしての〈正しさ〉』13章）参照。

第3節　国民への法学教育

わねばならない。事実認定に関する限り（そして法解釈においてもそう考えるべきだ，というのが私の考えだが[6]），「正解」は存在する。われわれがそれを知りうるとは限らないからといって，裸の合意をそれに代えようというなら，ジャンケンかサイコロで判決を決めることと差がなくなってしまう。たとえば数学問題の解答を多数決で決めるのがばかげているのは当然である。多数決が自動的に正解を創造しないことが，そこでは明らかだからである。そこでは正解は，創造するのではなく発見せねばならない。

　陪審が行わねばならないことはそれゆえ，かなり複雑なことのはずである。それぞれが正しいと考える意見を，自己目的化された合意のために譲るのではなく，むしろ各人が自分の意見の正しさを語ることによって合意へといたる，というのが制度が想定している理想的状況であろう。そのためには人はまず，自分の信念を他に説得的に語る力をもたねばならない。しかし，意見対立を解消する仕方は，他を説得すること以外にもう一つある。それは他から説得される，という方法である。そのためにも一定の能力が必要となる，という点は，これまであまり着目されてこなかったように思われる。しかし一旦語られてみれば，それは明らかなことであろう。他人が正しいと主張する内容と根拠をよく理解し，自分も（自分を偽ることなく）それに賛同できるか真剣に試してみる，という活動も，上記の「know how」には含まれるのである。説得されることは，説得すること以上に，重要であったり困難であったりしうるのである。

　標語的には「正解を求めて合意にいたる」と表現すべきような活動を可能にする能力が，全員一致の陪審制度には前提されている（そして法科大学院の教育は，これを達成させるような弁論の能力を鍛える，という側面をもつ），と考えるべきであろう。言語によってこれを行わねばならないとすれば，それは多分これまでの日本人には不得意だった分野であると思われる。既存の外的権威やその場の「空気」に皆が従うことでも一致は得られる（そしてそれは伝統的に日本人の得意とするやり方だろう）が，陪審制度が想定している一致は，これとは異なる種類のものだからである。ちなみに，最近初中等教育で導入されつつある「ディベート」の授業が，相手を論破する能力を養うのだとすれば，それがここで問題にしようとしている教育とは微妙に異なることは，この点を考えただ

---

[6] 法哲学の分野で古典的となったドゥオーキンの初期の諸論文は，様々な形で法解釈における正解概念の適用可能性を強調するものである。Ronald Dworkin, *Taking Rights Seriously*, Harvard University Press, 1977（木下毅・小林公・野坂泰司訳『権利論』木鐸社，1986年，および小林公訳『権利論Ⅱ』木鐸社，2001年）。

けでもすでに明らかだと思われる。

　ごく抽象的なレベルでいうなら，このような能力を訓練することが，われわれの実験授業が設定している当初からの目標であった。

3　法＝権利と説明

　「AによってBを説明する」場合，Aを説明項（explicans：解明項ともいう），Bを被説明項（explicandum：被解明項ともいう）という。法を常に説明項として扱うのではなく（○○という法があるので……），必要な場合にそれを被説明項として扱う（つまり，なぜその法があるのか，を説明する）用意が，法曹，官僚，一般国民にあることは，品位ある（decentな）社会の条件である。そして正義をめぐる論議は，現実の社会から遠く遊離した空間で語られる（それにも哲学的意味はあるのだが）だけでなく，このような文脈で行われる場合に，健全で地に足のついたものとなるはずである。

　また，法と権利は同じ社会的事態の別の側面であるから，同じことが権利についてもいえる。つまり様々な権利は，自然界の物質のようにしてただそこに「あるもの」として主張されるだけでは，社会的亀裂を深め，権利を尊重する社会の基盤を掘り崩す危険をともなう。権利の主張は，なぜそれがなければならないか，を各人が，対面している相手と世間に対して常に弁証ししつづけることを伴っていなければならない。そのような実践をとおしてそれが社会に是認される場合にはじめて，権利は「存在する」にいたり，権利本来の力（特に，多数派の圧力から少数派または個人を守るという）をもつことができるようになる。そして，「法の支配」は「権利の支配」でもあるから，一般の人々がそのような弁証の能力をある程度もつことが，法の支配の条件ともなるのである。

　権利を基盤とする社会は，人々が声高に自分の権利を主張するだけでは成立しない。国民への法学教育の目的は，より長期的には，そのような，地に足のついた権利を中心とする社会を可能にする能力を広く育成し，その条件を整えることにある，というべきである。

　ちなみに，日本で「リーガル・マインド」（英米にはそのような英語はないとのことだが）という場合，法的な「判断力」が前面に出るように思う。しかしこれまで述べてきた法学教育で目的となる能力は，単に適切な（それは当然専門家から見た適切性ということになるが）判断を下す能力であるにとどまらず，その正しさを相手と聴衆に理解させ，賛同を得るようにする（また逆に，相手のそのような訴えかけに反応して，説得される）能力を含んでいる。もしこの点

第3節 国民への法学教育

が軽視されることに繋がるなら，教育の目的との関連で「リーガル・マインド」の語が中心的に使用されることはミス・リーディングである，といわねばならない。それは単なる「マインド」ではなく，パフォーマンスの能力をも含むからである。このことは，法科大学院の教育目的とも当然関連している。

4 ささやかな経験──その1

2001年度には小学校5年生（2002年3月6日）と中学校2年生（同3月18日）のクラスで，米国の刑事事件を題材にして授業を行った。米国マサチューセッツ州のある小都市で，子供達のアイスホッケーの練習中に，子供のチームの相手方コーチがラフプレーを奨励したと考えた父親（ジャンタ氏）がこのコーチ（コスティン氏）を非難したことから二人の争いになり，後者が死亡した，という事件（授業では「アイスホッケー場外乱闘事件」と呼ぶことにした）である。子供たちの前で起こった事件なので，数人の子供も証言台に立った。州の一審裁判所の判決が出たのは2002年1月25日である。陪審は同11日に13時間の審議の後，「involuntary manslaughter」（厳密ではないが「過剰防衛による故殺」）の評決を下していた。日本の子供達に，陪審員になったつもりで同じ点について判断をしてもらおう，というのが計画であった。選択肢はA（murder），B（manslaughter），C（involuntary manslaughter），D（not guilty）の四つである。授業ではそれぞれの内容を表にして説明したが，解答はABCDで行い，その名称は気にしないことにしてもらった。

米国の事件を題材にした主な理由は，詳細な情報がインターネット上で得られたことと，プライヴァシーの配慮をする必要が薄かったことにある。被告人や被害者の写真なども公開されていたので，授業はそれを示しながら行った。私は，どうしても実際の事件を題材にしたかったのだが，その理由は，事実認定が本物の対象をもつものである，という条件を充足させたかったからである。架空の事件や本当の事件を加工したものは，要するにフィクションであるため，「正しい認定を行わねばならない」，として努力することを無意味にする側面がある[7]。これは，いわゆる模擬裁判一般にもいえることである。模擬裁判で登

---

(7) ただしドウォーキン（注(4)）は，法解釈に関連して，フィクションにおいても真実を求めた探求が可能だ，としている。確かに，明示的に書かれていないことをめぐって，小説の正しい解釈を求めて議論する（「主人公の一連の行動の背後にはエディプス・コンプレクスがあるか」「二人の間にかつて性的関係があったと考えるべきか」，など）ことは，無意味ではない。だから本文中の議論は，あくまで程度問題であるとご理解いた

第Ⅱ部／第6章　正しさを語る教育

場する証人たちは，自分の体験したのでないことを証言してみせている俳優であるに過ぎないから，真剣に事実認定をしようとすればするほどウソが見えるだけ，ということになってしまう。対象となる事実がないことがはじめからわかっているところで「真理」や「正義」を求めることには，無理があるといわねばならない（法解釈学上の問題との関連で架空事件を扱う場合は，この限りではないし，むしろ架空の事件の方が夾雑物がないので，解釈問題としては適切かもしれない）。また，法的構成の背景にある様々な事実（たとえばこの事件では，加害・被害両者の前科に関する事実は，陪審には評決の段階で知らされず，判事の量刑の時点で考慮された。その他，被害者が精神安定剤を飲んでいたことは，最初の証拠に関する協議の際，弁護側からの提出が認められなかった）が，フィクションには薄いので，事件の厚みが感じられない，という点もある。

　小学校と中学校では，基本的に同じ内容と構成の授業を行った。「指導案」（授業のシナリオのようなもの）は，鎌田正男附属小学校教諭と深井昭彦附属中学校教諭が作成した。2時間続きの時間をもらって，最初の時間には事件の概要（ネット上で得られた限りでの証言内容など）と，米国での犯罪の分類を説明した。次の時間には，生徒たちを6人一組（本物の陪審は12人だが）の班に分け，それぞれの班に大学院生一人が議論の補助および観察係としてついて，陪審類似の審議を行った。最後に各班の結果をみんなの前で報告してもらった後，簡単な講評を行うとともに，実際の事件の結果を生徒達に知らせた。

　その際各生徒に，①事件の概要を聞いたとき②質問の時間（どのような事実が結論を左右するかを生徒たちに考えさせるため，詳細な情報は質問に答える形で与えることにした）が終わったとき③班での議論が終わったとき④他の班の結果も聞いた時，のそれぞれの時点での自分の判断を書いてもらった（ワークシートは，教育学部の戸田善治助教授が作成した）。班での結論が一致したのは，小学校6班中3班（Bが1班，Cが2班），中学校では7班中ゼロであった。

　生徒達の感想では，小学校では「おもしろかった」「とても頭をつかいました」「意見があわなくて大変だった」「（証人によって）証言がちがうので迷ってしまった」など。中学校では，「個人によって考えがちがうんだなあと思った」「他の人の意見をきいている内に自分の考え方も変わってきた」「判決を下す人の側でみたことがなかったから，悩むところが沢山あった」「（陪審制は）けっこういい制度だなと思った」「さばく人はとても責任が重いということが

だきたい。

わかった」「陪審員はむずかしかったけど楽しかったです。他の人とすごく意見がちがっていた」などがあった。その他，事後にまとめた報告書には，補助に入った院生たちも，自分が担当した班での議論などについて，それぞれレポートと考察を載せている[8]。

　全体の成果を簡単にまとめることは難しいが，裁判の場面に身を置いて，自分が評決や判決を出す立場でものを考える機会を生徒たちに提供する，という所期の目的は，一応達成したと考える。

5　ささやかな経験——その2

　2002年度には，日本の民事事件として，隣人訴訟（東京地判平成7年2月1日，判時1536号66頁）を題材にした。大型犬（複数）の鳴き声をめぐって近隣に住む原告と被告が争った事件（「犬の鳴き声裁判」と呼ぶことにした）である。ただ，鳴き声が原因で解約した賃借人の賃料相当分を，家主が逸失利益として犬の飼い主側に請求できるかという問題は，子供たちには難しいと考えたので，受忍限度の判定と慰謝料の額のみの問題として事件（請求）を単純化した。

　これについても，本当の事件であることを実感するとともに臨場感をもってもらうための工夫を考えた。実際に事件を担当した双方の代理人であった弁護士の方の了解が得られたので，それぞれの事務所にインタヴューに行き，話をうかがってビデオに取ってから，論点ごとに並べ替え，全部で10分ほどに編集したのである。その結果，対立するそれぞれの側から事件を見るといかに異なった話となるか，を生徒たちに実感してもらう，という効果が期待できるようなAV教材ができ上がった。

　その他，事件のと同じ種類の犬の写真，現場の地図，東京地裁に閲覧に行って書き写してきた犬の鳴き声の頻度表，などを使って，本物の事件であることを生徒たちに実感してもらう工夫をした。しかしこの事件の場合には，当事者のプライヴァシーへの配慮が必要であったため，あまり詳しい情報を授業で提供することはできなかった。

　また，2002年の秋に実際の現場にも学生・院生諸君とともに足を運んでみたところ，当該の住居は，原告側の土地は別の所有者になり，被告側も立て替えの途中であった。いずれにせよ，「裁判によって解決した（人間関係が修復さ

---

(8) 実験授業の全体像については，嶋津格（研究代表者）平成13年度千葉大学総合研究プロジェクト研究成果報告書『人文・社会科学における国民教育と大学教育の連携に関する総合研究プロジェクト』2002年，参照。

れた)」とは考えられないような状況であった。このことも生徒たちに知らせて、「裁判にするのがよかったのか」「他の解決法はなかったか」「裁判した後で仲良くするということはできるだろうか」、というような点も、考えてもらうことにした。これはもちろん、日本社会の中における訴訟の位置づけに関わっている。私たちの想定している、訴訟におけるフェアープレーと、それをとおして出てくるゲームの結果としての判決を双方が受け入れる、というような訴訟観は、日本社会の現実ではなかなか難しい、ということのようであった（この部分も、長期的に日本社会が変わって行く方向として可能かどうか、も考えるべき点ではある）。

「犬の鳴き声裁判」は日本の裁判であるため、当然陪審制の適用はないのだが、前回の場合と同じように、6人一組で出すべき判決を考えてもらう（自分が裁判官だったらどんな判断をするか、をそれぞれ考えて6人で理由をあげて協議する）、という方式を取った。クラスは、前回の授業をやったのと同じクラス（1年経過しているので、小学校6年生と中学校3年生）であり、議論は前回以上に活発であった。これは、生徒たちが前回の経験をして少し慣れていたことと、犬の鳴き声をめぐる対立という事件が、自分たちにわかりやすかった、という点が理由として考えられる。指導案はそれぞれのクラスの担任である、小川英昭附属小学校教諭と深井昭彦教諭が作成し、ワークシートは戸田善治助教授が作成した。

判断は、小学校では、慰謝料100万円の請求に対して①全額②70万円③30万円、の支払いを被告側に命じる、④請求棄却、の四択とした。全体の結果は、①4名②12名③17名④4名であった。中学校では、請求額に対して①0%（賠償の必要なし）②20%③40%④60%⑤80%⑥100%の賠償を認める、という実質上五択とした。結果は①1名②3名③2名④8名⑤23名⑥3名であった[9]。

民事、特に不法行為事件では、それぞれがもっている社会規範に対する意識が判断に現れる。それゆえ班内での議論は、各生徒の規範意識の差を相互に理解し、それを調整する場ともなる。違法性（今回では受忍限度）の判断は、現行法上でも特に条文の制約がないので、これを行う題材として適切であると考える。

---

(9) この詳細については、竹内裕一、戸田善治（研究代表者）研究報告書『小・中学校における法学的マインドの育成に関する理論的・実践的研究』2003年、参照。

ただ，民事事件を，実際の裁判からあまり逸脱しない形で教材化することには，かなりの困難が伴うように思う。まず，弁論主義にまつわる訴訟物や訴訟資料の制約を，素人，特に子供たちに説明することができるか，またそれはどの程度必要か，という問題がある。また，不法行為以外の事件では，法律的に意味のある議論や判断をするには，一定の民法上の基本的原理や実定法上の知識が必要となるので，それをどう扱うか，も難しい。これは，今回閣議決定された裁判員制度の案において，民事事件が対象から外された理由でもあるはずである。

　将来的には多分，法律学と教育学の専門家が共同して，小学校・中学校・高等学校それぞれのレベルでどの程度の法律的知識を与えることが必要か，可能か，についての検討を行ってゆくことが有意義であろう。ただしこの点は，今回のわれわれの実験授業の前提問題とはなるが，そこで追求されている目的（体育実技のようにして「正しさを語る」訓練をする）そのものではない。

　現在われわれのグループは，国賠法関連の行政事件を使った教材化を試みているところである。また，高等学校における実験授業も計画している（これについては科研費の補助を受けている）。その結果は，2004年度末に報告書になる予定である[10]。

6　権利と裁判——まとめにかえて

　第2次大戦後に日本国憲法が導入された時点では，新憲法の内容と日本社会の現実の間には様々な面で大きな乖離があった（これは明治憲法導入時においても同様だったはずだが）。なかでも新憲法に謳われた個人の権利を基礎とする社会の理念は，この乖離を生む主要な理由であったから，小・中学校における授業（主に社会科）やマスコミをとおして，権利の発想が熱心に国民に教育され，それなりの成果をあげてきた。しかし，私の理解では，そのような個人の権利の概念とその具体的内容は，西欧社会においては，長い裁判の歴史を背景としてもつものである。「権利」「法」「請求」「責任阻却」「証拠」「抗弁」その他の

---

(10)　【後注】3回目は行政事件（かいわれ事件——O157の感染源についての行政の調査結果公表に起因する風評被害問題：国賠事件）を題材にして，「国を裁く」というタイトルで，小中学校以外に高等学校（千葉南高等学校）でも，類似の方式で行った。その報告書として，研究代表者　嶋津格『法学的能力の発達と教育の可能性についての研究』（科学研究費補助金基盤研究(C)(2)研究成果報告書，平成15年度～平成16年度）千葉大学，2005.3。

語(ひいては「正義」や「平等」[11])そのものが,裁判という営みと独立ではありえないのである。

それゆえ,裁判という場に自分を置いて考える機会を国民に提供し,そこでの身の処し方,振るまい方の know how を鍛えることは,長期的に重要な意味をもつと考える。その経験は,権利の観念が空虚な抽象的イデオロギーや,自分の勝手な「利益」と区別のつかないものとして言及されるレベルに留まるのではなく,社会生活の中に根を下ろし,現実的な問題解決の基礎となってゆくために,必要な経験なのである。

私の理解では,日本社会の成熟のためにも,権利教育の前に裁判教育が置かれることが望ましい。なぜなら,「権利」は物質のようにただそこに「ある」のではなく,人々の社会生活の中から生まれるものであり,生まれてきたものだからである。そしてそこにおいては法と権利は不可分であり,裁判の場はその関係が可視化される場だからである。

---

(11) 拙稿「法と平等——その論理と歴史」『問いとしての〈正しさ〉』9章,参照。

第7章　開かれた帰結主義再論[1]

第1節　義務論

　倫理学の基本的立場として，義務論と帰結主義がある。そして帰結主義の代表と一般にみなされるのが功利主義である。だから，義務論と功利主義の二つを簡単に説明し，その後で私が立つ立場である「開かれた帰結主義」を示したい。

　「正義はなされよ，世界が滅ぶとも」というのが，もっとも徹底した義務論の命題である。カントがこれを言った，と説明される場合が多いが，実際にはカントはこれをラテン語の格言として引用しているだけである[2]。そしていったんは「誇張気味ではあっても正しい命題である」として支持するが，その直後，その意味を普通の言葉で言えば「正義が支配せよ，たとえ世界の悪党どもがそのために滅びるとしても」になる，とかなり常識的で些末な話に言い換えてしまう。だから，彼が当初の誰が考えても非常識に見える立場をその言葉どおりに支持しているのではない。現代的には，正義のために原爆で地球が滅んでもいいという話ではないのである。彼が言いたいことは，これに続く次の議論を見ればわかる。「この命題は，次のことも示している。……政治的な原則……を……安寧や幸福から導き出してはならない……。そうではなく，法的な義務という純粋な概念から，すなわち純粋な理性がもともと示している原理を実行する義務から出発する必要があり，それによってどのような自然的結果が生じるかは無視しなければならないのである。」これではまだわかりにくいので，途中に挟まっている理解困難なカント用語を取り除けば結局は，「政治的原則は義務から出発すべきであって，結果は無視しなければならない」ということになる。

　ただ，この部分もゆっくり読んでみると，彼は，そうすればうまくゆく期待

---

(1) この文章は，C. リュトゲ『「競争」は社会の役に立つのか：競争の倫理入門』嶋津格訳（慶應大学出版会，2020年）の「訳者解説」として書いているが，自分の考えを書いているだけで，その本の解説にはほとんどなっていない。

(2) 「永遠平和のために」中山元訳，光文社古典新訳文庫234頁以下，原典は1795年出版。

がもてるのだ，と言っているのであって，本気でどんな結果でも頭から全部無視せよ，と言いたいわけではないらしい。だから，「その（政治的）原則にしたがう国家が期待できる安寧や幸福」という形で，原則に従うことでもてるはずの「期待」に言及している。また，「国家が意図する目的を，国家政策の最高の……原理とみなして，その目的の実現だけを目指してはならない」として，国家が手段を選ばず目的を追求することは否定するが，何らかの国家目的（単純には国民の「安寧と幸福」など）があることは認めている。

　まとめると，義務論というのは，まずは国家の政治原理などについて問題になることで，政策や行為に際して，予想される結果よりもその行為に科される義務を優先せよ，といった立場である。何かを実行する際に「なぜそれをするのか」と問われたら，「それが義務だから」と答えるのが義務論である。私がそれに賛成するわけではないが，カントにとっては，「したいことができる」ことが自由なのではない。自由とは，「自分（の理性）がそれをするべきだと判断したことが理由でそれをする」ことができること，つまり義務（だと考えること）に従えること，が自由なのである。それでは答えになっていない，と感じる読者も多いと思うが，この点（限定的な義務論の擁護）については後に述べる。

第2節　功利主義

　功利主義は義務論と逆のアプローチである。ベンサムは学生時代，オックスフォード大学でブラックストンの法学講義を聴いたが，判例法と伝統的法原理中心のイギリス法の説明は，法のルールを自己目的化しているかのようで，それにまったく満足できなかった。法には社会的目的があるはずだし，もしそうならその目的を特定し，それを達成するための最適手段を合理的に考え，それを明示的に立法すればよいではないか。なぜ現行の法ルールがその最適手段だとわかるのか……。ちなみに彼が活躍した18世紀末から19世紀前半はフランス啓蒙主義の盛時であって，人間理性の限りなき力に夢を見た時代である。そのフランスのフィロゾーフと呼ばれる哲学者たちのまねごとをしているだけだ，というオークショットによるベンサムの酷評もある[3]。ちなみ

---

(3)　森村進訳「新しいベンサム」嶋津，森村他訳『増補版　政治における合理主義』（勁草書房，2013年）所収。

第 2 節　功 利 主 義

にこのイギリス保守主義の大家は，理性に対して懐疑主義的立場をとり，「合理主義（rationalism）」を否定的な語として使いさえするのである。

　ベンサムはこのあるべき社会改革につながる立法を，草案としてだけだが，次々に自分で考案した。そしてその作業にかかわる学を「立法の科学」と呼んだ。その「科学」において中心的役割を果たすのが，例の「最大多数の最大幸福」論である。あるルールまたはその体系を考える場合，それによって人々が受ける幸福と不幸を，比較が容易な「快（pleasure）」と「苦（pain）」によって測り，その総計（快の総計マイナス苦の総計）が最大になるようなルールを考えよう，というものである。その際，各人の地位や価値による重みの差はつけず，人間は皆同じ1人として計算に入れられる（平等参入公準）という点では，徹底した平等主義である（ただし各個人が主観的に経験する快苦の大きさは人により異なり，それらは総計の結果に差異をもたらす）。

　その後ベンサムの影響の下，判例法の支配してきたイギリスの法全体を，より合理的な議会による体系的立法で置き換えようという運動も続いたが，これは結局イギリス社会に受け入れられなかった。それでも，ベンサムの創始した功利主義は，様々なヴァージョンを伴って，現在もイギリス倫理学の中心にあるのかと思う。これは，立法による社会改善をめざす場合に利用される論理でもあるが，もっと個人的なレベルでの「（倫理的に）正しい行為とは何か」という問いに答える場面で依拠される立場（行為功利主義）でもある。

　ただし理論上の問題は多くある。まず，洗練された経済学では，「効用の間主観比較」はできないと考えられる。たとえ快苦という低次のレベルであっても，多数の人が受けるプラスとマイナスの幸福度を数値化して単純に社会的に足し合わせることができないのである。たとえ1人の中であっても，満足度は序数的（AとBのどちらがよいかなど，順番——無差別を含む——だけがいえる）にしか決まらず，基数的（AはBの2倍だとか，0.4倍だが3個あれば1.2倍になってB1個より満足度が高いとかがいえる）にそれを考えること自体に無理がある，というのである。序数は加減乗除の対象にできないから，間主観比較も多数間の総計の算出もできないのである[4]。

　それよりも，立法や政策や行為がその帰結として社会に生みだす「すべての

---

(4)　「法と経済学」の初期によく読まれた教科書の中で，R・ポズナーはこれを無理矢理行うために，幸福度（不幸度）を各自に金銭評価させて，その金額を社会的に合計したものを「富（wealth）」と呼び，その最大化を社会政策の目標（≒正義）としたのである。馬場他訳『正義の経済学』（木鐸社，1991年）。

快苦（幸福と不幸）」を計算するためには，人間は全知でなければならない。それが直接生みだす結果以外に，ずっと時間的地理的に離れたところで，大きな幸福や不幸を生みだすような行為や政策というものも多くあるだろう。よく理解されていないが社会的基礎を構成している制度を，合理主義的な目的・手段の理論に依拠して別のものと取り替えたが，その結果ずっと後になってから社会的崩壊へとつながった，などの場合である。そんなものを全部事前に知って計算できるという前提が，人間論として胡散臭いのである。立法の効果が自分の利益になるよう誘導したり，それを回避しようと策をめぐらしたりするのも，下等動物ではなく立法者と同じ人間である。両者は同じだけの複雑性と理性と自由をもっているから，立法や政策に応じて国民の対応行動も様々に変化する。だから一見合理的に見えるこのアプローチは，現実に適用すると予想外の悲惨な結果や抑圧を招くことも多くなる(5)。

　要するに，一見科学的に見える功利主義は，人間が全知の神のような立場に立つと仮定するか，現実の社会の方を，人間に把握可能な程度の単純さに収まるとプロクルステス的に仮定して，構成されたモデルの中でしか有効性をもたない。たとえば物理学などで理論モデルと現実（観察，実験の結果）が乖離する場合，前者は常に後者によって誤りと判定されねばならない。経験科学の真理は，理論自体の中にあるのではなく，それと現実との関係の中にあるからである。洗練された功利主義の議論を読んで私が感じるのは，これはイデア界の中での話だなあ，ということである。それは，多分永遠に利用するチャンスのない数学のようなものかもしれない。数学の様々な成果については，利用可能性と無関係に価値があると考えるのが一般である。というか，その種のイデア世界の知的探求は，ギリシア起源の「哲学」のパラダイムに属する。だからそんな「イデア世界の功利主義論」にも何らかの価値があると考える人も（そしてそれをすることで大学の職をえる人も），もちろんいるだろう。しかしそのイデア世界から単純に現実世界の問題解決へと演繹できるという考えは，実践的に大いにミスリーディングになる危険がある。

---

(5) ベンサムの多くの提案の中には，当時の制限選挙制を普通選挙制にすべきだとか，選挙区間での投票価値の不平等を是正すべきだ，といったような，現代の目からごく妥当に見える改革案があるのも事実である。また，各人は自分にかんする判断をもっとも正確にできるのだから，という理由で各人の自由を認めるので，結果として専制や抑圧という結論を回避してもいる。

第3節　開かれた帰結主義

　帰結を無視せよ，といっているかのような義務論も，倫理的な良さを（予測される）帰結だけの問題に解消しようとする功利主義も，常識的な倫理の感覚からは外れる。我々の倫理は，誠実（正直），礼儀，清廉，同情，寛容など，特に結果を意識しない行動を要求する。そして倫理に従うことは，それをした本人の利益になるとは限らない。それでも，たとえば正直の徳がそうであるように，その徳が広がっている社会全体では，そのことが人々の利益と結びつく場合が多い。ウソが蔓延する社会では，情報伝達が円滑に行われず，必要な情報を得るためのコスト（モニタリング・コストなども含む）が膨大になって，社会的効率が失われるからである。だから，社会的効率をひどく低下させる倫理的状況，またはそれを克服できない人間集団は，進化論的プロセスの中で淘汰されるだろう。これは，ハイエク的な描像であり，ヒュームの所有論や約束論もこれに類似する。つまり，倫理的正しさは，それに従う社会が経験する帰結に，なんらかの形で関連するのだが，それをすべて事前に知ることはできないし，人々はそれのために倫理に従っているわけでもないのである。ここに限定的な意味の義務論が成立する根拠がある。ではなぜ，個人は直接自分の利益にはならない道徳的規範を義務と考え，それに従うのだろうか。これをカントから離れて考えてみる。

　多分，親や社会一般を含む他人からの賞賛や非難に反応することは，人間の自然的性質である。賞賛されるとうれしい（快を感じ），非難されると悲しい（苦を感じる）。ヒトはそう感じるようにできている（実は，犬もこの種の反応を示す高い能力をもっている。だから盲導犬とか麻薬捜査犬などの訓練を行う担当者は，それを利用し，褒めたり貶したりしながら犬に「教えることができる」のである）。そして人は成長のどこかの段階で，社会的な賞賛と非難を内面化し，自分で自分を賞賛・非難するようになる。そのことが個々人に与える内面的満足と悲哀とは，我々が日常的に感じていることだから，詳論は不要であろう。倫理は，このメカニズムを通して個人を外面（社会）的にまた内面的に制御する，人間に不可欠の装置である。それによって人間は，個人の利益に還元できない規範を伝達しながら社会生活を送っている。これは生物としてのヒトが生き残るについて大きな利点となってきた能力のはずである。しかしでは，何が賞賛・非難されるのか。実際には具体的倫理の体系は，（すべての進化論がそうであるよ

第Ⅱ部／第7章　開かれた帰結主義再論

うに）歴史と社会に大きく依存している。そして放散的進化の中では，生き残ることが可能な規範の体系は一つではなく，いくつもあるだろうと我々は考えねばならない。

　イデオロギーという言葉を，普通それに結びつけられるマイナスの含意（「虚偽意識」など）から切り離して，宗教や社会思想を含む広い意味に使うことにしよう。もちろん，マルクシズムも資本主義も民主主義も尊皇攘夷も，また明治20年代に日本に導入される立憲主義と西洋近代法の精神も，もっと後の八紘一宇も戦後の平和主義も人権論も，その一つである。今回問題になっている「競争の倫理」も，もしその受容がそれ以前の人間観，社会観，国家観，個人の立派な行為のイメージ，その他の変更をせまるようなら，その限度でイデオロギーと呼んでいいのかと思う。それを受容する人間に，大きな意識＝行動の変容をせまる観念複合だからである。もしこの様なイデオロギーについて，その「真（true）」や「偽（false）」を問題にできるとすれば，それはどんな場合だろうか。以下少し耳慣れない議論にお付き合いいただきたい。

　前提となるのは，上記の功利主義で出てきた「全知」の反対である無知，つまり我々は，よく理解できない世界に住んでいる，ということである。元々人間は世界のことをほんの少ししか知らずに暮らしてきたし，この関係は現在もまったく変わっていない。宇宙を構成するエネルギー≒物質の大半をなす暗黒物質と暗黒エネルギー，生物発生の経緯，地球外生命体の有無，脳のメカニズムと意識との関係，などわからないことだらけなのである。比較的単純な法則性が期待できる自然現象ですらそうなのだから，人間行動と社会に関する問題が全部見通せるなどという想定は，まったく非現実的な夢にすぎない。

　しかしその中で我々は，何らかの理解（思い込みを含む）を前提にして社会を営まねばならない。だから様々なイデオロギーが不可欠なのである。ごく一部しか理解できない世界の中で人間がある程度成功裏に行動することが可能になるためのメカニズムは，進化論的なものであろう。異なる考え方や行動の仕方（これらを行動仮説と呼ぼう）の中から，たまたま成功したものが残り，他に模倣されることで，外的世界の情報がその中に蓄積されてゆく。進化論の理論枠組みの中では，個々の行動仮説にはその登場の時点での成功は保障されていないのであって，どれが成功するかは結果としてのみ明らかになる[6]。このよ

---

(6)　議論の背景にあるのは，カール・ポパーの科学論である。科学の諸仮説は，反証にさらされてそれを生き延びることで存続する。その集まりが科学の現状であって，それらは仮説であり続ける。

うな描像の中では，結果を見通して行動を選択することはできないから，理性にできることは限られている。むしろ確実な根拠もなく何らかの信念をもって，異なる試行が様々に行われることで，このメカニズムは進行する。多くの信念は誤っているだろうが，その中に成功する真なる信念が含まれているのである。その意味では，人間の信じやすさと，その結果登場する多様な根拠なき信念こそが，このプロセスには不可欠なのである[7]。

　数学の場合には，特定の解答が正解であるなら，その証明は様々な形で可能なはずである。むしろ，証明方法に依存しない正しさが信じられることで，数学的世界の実在が確信される。類似のことは，経験科学でも起こる。すぐれた理論ほど，後になってから発見される適用可能性は，より大きな驚きとして感じられ，理論の真理性が体験されるだろう。

　イデオロギーについても同様である。宗教の例では，当初入信者が予想していた範囲を超えて，教義の新たな適用例が驚きとともに発見される度に，その宗教の正しさが確信される。宗教的体験とはそのようなものだろう。この種の体験を「真」の体験と呼ぶことにしよう。

　そうすると「偽」の体験もあるはずである。1989年以降起こった，共産主義圏の崩壊は，予想に反してあっけないものであった。ではその時その体制から開放された人々に，「あなたはなぜ共産主義が誤っていると思ったのですか」と問えばどうだろう。それぞれの体験を反映して，様々な答えが返ってくると思う。理由が多様であり，無数にありそうなこと自体が，もとの体制の「偽」を証明する。もし何かが偽であるなら，それを証明する証拠は無数にあるはずだからである。

　開かれた帰結主義は，この種の体験の可能性に対して自分のイデオロギーを開いている。経験によって論駁される可能性を自認する点で，それは硬直した義務論でもないし，世界に適用する以前にその正しさを論証しようとするような帰結主義でもない。我々のイデオロギーは，何らかの帰結との関係で正しかったり誤っていたりするのだが，その帰結を事前に知ることは難しい。しかし事後的には，もし何らかの良き帰結が積み重なれば，元のイデオロギーは正しきものと信じられてゆくだろうし，悪しき帰結が続けばそれは誤ったものと見なされるようになるだろう。また，真と偽の概念への当てはめが揺れ動き，

---

(7) 拙稿「人間モデルにおける規範意識の位置――法学と経済学の間隙を埋める」宇佐美誠編著『法学と経済学のあいだ』（勁草書房，2010年）【後注】嶋津第2論文集第1章として再録）参照。

それをめぐる論争が決着つかずに継続するかもしれない。その場合でも，規制理念としての（超越的）真と偽の概念そのものが変化するわけではないのである。

この種のアプローチは，帰結の如何に開かれているという点では帰結主義だが，それが事前に見通せるという前提をとらない。その意味では義務論に近い。なぜその原理やルールに従うべきかを，結果や目的を特定して明示的に説明できるとは考えないからである。これを「開かれた帰結主義」と呼ぶことにしよう。

第4節　競争の倫理

競争のメカニズムは，進化論的アプローチと整合的であり，未知の世界の中で試行錯誤的に暫定的正解の探求を進めるための適切な枠組みとなる。リュトゲ教授が強調するように，グローバル化した世界の中では，社会がイノベーションを継続しないまま現状に止まることは不可能である。ただそこでの競争は，一つの既定のゴールに誰が先に到着するか，といったレース型のものではない。生物進化を見てもわかるように，進化の過程が生みだすものは，ただ一人の勝者なのではなく，多様な生物種であり，新たなニッチである。我々は，放散的進化を考えねばらないない。

本文では，現代の社会・経済をゼロサム的ゲームとして捉えることが誤りであって，総和がプラスになるタイプのゲームとして競争を捉えるべきだ，と述べている。そこで教授がマクロスキーの引用として述べている「ウィン・ウィン・ウィン・ウィン・ルーズ　ゲーム」という捉え方は，擁護されている競争の描像として秀逸である。よく言われる「ウィン・ウィン　ゲーム」は双方の利益になるのだから，誰にも不満はない（ただ，どちらも利益を得てはいるがそれに差があり，公平でないなどという異議はありうる）。これは交換の論理である。交換は双方が同意した時にだけ成立するものだから，原理上双方の利益（パレート改善）になる（と判断される）場合にしか実現しない。しかし競争の場合には，普通敗者（損失を被る者）が伴う。ただそれは，多数の勝者を生みだす過程に必然的に伴う結果なのである。それでも，今回の敗者は，また敗者復活戦に参加すれば，次回に勝者になる確率は高い（1から5の目が勝ち，6の目だけが負け，というゲームで，ずっと負け続けるのは難しいのだから）。そのような競争がここでは想定されている。敗者復活戦をどれほど許容するかも，

第 4 節　競争の倫理

もちろん社会制度の問題である。

　競争が否定的な方向に進むのではなく，生産的な成果を生むためには，適切なゲームのルールの下で行われるのでなければならない。この点が本書では繰り返し強調されている。ただ，適切なルールはいかにして決められるのか。各分野の政策についてはドイツその他の経験が書かれているが，もう少し原理論や具体論がほしいと感じる読者も多いと思う。あるいはリュトゲ教授がこのテーマをさらに進めて次の著書に向かう時には，この点が中心になるのかもしれない[8]。

---

(8)　運動会で徒競走を廃止するといった過剰な平等主義と対置される競争受容的な教育のイメージを描いてみた拙稿として，「ポテンシャルを探る――平等主義的でない教育論へ」『問いとしての〈正しさ〉』第21章，参照。

第8章　実定法と啓蒙

第1節　日本の近代化と法学——啓蒙の根拠

　以前に「秩序の希少性について」という生煮えの論文を書いたことがある[1]。
　大規模な社会改革を考える際のもっとも困難な論点の一つは，そこで検討されているプランが実行可能（feasible）かどうか，という点にある（もちろんもう一方の論点は，それがどれほど望ましい（desirable）かだが）。マイケル・オークショットの「バベルの塔」[2]に象徴的な形で描かれているように，美しい壮大な社会的理想の追求が，悲惨な失敗に終わるという危険はどこにも存在する。理想が大規模であるほど，失敗も大規模になりがちである。そして理想追求プロジェクトの失敗に巻き込まれた多数の人々の個人的悲劇は，無謀な理想を追求しなければ発生しなかったはずのものだったというかぎりで，まさに（ギリシャ的な意味で）「（社会的）悲劇」の名に値する。20世紀に興隆して事実上廃れた共産主義プロジェクトなどは，この深刻な例といえるだろう[3]。
　しかし明治期日本の近代化プロジェクトも大規模なものではあったが，悲劇の心配はほとんどなかった。なぜなら，近代化には西洋諸国のお手本があったからである。要するに，すでに実現してしまっていることについては，その実

---

[1]　拙著『問いとしての〈正しさ〉』（NTT出版，2011年，以下『〈正しさ〉』として言及する）所収。以下の議論の一部はそこでのアイデアの再論である。「平成の法学」を論じるに当たって，平成元年は1989年，つまり天安門事件が起こり東欧社会主義圏の崩壊が始まった年である。これらを通して世界史の中で，自由主義への代替制度としての社会主義が，ほぼ完全に魅力を失ったことは，自由の法としての民法の理解にも，深いところで影響を与えていると私は考える。

[2]　嶋津・森村他訳『増補版　政治における合理主義』（勁草書房，2013年）所収。保守主義者オークショットは，大胆な理想追求の実験は，個人レベルで行う場合には賞賛すべきだが，社会レベルで行うのは愚行だ，というのである。

[3]　世界的なその被害者の規模について，Stephane Courtois *et al.*, *The Black Book of Communism; Crimes, Terror, Repression*, Translated by Jonathan Murphy *et al.*, Harvard UP, 1999 は，死者（処刑，強制労働に伴う衰弱死，経済的失敗と過剰徴発による大量餓死を含む）だけで約1億人と見積もっている。同書は一部が和訳書として出版されており，〈ソ連篇〉と〈アジア篇〉は日本語で読める。

第Ⅱ部／第8章　実定法と啓蒙

行可能性は自明であって，それをあらためて問う必要はない。後発優位の関係がそこにはあり，後を追う者には，開拓者の試行錯誤の結果のみを入手して探求のコストを省略することができるとともに，開拓者を悩ました実行可能性への懐疑・不安はないのである。もちろん，従来の社会を一部解体して，そのお手本に習ったものに再構成すべきか，という判断については，価値観上の異論（「民法出でて忠孝滅ぶ」など）がありうる。これは，政治的決断の問題であろう。しかし当時の日本のような後発国にとっては「近代化」が，決断さえすれば追求可能な，つまり実行可能な理想である点については，異論の余地は少ない。結局のところ明治政府はその決断を行った。そして「先進国」で実現している「進んだ社会」をめざしてそれに追いつくために実施される施策の一部，というかその中心部分となったのが，各種近代的立法とそれを社会に浸透させるための人材養成としての法学教育であった。

　当時の法学部人気の理由としては，官尊民卑的な価値観に染まっていた若者たちが，官僚への登竜門として法学を学びたがった，という側面もあっただろう。しかしそれと別に法学教育には，西洋人風の考え方と行動を人が採るための早道を教える，という側面があったのだと私は考えている。だからこそ，各種の官僚にも司法関係者にもならない若者たちにとっても，法学教育を受けてその基本を身につけることは，日本社会の中で自分を差異化して活躍するのに役だったのだと思う。既存の常識の中で進行する伝統的な日本社会の人間関係の中で，法学徒たちは，それと異なる何らかの意味で近代的な行動を理解しており，その一部を体現しうる人材だったのではないだろうか。そしてこの文脈では，法学が社会的啓蒙を任務とするという発想は，研究・教育・実務において，容易に普及するはずだし，実際にもしたのだと思う。

　ちなみに啓蒙とは，蒙昧な旧来の社会と人の精神に理性の光を当てることである。そして啓蒙主義という場合は暗黙の内に，当面する様々な問題に「理性」を適用しさえすれば，数学の問題への解答のように，人は同じ正しい結論を得るはずだ，といった前提（理性の普遍性仮定）が置かれていることが多い。西洋哲学においては（そして理神論的な神学においても），すくなくともある時期までこの発想は「理性」という語の中核的な意味の一部をなしていた。光と闇の関係は，正解を知っている人と知らない人の関係であって，前者が後者を導くのは当然のことだ，と考えられるのである。もちろんこの前提は，自然科学や医学・工学などでは現代でも依然として維持されているかもしれないが，

昨今の哲学界，特に政治哲学界ではあまり支持者の多くない立場ではある[4]。理性には（そして哲学には）何ができて何ができないのかについて，現在の理論家たちは以前よりもずっと懐疑的または謙虚になっている，というのが私の印象である。そして，ヒューム，ハイエク，オークショットなどの理性懐疑主義を基本的に支持する私の立場からしても，これは正しい態度である。

第2節　民法の場合

　伝統的には，西欧で中心的な「法」の概念は長らく，私法（≒ローマ法）をパラダイムとするそれであった。しかしその後，私法と公法の区別を無意味として廃止したことを自らの法理論の成果として誇る，ケルゼンのような法哲学者も登場した。これは独墺系の公法学者出身の法哲学に多い，私法の公法への包摂論である。民事法という私人に（法律行為や訴訟行為を行う）法的権限を与える法（それは立法によって創造される）があるから，私人はその資格で有効な私法上の行為が行えるのだ。だから，国家と社会の根本的なイデオロギーが変化して，私人にそのような権限を与えない（それを極度に制限する）ような立法（民法廃止法）が行われ，社会全体を一つの工場や軍隊のように扱うことになる，という事態も法的には十分可能だと考えられる。その場合には（すべての人は疑似公務員のようにして直接公法的な統制の対象となり），法の中核と（誤って）考えられた「私法」はなくなる[5]。そうなるか否かは，法概念論の問題ではなく，民主主義的決定（もしくは暴力革命）の問題である。極論すれば，この立場はこんな見解へと行き着く。だから，将来ブルジョア法を廃止した社会主義国家の下に「法」が残り続けるか否かという論点について，パシュカーニス他の初期ソ連の法理論家たちは，エンゲルスとレーニンに従って「法（≒私法）の枯死」説を維持したが，ケルゼンは断固これを退けて，社会主義下の「法（≒刑法を含む公法）」の存在と必要性を主張したのである[6]。
　私法をパラダイムとする法概念論は，これとちょうど逆の主張を行う。実際

---

(4) 注(2)に挙げたオークショットの本の書名（そして最初の所収論文のタイトル）では，「合理主義」が否定的な意味合いで使われていることに注意されたい。
(5) この点については，拙稿『自生的秩序：ハイエクの法理論とその基礎』（木鐸社，1985年，以下『自生的秩序』として言及），第4章第5節「法実証主義」参照。
(6) 服部栄三・高橋悠訳『マルクス主義法理論の考察』ケルゼン選集2（木鐸社，1975年）参照。

第Ⅱ部／第8章　実定法と啓蒙

の西洋史を振り返っても，民法的関係はフランス民法（1804年）成立よりずっと以前から行われており，それに従う裁判も運用されていた。そして人々は，そのような法と権利が存在すると信じて暮らしてきた。実際に民法的な関係を社会で実現・確保するには，刑法も国家権力も裁判制度も（あるいは軍隊も）必要であるだろう。しかしそれらの法と制度の目的は，民法が（またはコモン・ローが）叙述するような，自由な法的主体が，平和の内に，自分の権利義務を自らの選択によって自由に形成してゆくことができる，という社会状態を維持し支えることにある[7]。もしこのような，立法にもはるかに先行すると信じられてきた，私法的な関係を可能にする法，または自由の法，を全面的に廃止するならその体制は，民主主義であり続けるかもしれないが，「法」が支配しているとはいえない状態に陥り，本来の法はなくなる，と（この立場からは）言うべきなのである。

　距離をおいて見るなら，要するにこの対立は，「法」という語の使い方をめぐる差にすぎない。しかし一方の使い方をとるか他方をとるかによって，一定のメッセージを表現することが困難になったり容易になったりする。極端な場合には，これまで当然のこととして表現できた一部のメッセージ（たとえば「法の支配」）は，語の使用法を変更することで，実質上伝達不可能にさえなるかもしれない。だからこの用語法上の差は，些末なものではない[8]。

1　信条と行動

　視点を変えてこの関係を叙述しなおしてみたい。人間はその精神の中にどのような世界理解や自己理解，価値観等々（後期ロールズなら「包括的信条（comprehensive doctrines）」と呼ぶもの）をもっているかによって，行動が異なる。それは，同じ機種のコンピューターであっても，使用するソフトが異なればまったく異なる動作をするのにも似ている。M・ウェーバーの理解社会学が描くように，宗教的信仰については，この差異の大きさが特に可視化される。一定の信仰をもつ人々は，他の人々にはできないことを平気で行うのである。それは資本主義の離陸を可能にするある種特異な商業活動であったり，ジハードと呼ばれる自殺的軍事行動であったり，異教徒に対する極端な残虐行為であったり，逆に自分の個人的利益に直接なるわけではない見ず知らずの相手に

---

(7)　拙稿「憲法を考える前に——法の権威はどこから生まれるか」（『〈正しさ〉』所収）参照。
(8)　拙稿「法の「認識」とイデオロギー」（『〈正しさ〉』所収）参照。

第2節　民法の場合

対する隣人愛の行動であったり，その現れは様々である。ただここでの要点は，それら信仰そのものの内容が，世界認識として真であるか偽であるか，そしてその信仰を動機とする行為が行為として見た場合に倫理的か否か，ではなく，それらの信仰によってはじめて可能になる行動を人々がとる場合，彼等が構成する集団は，現実の世界の中で（進化論的な意味で）適合的に存続する確率を高めるだろうか，である。もちろん進化論的過程においてはこの問いは，存続したか否かという事実によって解答される（「存続できたから存続したのだ」）はずのものである。

　この文脈で信念としての「法＝権利」を考えてみよう。イェーリングの *Der Kampf ums Recht* という本のタイトルは一般に「権利のための闘争」と訳されるが，「法のための闘争」と訳す（私はこちらの方が好きである）ことも可能である。これを見てもわかるように，西欧語では法と権利は密接に関連づけられている。一方中国起源の思想と制度である「法」は，これと異なった垂直方向の命令の体系であって，対応する権利の概念をともなわないらしい[9]。中国法の専門家の説明では，中国の思想伝統の中では「私」はいつも否定的な意味合いを帯びてきたとのことである[10]。一方，ローマ法は基本的に「私」法であり，そこでは私人は法＝権利の主体である。もちろん，西欧的であろうと中国的であろうと，明確な「法」の概念によらないまま，一定の秩序ある社会を形成した文明・文化も歴史的・地理的には多く存在するだろう。

　つまり，民法において体現されるような法＝権利の概念を中心にする社会は（政治思想史では自然状態とか自然権の問題として表象されることも多いが），人間に必然的なものというより，歴史的には西欧文化（古代以来のローマの伝統）に特有のものと考えるべきなのである[11]。

　法＝権利の存在を各人が認識して行動する世界がもつ主要な特徴は，権利をもつ者以外の者が，権利者による権利行使の結果を受容し，これに対して干渉

---

(9)　現在の共産党による中国政府が「法」に言及する場合，そこで想定されている法概念が，近代的西欧的な法＝権利なのか，それとも古代法家思想におけるそれなのか，を考えてみることにも意義がありそうである。私は，明治時代の日本人が前者を後者の用語で翻訳したこと自体がミスリーディング，あえていえば誤訳だったのでは，と考えている。
(10)　高見沢麿「中国近代における『私』の『法』制度化と『民』の『公』化」学術の動向 2007年8月号，参照。
(11)　明確にこのような主張を行っているわけではないが，オッコー・ベーレンツ，河上正二『歴史の中の民法——ローマ法との対話』（日本評論社，2001年）参照。

125

しない（すべきでないと考える），という点にある。これは，各権利者の個人的決定が，そのまま直接社会的決定となる制度だ，と言ってもよいだろう[12]。この世界では，無数の人々による無数の決定が日々行われており，それはそのまま，社会的決定となっている。個々の決定について，それを行う者の権限が問われることはあっても，内容上の正当化が求められることは，原理上ないのである。もちろん，当該の個々の決定を行うについては，その権限をもつ者は当然，自分の判断において最善と考えられる決定を行う。そしてその場合には，彼がもっている知識または情報がすべて利用される。もちろんそれは，誤りうる決定であるが，それ自体はすべての人間の決定において，避けられることではない。いずれにせよ，このルートを通して個々人がもつ情報は，分散した社会的決定の中に取り込まれ，他に波及するのである。社会的決定のシステムとしてこれは，きわめて柔軟かつ効率的である。

2　民法と社会秩序

　民法が可能にする社会とはどのような社会か。上記のようにそれは，人々が観念の中で，この世界には私法的な法＝権利のネットワークが成立しており，しかもその具体的内容を各人の限られた自由の領域の中で望む（意志表示の）通りに変更することができる，と信じていて，実際にその信念に従って行動する（そして他者はそれを受容する）ような世界である。それはこれと異なる他の世界と，事実としていかに異なるのか。ここで問われている問題は，規範や観念のレベルの差異ではなく，事実としての人々の行動からなる社会秩序のあり方に関連している。民法学者の中でも，このように問題を立てる者は多分多くはないはずである。

　経済学から出発し，市場を中心とする社会における分散的知識の利用を問題にするハイエクは，これについて概略以下のようにいう[13]。

　法学者は一般に法秩序（Rechtsordnung）を問題にするが，これと区別すべきものとして行動秩序（Handelnsordnung）があることを無視しがちである。しかし前者，つまり法規範が規範体系の中で一貫しておりシステム的な整合性が成立しているからといって，後者，つまり人々の行動相互間に事実上の整合性があって社会全体として変動する外的な条件に対応し続ける秩序を維持する

---

(12)　拙稿「〈私〉の生成」，『〈正しさ〉』所収，参照。
(13)　以下の叙述では，ハイエク「法秩序と行動秩序」，ハイエク全集Ⅱ-4（嶋津監訳）所収，から主要なアイデアを得ているが，例を含めてそれに忠実に従ってはいない。

第2節　民法の場合

ことができているとは限らない。それでも，行政や軍隊などにおいて，指揮官の下す命令などからなるある種の意図された規範的秩序によって，その下にある人々の行動が制御され，その結果一定の行動秩序が実現している場合（これは「組織」と呼ばれる）には，両者間の差を無視することの弊害は少ない。しかし，行動秩序が誰の命令や統制の結果でもなく，各構成員の自由な行動の結果成立する，いわゆる（組織と対置される意味での）「自生的秩序」である場合には，これを無視することによって理論上の困難が生じる。

　まず，道路交通法を考えてみよう。自動車で道路を走行する場合に遵守すべき様々な交通ルールを規定している道路交通法は，強行法規ではあるが各走行者に，到達すべき場所と時間を指定することは一切しない。普通人々にとっては，いつどこへ行くかの方が関心事だが，これは各人が自由に決めているのである。しかし道路を走る他の自動車が交通ルールを守ることで道路交通全体にある種の秩序が実現していることは，各人が自分の目的の場所に目的の時間に到着するための必要条件となる。カオス状態にある交通網の中では，どこにも予定どおりには行けないし，その計画を立てることも無意味だからである。

　しかし，道路網は二次元的な地図の上に描かれる全選択肢を事前に提供している完全情報的で静的な世界である。これに対して社会における人々の自由な行動がなす秩序は，もっと動的かつ複雑である。どこにどのような選択肢が存在するのか，目的地として設定可能な地点がいかなる性質をもつのか，等々もまた，各人の試行錯誤と発見，選択に委ねられているとともに，各人の選択が他の者の選択肢に影響するからである。そこでは「発見過程としての競争」が問題となる。

3　発見過程としての競争

　注目されている映画のヒロイン役がオーディションで選ばれる場合を考えよう。それに応募するスター候補たちは（はじめてそれを試すような初心者を含めて），自分のもつ可能性をオーディションの結果として知ることになる。落選した者たちがその後どうするかも自由だが，自分にとってそこにいかなる選択肢があるのかは，落選の事実を踏まえて新たに個々に模索されねばならない（次の同種のオーディションを狙うか，別のタイプの役柄を試すか，アイドルとは別の道に進むか……）。一般化された意味での市場とは，競争の結果によって日々の各人の行動を相互に均衡へと向かわせる機能を果たすメカニズムである。もちろん，完全競争のモデルは机上の空論であるから，単純にそれによって市場

127

第Ⅱ部／第8章　実定法と啓蒙

を理解することにも弊害が伴う。特に，実際の競争を省略して，理論上モデル内で算定される結果（均等賃金，コストと価格の均衡など）だけを無理に実現しようとする場合には，（競争の発見機能が阻害されて）大きなロスが発生する。

　これに関連する論点として，民法解釈の方法についての素人的コメントを少し述べておきたい。たとえば貸家をめぐって家主Aと借り手Bが契約内容について交渉する場合を考えてみよう。AB間には情報格差も交渉力格差もあるから，必要な場合には裁判所が介入して，契約内容を公正なものにする必要がある，というのは正しい。ただこの場合，普通はAB両者の状況を考慮して「何が公正か（公序良俗か）」などの結論が出されるのかと思う。しかし実際にはこの交渉結果を「公正な」ものにするのは，たとえばAの潜在的競争者である他の貸家業者たち（仮にCとする）の存在である。ただ，賃料などについては，地域の相場を考慮することで事実上それは果たせていると考えてよいかもしれない。しかしさらに進んで，種々の契約条項をも検討の対象にしようとするなら，現実には取引費用があるからCは交渉の場に登場しないが，モデル上ではCを登場させてAB間の交渉を考えることで，Aの要求する不当な契約条項をそれと指摘することができるのではないだろうか（これは，Bが実際に他の貸し主たちが提供する契約案とAのそれを比較するという労をとるなら実現するはずの条項のはずだが）。民法解釈の中で，仮想的な競争を利用する，といったアイデアも一考の価値があるのではないだろうか。

　解釈の問題を離れても，労働者の労働条件を改善することは労働法の問題だが，ここでも労働者の最大の味方は，雇用者と競争関係にある他の企業の存在である。たとえば，スポーツ選手や技術者，研究者など，一部の特殊能力をもつ被用者は，「トレード」や「引き抜き」の可能性が示されることで，大幅な報酬増を獲得するからである。だから，現在の職場からの転職の可能性を広げて，それをより容易にすることが，労働条件改善に資するはずである。一方，企業間の競争を前提にしない社会主義経済の場合には，賃金を含む労働条件の妥当さをはかる物差しが，問題含みの旧来のデザートをめぐるもの[14]しか見当たらないのではないだろうか。

---

(14)　ジョエル・ファインバーグ「正義と人のデザート」，『倫理学と法学の架橋──ファインバーグ論文選』（飯田・嶋津監訳，東信堂，2018年）所収，参照。

第3節　進歩的啓蒙について

　本稿のテーマ設定では，法学者による「進歩的啓蒙」の有無およびその是非を論じることが期待されていた。以下ごく簡単に，これに関してコメントをしておきたい。

　亀本洋には，新カント派が法哲学界を席巻したことを，日本法哲学界の不幸だった，とする記述がある[15]。多分問題は，法哲学界に限られない。（授権と意志的規範定立からなる）規範的世界と（因果律が妥当する）事実的世界を截然と区別する立場からは，規範を社会に適用しながらその実行可能性を探る，という法実務のリアリティを理解することが難しい。私は裁判の現場における法解釈学は，このことを主にやっているのだと考えている。ある規範を社会に適用した場合に，それをめぐってどんな争いが，社会的不都合が，発生するのか，どのようなピースを既存の規範体系解釈に付け加えれば，上記の行動秩序は円滑化するのか，は基本的に事実問題である。ここでは，規範と事実の世界は交錯するのである。それを無視して，規範内部の整合性のみを追求することは，解釈学の誤った自己理解であるように思われる[16]。「進歩的啓蒙」が進歩的な価値観を表明する憲法または憲法解釈と，規範内部の階層秩序のみに着目する法学から生まれるとするなら，すくなくとも民法に関しては，それは誤りであると私は考える。

　上記のように民法は，価値体系内の階層化の頂点にあってそれを言語化しようと試みる憲法とその下にある公法的関係から相対的に独立のものであり，歴史的にもそうであった。たとえばフランスの場合も，憲法は共和制1－帝政1－王制－共和制2－帝政2－共和性3－共和制4－共和制5と8回も変わったが，ナポレオン民法は根本的な変更を受けずに存続した。日本でも，日本国憲法が施行されても，民法の財産法は変化しなかった。憲法というものは，必然的にイデオロギー的なものである。国によっては，支配的政党や支配者家族を

---

(15) 『法哲学』（成文堂，2011年）。「宮澤や新カント主義を信奉する法哲学者たち——幸いにして今では少数派である——にしかられそうだが……」同書15頁，「新カント派の哲学が，法哲学と実定法学ないし法実務の間の距離を広げるのに大いに貢献したことは否定できない。」同書17頁。

(16) 私は法実証主義者を，自分たちは空中を飛んでいるのだ，ということを知らずにマニュアルだけを見て飛行機を操縦しているパイロットになぞらえたこともある。『自生的秩序』191頁。

第Ⅱ部／第8章　実定法と啓蒙

特定していたり，特定宗教の支配を規定していたりする。人権規定をもつ場合には，自由の体制を規定しているとも言えるが，その内容は，上記のように，個人的決定を直接社会的決定とするような対社会的な意味で自由を可能にするルールを保証しているといえるかは，心許ない（所有権保障に含まれると考えられるかもしれないが）。議論は尽くせていないが，結論として私は，私法の公法（憲法を含む）からの相対的独立性を確保することを重視すべきと考える。

　もちろん，これと別に民主主義的決定がもつ権威があるから，必要と考えられる特別法（消費者保護法など）をこれに追加することは容認されるべきであろう。ボールの重心が，体積上の中心から外れた場合，全体のボールは重心が下になるところまで転がって止まる。民主主義または国民主権とはこのようなものであって，どこに重心が移動しても，政権担当者は変わってもこの関係は変わらない。民主主義にコミットするとは，このボールがどこに転がって行っても，その状態を支持する用意がある，ということであり，平和的政権交代を可能にする唯一の制度として，私もそれを支持している。

　最後に蛇足かもしれないが，一言だけ憲法9条問題について，あまり論じられない点を一つコメントしておきたい。世界的に見て，前文の「平和を愛する諸国民……」と9条2項の武力不保持の文言が実行可能でありリアリスティックに見えた時代は，短いが存在する。それは，第2次大戦が終わってから米ソ冷戦が始まるまでの時期である。F. ルーズヴェルトの米政権は親ソ政権であって，大戦中米国は大量の武器をソ連に供給して援助し[17]，中国でも，内戦が共産党の勝利に終わることが明白になる直前まで，むしろ共産党を政権に入れるよう（トルーマン政権は）国民党に圧力をかけ続けていた[18]。このような行動を取る際に米政権が想定していたように，もしソ連が戦後も米国の事実上の同盟者であって，この二つの超大国が世界平和の維持のために協力するというなら，世界平和を現実に維持することは比較的容易だったはずである（このことは1945年10月24日の国際連合創設においても，常任理事国制採用などの前提とされていた）。実際の世界史の流れをいったん忘れて，1946年（2月2日から同13日の間に）に憲法草案を作成したマッカーサー以下の米軍担当者が世界情勢に

---

(17) 【後注】第2次大戦中に米国がソ連に対して行った大量の武器援助を独ソ戦の各戦闘ごとに詳細に記述している文献として，Sean McMeekin, *Stalin's War; A New History of World War Ⅱ*, Basic Books, 2021. 同書は正しくも，第2次大戦の主役はヒトラーではなくスターリンだった，とする。

(18) H. フーバー著，渡辺惣樹訳『裏切られた自由　上・下』（草思社，2017年）参照。

第3節　進歩的啓蒙について

ついてそんな見通しをもっていると仮定して，日本国憲法の前文と9条2項を読んでみていただきたい。これらの条文が，ずっと理解可能なものに見えてくるのではないだろうか。二大国の力でこれからの世界は平和になるのだから，日本に武力はいらない……。もちろんこの前提は実現しなかった。第2次大戦は，東中欧，中国，北朝鮮，などの広大が地域が事実上のソ連の支配下に入ることで終わり，東西冷戦で日本を含む西側は，相対的にずっと不利な初期条件から「戦い」を始めることになってしまった。日本が米国との軍事同盟を破棄して東側の一員として冷戦を戦うべきだと考える立場の論者も，国内にはかなりいたはずだが，そうでない人々がどうして9条2項改正に積極的にならなかったのか。そのために，短期的で姑息な政治判断以外の理由を見つけることは，私には困難である。9条2項が前提している事実的な条件は，憲法が発効して間なしには[19]すでに，根本的に崩壊していたのだから。

---

(19)　米国がソ連への対応を同盟者から敵対者へと反転させて冷戦に対応しはじめた時期を何時とみなすべきか。もっとも遅く確定的な日を採るなら1950年6月5日の朝鮮戦争勃発時だろうが，1947年3月27日のトルーマン・ドクトリン発表時と考えるならそれは，日本国憲法の公布（1946年11月3日）と発効（1947年5月3日）の間ということになる。それなら日本国憲法9条2項は，発効以前にすでにその前提が崩壊していたことになる。

第9章　法の権威を立法の権威に解消することの愚かさ⁽¹⁾

第1節　立法論と法の概念

　普通に考えれば立法は「法」を創る作業だから，何らかの法概念を前提とする。もちろんこれと逆のアプローチもありうる。言葉としては少し変だが，「立法」の概念を先に確定して，「そのような作業で創られるものが法だ」という風に「法₁⁽²⁾」をそれに従属させることも，論理的には可能だからである。例えば，「国会の意志を言語化するのが立法であり，その結果成立するものが法₁であって，民主主義原理の下で国家機関はこの法₁に従わねばならない」などである。ちなみにルソーの民主主義論は，一般意志という形で「意志」の下部概念に法₁を帰属させる点で，この気味がある⁽³⁾。さらにルソーにおける「一般」性すら外して，個別的な事案について特別法₁⁽⁴⁾を乱発する傾向の強い昨今のわが国会にも，この種のものを歓迎する傾向があるように思う。確かに，あらゆる政治的決定において民主主義を徹底することだけが目的なら，権力分立における行政権の独立は軽視して（そして裁判所による司法権の範囲もミニマ

---

(1) 本稿は，拙稿「憲法を考える前に――法の権威はどこから生まれるか」「〈私〉の生成」「法の認識とイデオロギー」『問いとしての〈正しさ〉』（NTT出版，2011年）3-5章を基礎にしている。議論の基本的方向は同じなので，興味をもっていただける方には，それらを参照いただきたい。

(2) 以下の議論のためには，「本来の法」と「法と呼称されるもの」とを区別する必要があるから，便宜上前者を「法₀」，後者を「法₁」と呼ぶことにしたい。

(3) ルソーの一般意志が一般性をもつことは，規範的要請なのではなく，多数の人が集まって全体の意志を決定する場合，相互に対立する個々人の意志は打ち消しあう結果，一般性が実現する，などと論じられている（『社会契約論』）。ただ私はもっと簡単に，全体の意志がすなわち「一般意志」であって，これは個々人のまたは全体の一部でしかない多数派の意志とは異なりそれらに優越する規範的・存在論的な地位をもつ，ということをルソーは主張しているのだ，と考えている。これを全体主義でないというのは困難である。

(4) たとえば，「水俣病被害者救済法」（2009年）など，個別の災害被害を救済することを目的とする「立法」は多くある。また，多数の東日本大震災関連の法律案については以下を参照。http://www.clb.go.jp/contents/diet_sinsai/law_sinsai.html　また現在，安全保障関連法の体系的改正整備に反対し，個別の事態が発生するたびに自衛隊の例外的活動を許可する立法を行うべしとする有力政党もある。

第Ⅱ部／第9章　法の権威を立法の権威に解消することの愚かさ

イズして），国会による政府のコントロールをより詳細なものにした方がよいとも考えられるし，この種の「法₁」はその手段としての意味をもつだろう。

　ただこれは，法の問題というより民主主義の問題[5]であって，特定の目的のために政府が予算を支出するためには根拠「法₁」が必要だという財政上の原則に関連している。要するに，政府に対する関係での国会のコントロールに関わっているのである。この局面で機能する「法₁」をパラダイムとして「立法」を論じることは可能だが，それは必然的に，民主主義政治論の一部となる。しかしこれは，伝統的に法概念論が論じてきた場合の「法₀」とは性質の異なる対象を論じることであり，つまりは「立法₀論」の本来の土俵からも外れると私は考えている。本来そこで論じられるべき法₀は，国民との関係において権利や義務を課すという側面で問題にされるのでなければならないのである。

　論理として法₀の概念が先行し，立「法」とはそのような法₀を制定する営みのことだ，といった普通の理解を前提にする場合は，前者が後者を拘束するという関係が成立する。つまり立「法₀」機関としての国会が制定することができる法₀は，前者の法概念の範囲の中に収まるものでなければならないのである。「政治」機関としての国会は，これを超えた意志決定をすることができるかもしれないが，その場合の意志決定が「法₀」になることはない[6]のであって，それに法₀の権威を与えることはできないのである。ここで重要な点は，法概念による立法への拘束のあり方と程度が，前者（法概念）の内容如何によってまったく異なってくる，ということにある。

　外在的視点からは，どのような存在を神として信じるかについては様々な可能性がある。一神教か多神教か，厳格で非寛容なその意味で差別的な神か慈悲に満ちて善悪の区別を超越する神か，究極の裁きの概念を伴う神か衆生の救いを試みる神（仏）か，全知全能の神か超越的ではあっても弱点を伴い感情に左右されるような人間に近い神か（それとも人格化されないアニミズムの精霊か），などこれまで人間が信じてきた神は様々であった。外から見ればこれらの神はそれぞれの人間が「創った」，少なくとも「生み出した」ものだが，それらを

---

(5) 私が立法論の必読文献として読み始めたJ. ウォルドロン『立法の復権』（長谷部，愛敬，谷口訳（岩波書店，2003年）は，基本的に立法論の本というより民主主義論の本であったので，この二つの区別を論じることを主題とする本稿にとって，そこから得られるものはほとんどなかった。

(6) 国会がそれを「法」と呼ぶことはできる——というか実際そう呼んでいる——から，ここでは用語の混乱が不可避となる。本稿では仮に法₀と法₁を区別することで，議論を整理することを試みた。注(2)参照。

信じる人々は「神が自分を創った」とすることはあっても，自分たちがそれを創ったとは考えない。信仰とはそのようなものである。そして，右で法概念について述べたのと同じように，そこで信じられる神のあり方によって，それを信じる人々の行動は異なったものになる。信じられている内容が科学に，つまりわれわれの信じる客観的世界に合致するか否かにかかわらず，一定の信仰をもつ者が他とは異なる行動をする，または，他の者にはできないような行動をすることができる，というのは，この現実の世界の中で発生する社会的事実である。この点は，マックス・ウェーバーが宗教社会学の中で縷々論じたところである。

結論的にいえば，外在的には法概念についてもこれと同じことが妥当すると私は考えている。つまり論理的にはわれわれは，様々な法概念を採用することが可能である。だから何の前提またはトポス的環境の特定もなしに，（記述的な意味で）それらの中のある概念が正しいとか別のものが誤りであるとかいうことに意味はない。むしろこれはイデオロギーの自己実現というべき現象であって，異なる法概念は異なる形で自己実現するということにすぎない。つまり，国会での立法をそのパラダイムとする法概念によって法を理解する人々（横濱会員的法実証主義者）が暮らす社会は，当然それに応じた社会になる一方，本稿で論じるように，これと異なる法概念によって捉えられる法を自らが従うべき法だと考える人々の社会は，これとは異なる社会になるのである。当面の問題は，法実証主義者が後者の可能性を認識することに失敗する（または，ケルゼンのように「論理」の名において後者を抹消する）ことが多いという点にある。もしこの認識上の誤りが修正されれば，残るのは，ではどちらも可能であると認めた後，どちらがよいと考えるのか，という価値判断だということになる。これに対する私の答を先に述べれば，どちらがよいかは状況による，というものである[7]。

第2節　私法中心的法概念

ローマ法の伝統を受けて，西欧で法という名で理解されるものの中心は私法である。私法をパラダイムとして把握される法とは，そのルールに従って行われる個人の決定を，そのまま社会的決定とすることを可能にする規範の体系で

---

(7) 本稿ではこの点を論じる余裕がないので，注(1)の文献を参照されたい。

第Ⅱ部／第9章　法の権威を立法の権威に解消することの愚かさ

ある、といえる。世界には、目に見えるモノの世界と別に法規範とその結果としての権利義務のネットワークが存在していて、個々人はその中で具体的な権利や義務をもっている。そして個々人は、法学上は「法律行為」と呼ばれる様々な意志表示行為によって、自分の「権利」に属する一定の領域の中で、この法＝権利ネットワークのあり方を自分個人の意志によって直接変更することができる。一方、このネットワークを保護し、一定の不完全さを伴いながらも現実の世界がそれに合致するように運営することが、実力を伴う政府の基本的役割または存在理由である。逆に言えば、国家権力または社会的サンクションが、この描像に力を与えるように行使され、それを無視し反抗する者を抑止するのでないかぎり、このネットワークが「存在する」にいたることはない——というか、これが存在すると人々が信じることができるような社会的現実が生じることはない——。だから、私が私法と呼ぶ場合、このような法的世界をリアルなものにしている、様々な制度・機関・社会的な価値観と信念・人々の行動の仕方、がその背景に用意されていることを前提にしている、という点に留意いただきたい。比喩的にいえば、私法の世界とは、このような舞台裏の装置を前提として、舞台の上で人々が見ることが可能になっている夢、のようなものである。しかし背景的装置も含めれば、この夢は単なる夢にとどまるのではなく、巨大な現実的力をもつ。一定の条件のもとで、暴力装置を駆り「権利」を強制的に実現する。この点を、その否定的側面も含めてもっとも鋭く描写したのはマルクス主義であるが、そこで想定されていた代替的社会モデルは、よりリアリティに乏しい希薄な夢であったらしい。

簡単な描写にとどまるが、このような私法をパラダイムとする法概念を、仮に上に述べた「法₀」と同視してみよう。西欧において人々が「法」と呼ぶことで念頭に置いていたものはこの法₀だったと考えるのである。たとえば、社会契約論で論じられてきた「法」は、この法₀である。ホッブズの自然状態では、この法₀における所有権から、本来の排他性が除かれることで平和維持機能が失われ、社会が諸個人相互の闘争状態となる。しかし、ホッブズの当時の人々は法₀が基本的に実現している社会に住んでいた（ただしイギリスでは、ピューリタン革命により一時的にそれの想定する平和が乱されていた）のだから、所有権の排他性を除いても、法₀の一部である契約の制度（または意識）は残っているのであって、「自然状態」は規範のまったくない状態なのではない。さもなければ、社会「契約」を結ぶことなどできないはずだからである。契約は自然法にしたがって結びうるというのがホッブズの議論である。だから、契約

または約束は，自然的な人間本姓に付随する制度ではない，というヒュームの指摘は，ホッブズの理論的基礎に対する本質的打撃となるのである。つまり契約は自然法などではなく，特定の社会，つまり当時の西欧社会の中で成立しているコンヴェンショナルな制度なのである。また，ロックの自然法が法₀であることも多言を要しない。ただ，私が上でその背景または舞台装置と述べたもの，つまりは実力を伴う国家制度が，自然状態では欠けていると理論上想定されるために，法₀の実現が不安定になり(8)，その問題を解決するために，国家が契約により再導入されるのである。ロックにおいては，所有権の原始取得で理論的困難が発生するが，それを解決する方法はない。法₀は，現実の社会に実現しているのであって，平等な想定上の主体間の関係ではないからである。つまり，民法的関係は，当事者間の抽象的（権利能力や行為能力上の）平等は前提にするが，財産の平等を前提にしないのである。

　ここで確認したいのは，このような法₀は，人間に普遍的なものとはいえない，という点である。特殊なローマ法と西欧の歴史の中で発達してきた，個人の決定を直接社会的決定とすることを可能にする法₀をもち，人間の関係を法₀的タームで理解し，それに応じて行動する人々は，グローバルな歴史の中で見れば特殊な人間たちだからである(9)。

第3節　自　然　法　論

「誰かが意図的に創らなくとも法（法₀）はある」と考える人を自然法論者だと呼ぶことは可能である。しかしそれなら，プーフェンドルフやヴォルフのよ

---

(8)　なぜ消失するのではなく「不安定になる」のかについては，以下のようにいうことができるだろう。ロックの自然状態の中にいると想定される人々は，現実の社会から国家を取り除かれ，権利実行を自力で行う人々であるが，法₀の残部を保持しているので，権利意識や社会のルールについての意識を道徳的な形で維持している。だからその範囲で，不完全であるがサンクションも機能するのである。私にとって，ロックの社会契約論の中でもっとも印象的なパッセージは，「権利を取り戻すために訴える場を地上にもたない彼らにとって，残されている救済の道は，ただ天に訴えることにしかない……」加藤節訳『統治二論』（岩波文庫，2010年）p. 317，という部分である。ここでは「自然状態」にいる人々も，権利意識は強くもっている。要するにこの人々は，西欧人なのである。

(9)　もちろん，明治以降の日本人は法₀の観念を継受し，現在のわれわれもこれを保持している。またその後この法₀は世界に拡散しているが，イスラム圏・中国文化圏なども含めた世界全体がこれを共有しているのか，については大きな疑問がある。

第Ⅱ部／第9章　法の権威を立法の権威に解消することの愚かさ

うに,「自然法」の語を真に受けて無前提の人間性などから法を演繹しようとした理論家以外にも，この分類に属する理論家は多くいることになる。プロイセンによるドイツ統一以前の法学者たちの大半は，このカテゴリーに属することになるからである（実際彼らの多くは，自分たちを「自然法論者」と呼んでいた）。(「神聖でもローマでも帝国でもない」といわれる神聖ローマ帝国を別とすれば) ドイツ全体の立法権をもつ者はいなかったのである。それでも法はあったし，裁判は行われていた。慣習法と学識法としてのローマ法を（そして多分ゲルマン法も）使って，人々の紛争が裁判所で処理されていたからである。この事態を私は以下のように考えている。

　もっとも重要なことは，人々が伝統的に法$_0$の観念をもっていることである。それがゲルマンの伝統から来たのか，ユダヤ＝キリスト教からまたは教会から来たのか，ローマ帝国時代から来たのか，の詳細は，法制史学者たちに委ねるしかない。しかしそれの存在を前提にして，人々は日々行動しており，紛争が起こると裁判所に行く。しかし人々は，自分たちの権利が存在していると堅く信じているのだから，当然それを可能にするルールとしての法$_0$も存在していると信じられている。これはニワトリとタマゴだから，論理的または成立上の先後はどちらでもよいのだが，当然，ルールよりもその適用結果の権利の方が，人々の意識には強く訴えるはずである。言語でも，パロール的なものを理解・実践することは母語者には易しいが，彼らは普通ラングを対象として理解しているわけではないから，同じことが権利と法についても起こるだろう。後は，その権利意識を正当化するルール（ラングの言語化）に当たるものを，何かによって具体的に埋めることである。ルネサンスの後，大学でローマ法を学んで先端の法的知識を身につけた法学士たちは，そのルールの内容を自分は「知っている」と主張し，それが結局認められ，裁判官などに任用されていった。実際にはローマ法に加えて，カノン法（これも教会の「立法権」を前提にしない）や慣習法によって内容を補充されながら，「古き良き法」の内容が確定されていった。しかしこの段階では，それを制定したり変更したりする権限を明示的にもつ者は，どこにもいなかったのである。もちろん立法（法$_0$）権者がいなくとも，必要に応じて法$_0$解釈の変更や新たな慣習法の発見はなされたに違いないし，それを可能にするレトリックとしての法技術や解釈学は提供されていたはずである（ある種の技芸ではあってもそれの「学問性」を私はあまり信じていないが）。私法とは，そのようなものなのであり，その基本的性格は現在でも

第3節 自然法論

続いているのだと私は考えている[10]。

　民法典が編纂されるのは、プロイセン一般ラント法（1794年）、ナポレオン法典（1804年）、オーストリア一般民法典（1811年）などを破魔矢とする。仮に法典編纂（codification）と立法（legislation）を同視するとしても、これ以前に全面的な立法₀はない。商法₀においても、現在でも商事慣習法が重視される。また興味深いのは、アメリカ植民地の独立において、イギリスの政治支配は拒否され、争いの焦点となった関税法なども当然独立後の米国への適用は是認されなかったが、コモン・ローは、植民地時代から継続して、特別の政治的意志決定を経ず、当然のものとして継承された（ただしフランス植民地から発したルイジアナ州はフランス法を採用）。植民地紛争が独立戦争へと転換するについて大きな影響力をもったトマス・ペインは、社会と政府とを区別することの必要を強調し、「社会は保護者であり、政府は処罰者である。……社会は、どんな状態においても、喜ぶべきものであるが、政府は、たとえ最良の状態においても、やむをえない悪にすぎない」[11]と述べたが、彼の「社会」は無秩序なものと想定されていないから、そこには非明示的にであれコモン・ローが含まれているとの想定があるのではないだろうか。

　明示的な立法がないのに法があるとされ、それに基づく裁判などが行われている場合、それをすべて「自然法」と呼ぶのは、誤解をまねく用語法であると思う[12]。明示的な立法しか目に入らない理論家には理解できないかもしれないが、そこに法₀はある。これは言語に似ている。それぞれの異なる言語を構成するルールは異なるから、「人間語」があるわけではなく人間にアプリオリな言語はないのだが、だからといって個々の言語を構成するルールを創った言語ルール制定権力がどこかにあるわけでもない。それぞれの言語はそれぞれの経緯を経て慣習的に発達し、現在相互に異なる形で成立している[13]からである。

---

(10) たとえば、1971年に根抵当についての規定群が民法に追加される以前から、物件法定主義にもかかわらず、根抵当は実務で実行されており、民法典の改訂は、それを追認・整理することによって実現した。また、各種譲渡担保については、現在も判例法により処理されている。
(11) 小松春雄訳『コモン・センス』（岩波文庫、1953年）p. 15。
(12) 法実証主義者による別の解決策は、判例法は裁判官立法なのだ、というものである。しかしでは、なぜ裁判官に立法権があるのだろうか。これはいかなる上位の法によって「授権」されているのだろうか。
(13) 異なる言語の背後に統一生成文法があるとするチョムスキーの説はあるが、そのようなメカニズムがたとえあるとしても、それを対象として人間が語ることができるのか、には大いに疑問がある。もし語れれば、その瞬間に人間言語は別のものになっているか

ただこれらを「自然言語」と呼ぶような意味でなら、「自然法」も成立することは可能であるから、それについて語ることもできるだろう。ただこれは、実証主義者が嘲りの対象とする意味の（人間の「自然」から論理的に導かれるような）自然法ではないから、グローバルな妥当性ももたないだろう。

　結論としてこの場合、人々がなぜ法に従うのかの説明を、法制定権力の正統性や権威の問題に還元することは誤りであるように思われる。むしろ社会契約説のような自由主義的な国家論が前提している論理は逆であって、政治権力はこのような法。つまり自由の法（または、個々人の権利の制度的基礎）を確保するという役割を果たす場合に正当化され、権威をもつと考えられるのである。アメリカ憲法以来世界に普及する立憲主義は、基本的に自由主義の原理である。そこでは、人権または自然権をもつ人々が社会の中で自由な秩序を形成してゆけることを前提にし、それを補助することが政府の役割だとされている。そして政府の活動がこの範囲を超えないように、権力分立を中心にした工夫が凝らされている。上記のペインの議論のように、政府の活動の目的となる「社会」の中には、暗黙にかもしれないが法。が含まれている。つまりこの法。は、憲法が保護するべきものの一部として想定されているのであって、そこで成立する「立法権」の決定によって任意に与奪したり、根本的に変更したりすることのできるものとは考えられていないのである。憲法における人権または自然権の保証規定は、このことを別の形で表現していると考えることも可能である。

　それでも、上記のように法。（そして結局「人権」）は、人間に普遍的なものではない。これは自由主義という原理が、人間が普遍的に採用するものでないことと軌を一にする。法。によらない秩序構成ルールにしたがって社会と国家を形成する人間たちは、現在も歴史的にも多く存在する。だから「法の支配」の語は、他でもありうるうちの一つである特定の統治形態を指し、他を批判するために援用可能なのである（「この国には法の支配はない」など）。もちろんこの場合の「法」は、法。のことである。

第4節　法の権威

　このように論じてくればやっと、民主主義の権威と法＝法。の権威とは別のものである、と述べるための準備が整う。民主主義は、必要な場合に法。をよ

もしれない。

り円滑なものに改訂したり，システム全体の中の他の部分から要請されるピースを$法_0$の特定部分に付け加えたりするための決定を行う権威をもつことができる。それを行う者は，君主であったり学者団（イスラムにおけるシャリアの場合のように）であったりすることもできるが，現代の政治環境の下で，議会が相対的にこの役割にもっとも相応しいことは明らかだから，である[14]。それにもかかわらず，私の想定するモデルの中では，人々が法に従うのはそれが$法_0$だから，なのであって，その全体が民主主義によって権威を与えられた立法の過程によって生み出されたから，ではない。$法_0$に関する限り，立法は前述のように1800年前後まで行われなかった。もし$法_0$の権威が立法機関のもつ権威に従属するのであれば，この時代以前の$法_0$の権威は，これとはまったく別の理論によって説明されねばならないことになってしまう。それならその前と後では，「法」の意味そのものが異なるといわねばならない。ちなみに議会が制定する$法_1$は，もちろんこの時代以降にしか成立しない。しかし人間は，1800年頃（ドイツでは1900年頃）に，同じ「法」と呼ばれるものでもまったく異なるものについて，その新たな権威を認めてそれに対する「遵法」を行うようになったのだろうか。法の権威を立法の権威に解消するというなら，このばかげた結論が避けられないように思われる。実際の関係は逆であって，元々人々がもっている$法_0$への敬意と遵守への傾向を前提にしながら，$法_0$の意味を残したまま$法_1$を「法」と呼ぶことで，民主主義的な集合的意志決定機関としての権威を超える「立法機関」としての権威を議会が僭称することになった，というのが実態なのではないだろうか。

第5節　価値多様性下の自律と代表制民主主義

　民主主義は，集合的決定を行うための方法の一つである。そこでは不可避的に少数派問題が発生し，横濱会員報告は，この点に多くの配慮を費やしている。この論点の重要性は認める。しかし自律の価値を認めるなら，集合的決定による部分をミニマイズし，各人が個人として決定できる事項を最大化するのが，正しい方針ではないだろうか。これを可能にするものこそ，$法_0$なのであり，

---

[14]　前述のように議会は，予算案や決算案の可決，開戦や終戦の決議，その他行政府の具体的決定についての承認や否認，行政担当者の選任と解任など，$法_0$とは異なる事項について議案の決議を行う。そして迷惑至極にも，これらの議案を可決したものの一部を「法」（もちろん$法_1$）と呼ぶのである。

第Ⅱ部／第9章　法の権威を立法の権威に解消することの愚かさ

だからこそ人々は，それの制定者如何に関わらず，それを尊重しそれに従うのである。そうして，やむをえず残った集合的決定が不可避の事項についてだけ，民主主義で決定すればよい。

　私は，集合的決定について自律を問題にすることには懐疑的である。代表制民主主義で国民は，数年に一度投票するが，選択肢はごく限られており，多くの矛盾（その政党を支持する異なる社会階層の異なる利益に配慮した）を含む少数の政策パッケージの中から選べるだけである。しかもたとえ自分の選択した政党が与党になっても，選挙後に連立政権を構成するために，もっと深い矛盾を含む他の政党の政策パッケージとの融合を飲まされる。支持政党が破れた場合はなおさらであり，このような投票を「自律」の行為と呼ぶことは，言葉への暴力または侮辱ではないだろうか。むしろ，「代表者」とされている議員たちは，実はローマの元老院にも似て，一般の人々が近づけない権力への接近を手に入れた貴族たちではないのか。その証拠に，真の「代表」なら，代表する側が代表される側にサービスを提供するのだから，選挙民が議員に感謝を表明すべきなのに，選挙では逆向きの「お願い」が連呼され，勝者は選挙民への感謝ばかり述べる。候補者が選挙人に「お願い」して議員の地位を手に入れる助力をしてもらい，特権的な議員の地位を手に入れるためのお祭りが選挙だ，と考えた方が，実態に近い（だから，現行の候補者の行動で正しい）のではないか。まあ，そのお礼に一定の利益還元（キックバック）が投票者に，それもパトロン層に優遇的に与えられる（米国の圧力団体はこれをうまく利用している）のだが。もし「自律」の語をまともに使いたいなら，その語は個人的文脈での使用に限られるべきである。そしてどうしても集合的決定によらねばならない事項を限定し，「民主主義的意志決定」はそこでの堕落的な「自律もどき」と考えるべきであろう。もちろん，集合的決定であるにもかかわらず代表制民主主義の中に自己をアイデンティファイし，「自己」決定としてそれを承認することができるような状況として，相対的によりよい環境はあるだろう。特に，一般の選挙民がある種の政治マニアであるような場合はそうであろう。個人的決定には興味がなく，集合的決定に参加することこそが，その人にとっての大きな生きる意味を構成する，といった人々の場合（代表制ではなく直接民主制だが，「アテナイ（またはルソー）モデル」というべきか）などである。ただ，各種選挙の投票率が低下しつつある現在の日本の状況が，これからほど遠いことはまちがいがない。

　「批判的民主主義」として，選挙で勝利した政党に比較的大きな決定権限を

第5節　価値多様性下の自律と代表制民主主義

付与するとともに，政権運営の結果にたいして責任を問う，そのために選挙を行うのだ，といった議論も行われている[15]。民主主義のモデルとして単純な国民意識反映論よりはよいかもしれないが，実際の歴史の中での経験からすれば，たとえ政策の失敗が明らかであっても，それが誰のどの判断のせいなのかを確定することは絶望的に困難である場合が多い。独裁体制での例だが，ウクライナなどでジェノサイドを行ったスターリン[16]，大躍進運動において数年のうちに3000万人以上を餓死させた毛沢東[17]などの責任が，いまだに当該の国内でも広く理解されているかは疑問である。社会主義の初期には，隠しようのない経済的失敗が（本来責任を負うべき社会主義経済体制のせいではなく）一部のグループのサボタージュのせいだとされて，実際には多くの政治的反対グループが処刑される，などということが頻発した。民主主義下でも，学校教育を含む多くの場における組織的プロパガンダや様々な偏向報道に抗して，特定の政策や方針を失敗であったと冷静かつ公平に認定することがそもそも困難であることに加えて，誰がそれにアカウンタブルかを一義的に判定すること，そしてその判断を選挙民が広く共有することなど，私には絵空事に思われる。そしてそんなことなどなくとも些細なことが原因となって，もしくは単に政権党が飽きられて，選挙民が別の政党に乗り換える，ということも多いに違いない。われわれは代表制民主主義について，「立法機関」という尊称（または僭称）に幻惑されることなく，その現実に目を向けるべきではないだろうか。

---

(15) 本統一テーマでの議論においても，いくつかの著書でこの議論を展開している井上達夫会員の発言があった。
(16) N.M. ネイマーク『スターリンのジェノサイド』根岸隆夫訳（みすず書房，2012年），および，R. コンクエスト『悲しみの収穫　ウクライナ大飢饉』白石治朗訳（恵雅堂出版，2007年）などを参照。
(17) 楊継縄『毛沢東　大躍進秘録』伊藤・田口・多田訳（文藝春秋，2012年）参照。

第10章　検察と政治を考える
―― 検察官は東山の金さんでいいのか

第1節　「検察ファッショ」？

　かつてはわが国の公的観点を他のどの集団よりも一身に体現し，国家の屋台骨を支えていると内外から信頼されていたのは，日本の官僚たちであった（「日本の政治はダメだが官僚組織は優秀だ」）。彼らは本当に優秀なのかダメなのか，最近その評価が天から地に墜ちている。槍玉に挙げられる役所が今や霞ヶ関の本丸大蔵省へと及ぶにいたって，隔世の感すらある。その背景として，金融ビッグバンにからんで，従来同省が指揮してきた「護送船団方式」といわれる金融行政の是非またはその責任の問題がある。さらに，全般的な行政改革が現実の視野に入っている現在，従来の行政を中心的に担ってきた大蔵省への評価が，避けて通れない前提問題にもなっている。われわれは，これまでのやり方のどこに問題があったのかを検討することなしに，あるべき未来の行政組織とそのあり方の像を描くことができない。もっとはっきり言えば，過去のやり方を悪だと言わない限り，これまで巨大な力をもってきた組織の大規模変革へと向かう国民の合意なり雰囲気なりを生み出すことは難しいのである。しかし，その役割を検察が担うのは正しいのか。

　金融・財政改革，規制緩和は今現在の公的な政治課題である。しかし，その時々に政治的な焦点を当てられ行政上の責任を問われる当該の官庁を担う高級官僚たちが，まるでタイミングをあわせたように，私的なレベルでの汚職またはそれに類する綱紀のたるみを発見され，刑事的な捜査や起訴の対象になるというのは，あまりにも話がうますぎるのではないか。「誤った権力行使を行う者は私的にも堕落している。」背後に見えかくれするこの論理または想定は，旧ソ連のブハーリン裁判（その他の技師などの裁判）にも若干似ているかもしれない。そしてこの話の作り方には検察の意図が働いているのではないか。本来検察は，この種の短期的な政治課題に対応して動くべきものなのか。それならもし将来，郵便貯金制度を抜本改正するときには郵政省の官僚の犯罪が暴かれ，農協が改革の対象になる時には農水省の官僚の逮捕劇が繰り広げられるというのだろうか……。このように議論を進めるなら，西部邁氏などがこれを「検察

ファッショ」（どちらかといえば「検察スターリニズム」かもしれないが）と規定して問題にすることにも，一定の道理があるように思われるのである。

　右のような現在の文脈の中で，政治との関係で検察の位置と役割について一般的に検討してみたい。

第2節　検察と権力

　以下にはまず，日本の検察が法理論的な観点からしてかかえている基本問題を述べる。しかしはじめに断っておけば，私は，日本が西欧と比べても犯罪の非常に少ない社会であること，それがあるいは日本的な警察・検察の活動のあり方と連動しているのかもしれないこと，を認める。ただこれは，警察・検察の活動の直接の結果またはそのお陰でそうなっているとはかぎらない。むしろ犯罪抑止の面での日本社会の総合的機能の高さがまずあって，それを可能にする社会システムの一端を警察・検察も担っている，ということだろう。貧困者層が少ないという経済的好条件もあるし，民族対立・宗教対立などの悪条件から日本社会が免れている，という幸運な政治的環境もあるだろう。そしてこのシステムの基礎を構成しているもっと文化的な諸条件ということになれば，その分析はもっとやっかいになるだろう。しかしいずれにせよ，犯罪抑止という本来の存在目的からして，日本の警察・検察の成績は，国際的に見てもきわめて高いのである。公平のために，この点をまず確認しておこう。

　次に，日本の法・裁判・検察に関する教科書的な事実を見よう。江戸時代までの日本の裁判は，「大岡越前」や「遠山の金さん」型のもので，裁判官と検察官の役割を同じ人間が担っていた。金さんは一人二役だから少し変型だが，町人として悪の摘発もやるし，奉行としてその裁きもつける（そして裁判で証人の役割もする）のである。この，裁く者と裁かれる者の垂直的な二者関係によって捜査と裁判が連続して行われる方式は，西欧でも行われていた時代があり，糾問主義と呼ばれる。しかしこの方式では，裁判官＝検察官が捜査の誤りを自分で認める以外，被疑者・被告人は救われず，その立場が圧倒的に不利になる。これに対して近代的な刑事裁判の方式は，弾劾主義と呼ばれるものである。そこでは裁判官は基本的に，民事事件と同じように，捜査・起訴の主体である検察官から独立して中立の立場に立ち，検察官によって提起された被疑事実の存否を，被告人側の反論と比較して判定する。検察官と被告人は，一応対等の立場に立って，審判員の前で争うゲームのプレーヤーといった形に近く

第2節　検察と権力

　現在の日本の法制度も，特に第二次大戦後の刑事訴訟法の全面改正によって，この原則をほぼ完全に実現している。それにもかかわらず日本の刑事手続の実態は，今でも糾問主義に近い面があるとして批判されることが多い。その主な原因は，裁判官の側にあるのではなく検察官の側にある。これには，有罪の証拠があっても起訴をする義務が検察にはないという「起訴便宜主義」の影響が大きい。この結果検察は，確実に有罪にできる場合以外は「起訴猶予」にして，事件を起訴しないのである。だから，日本の刑事訴訟においては，有罪率が極端に高い（1996年の司法統計では，一般事件の第一審で地裁・簡裁含めて有罪64,421件に対して無罪54件，有罪率99.92パーセントである）。だから日本では，起訴されたらほとんど有罪と考えて間違いない。アメリカ映画のように，優秀な弁護士が裁判で無罪を勝ち取る，という可能性も，わが国ではほとんどないのである。
　検察官は起訴してもしなくてもよく起訴したらほとんど100パーセント有罪，というのであるから，被疑者の命運は実質的に検察官がにぎっていることになる。こうして刑事裁判は形骸化し，刑事弁護の仕事はかなり「空しい」ものになる。そしてそのことは，被疑者本人にも一般によく理解されているから，慣れた者ほど，検察官の機嫌を損ねないように捜査段階から気を配るのである。結論を言おう。日本では刑事事件について，検察官の権力が実質的に非常に大きい。そしてこれは，検察の起訴しないという権限を通して主に実現されているのである。行使できない権力は権力でないが，行使されない権力は（その気になればいつでも行使できる，という形で）膨張するのである。こうして糾問主義的な関係は，裁判官と被告人との間ではなく，検察官と（潜在的）被疑者との間で，現代でも依然として生きているといわねばならない。つまり，日本の検察官はこの意味で「遠山の金さん」なのであり，そして日本人は多分金さん的存在が好きなのだ。「外国と違い，日本の検察は情がありますからね。」この種の誉め方が，検察内部だけでなく，刑事裁判に詳しい弁護士や裁判官からさえなされるのを耳にしたことがある。四角四面に法を適用するのではなく，融通がきいて実も蓋もあり，人情も通じるわれらのヒーロー……。そういえば，一時（私が司法研修所に所属した1970年代）と違って反権力志向が弱まっている最近の司法修習生の間では，検察志望者がかなり増えているらしい。
　私は，実際に検察の権限がいつも恣意的に発動されている，と言いたいわけではない。検察官の間では，事件処理の全国的な統一化をはかるための内部的

なチェック制度が機能していて，普通，同じ事件は可能な限り同じに処理するための努力が払われている。これがまったく機能しないと，正義の外形自体が崩壊することになるだろうが，そんな実態はないのである。しかしそれは，あくまで内部規律の結果であるにすぎず，制度的には上記のような構造が維持されている。検察審査会による外部からのチェックはあるが，それには捜査のための下部機構がないこともあって，実質的機能はごく限られている。

　スターリニズム下その他の政治裁判では，本来刑事問題でない政治上の争いを刑事事件の形にして反対派を弾圧した。これらは要するに「でっち上げ」裁判であり，実質的には政治的対立がそこでの唯一の罪状であった。しかし日本の検察のかかえる問題はどうもその逆であって，（形式的に）違法な事実を見逃すこと，それも法に従ってそうできることが，検察に絶大な権力を与える点にある。そして検察は，必要な場合だけ本来の捜査・起訴の権限を行使する。もちろん，何がその「必要な場合」かを具体的場面で判断する権限が検察にあることが，その権力の本体である。現在の問題との関連では，なぜ今大蔵官僚が捜査・起訴されるのか，をわれわれが問うことはできる。しかしこの問は，検察の権限行使内容の適切性を問うのみで，権限自体の是非を問うものではない。だから，検察の権力に関わる根本問題を改善しようというならわれわれは，むしろなぜこれまで他の汚職が見逃されてきたのか，を問わねばならないのである。

第3節　法の支配——信じる者は救われる？

　法学入門の教科書にはいつも出てくるように，わが国には，明治時代に訳語として登場するまで「権利」という言葉はなかった。一方，「法」の言葉・観念は，「定法」「お触れ」「法度」「律令」などの形で古くから存在したし，中国の「法家思想」も，知識人には理解されていたはずである。しかし法と権利は，西欧の歴史では一体となっており，ドイツ語で「レヒト」と言えば，法でもあるし権利でもある。実際私がかつて法律家でないドイツ人にたずねてみたところ，その女性はこの語を「どちらか一方に限定して使ってはいない」と言っていた。彼女には，法と権利を一つにした観念が，自然なものとして理解できるらしい。この，人間をルールの前に平等に置くとともに，それとの関連で人に権利を保証するようなタイプの法を「法＝権利」と呼ぶことにしよう。そうすると，権利の観念の希薄な日本人に馴染みのあった「法」の観念は，これと

第3節 法の支配

は異なっていることになる。さしずめそれは，「法＝統治」とでもいうべきものだろう。敢えて言えば，元々「レヒト」などの西洋の語の訳語に，日本的な法＝統治を意味する「法」を使ったこと自体が誤りだったともいえる。戦後アメリカ流の憲法導入とともに「権利」は声高に叫ばれるようになった。しかしその場合の権利は，一体となった法＝権利のうち，前半部分を切り離した後半部分のみ（「権利」のかけ声）となる傾向があるように思う。例えば，『権利のための闘争』が，原語では『法のための闘争』と同じものなのだ，といわれて，意外に思う人が多いのではないだろうか。現在，（自分の）権利のために闘う用意のある日本人は多いだろうが，彼らは（社会の）法のために闘う用意ももっているのだろうか。

大学の法学部では，遠山の金さんはいけない，と教える。その対極にある理念は「法の支配」と呼ばれるものであり，人が支配するのではなく法が支配するのだ，という政治のあり方についての理想である。その下ではどんな権力者も庶民も，それらを等しく律する非人格的なルールの体系である法に従わねばならない。そしてもちろんここでの「法」は，垂直的な法＝統治ではなく水平的な法＝権利である。

しかし，人よりも上にあって人を支配する法，などというものがいかにして可能なのか。それだって誰かが作ったものじゃないのか。こう考える人がいても当然である。ただ，多くの人々が信じていることによって存在するにいたるもの，というものが社会には多くある。貴重な切手やベースボール・カードがもつ「価値」などはこのようなものの典型である。しかしもっと一般的に，社会的価値はそれがあると多くの人が信じることによって存在するにいたる。信頼関係などというものも，双方がそれの存在を信じることによって生み出される。だから法も結局は，大半の人々がそのようなものが存在しているのだと信じ，その信念に従って現実に行動するから，この世界で力をもつのだ，といっても，別に不思議はない（紙に書かれた法典は，人が信じる対象の内容を確定する一つの手段にすぎない）。もし社会の全構成員が一致して，これまで信じてきたことを「私は信じない」と本気で宣言するなら，スターや天皇はただの人になり，貨幣は価値を失い，神仏は失せ，言葉は意味を失うだろう。そして法（法＝権利であろうと法＝統治であろうと）も同様なのである。もちろんこれは悪い冗談であって，そこに残るものは社会そのものの無惨な破滅である。

法の支配を徹底したとき，社会の法は自然法則に近づく。崖から落ちた人が死ぬのは引力のためだ，とも言えるが，だからといってわれわれは引力を責め

たりはしない。不注意か自殺か不運か、いずれにせよそれは彼の問題なのである。引力の法則性を理解する人は、自分の方でそれに対応して行動することが普通できるから、不運の問題は残るとしても、この扱いにはそれなりの理由がある。もちろん、引力は変えようがないが、法については立法機関による現行法の修正が可能だから、法の制定の場面、つまり立法論のレベルでは、話が異なる。しかし（立法なり裁判なりで）一旦内容の確定された法の執行の場面では、地球の引力のように、すべての事例に等しく適用することが、法の理想となる。そして刑事の場面でこれを確保することが、検察本来の仕事なのである。

この文脈で現在の問題を見るなら、汚職禁止に関する現行法上のルールについて一定の解釈が確定したら、検察はそれに従って、律儀にすべての汚職を等しく捜査する努力をせねばならない、ということになるだろう。

第4節　検察の政治

引力は人間の努力と無関係に働くが、法はそうでないから、均一の適用には努力が必要である。だから「法のための闘争」がいつも不可欠なのである。民事事件では、私人が自分の「権利」のためにこの努力を行う（だから、訴訟を提起する人は私利の追求と公的な貢献とを同時に行っている——これが法＝権利である——）。そして刑事事件では、警察・検察が職務としてこの努力を行う。しかし努力の結果はやり方によって差が出るから、そこで「政治」が必要になる。「（妨害勢力や障碍・不能率に抗して）法の実現のために政治力を駆使する」という関係は、この場面で法と政治の間をつなぐ唯一まっとうな関係であるように思われる。切れ者が検事になる場合とそうでない場合とで、犯罪捜査を含む法の支配の実効性は当然変わってくる。知られているように、アメリカでは若く野心的な法律家たちが名声を得て政治家へと飛躍するステップとして、検察官を志望する場合が多い。現ニューヨーク市長のジュリアーニ氏なども、このルートによる成功の代表例である。

しかし、検察官として活躍することが政治家になるチャンスを生み出すためには、その活躍を評価しその手腕に拍手喝采するような価値観が、下地として国民＝選挙民の中になければならない。一般に民主主義の下で、現実の法と政治が法の支配の理想に近づいてゆくには、法律家や官僚の中だけでなく、一般の人々の中にそれに対応する価値観がなければならない。しかし、「遠山の金さん」に拍手喝采することと、法の執行に活躍する有能な本来の「検察官」

に拍手喝采することの区別をつけることは，容易なことだろうか。現在の検察による大蔵官僚の捜査に対しては，それなりの支持が国民の中にあるようだが，私がもっとも気になるのは，まさにこの点である。

第5節　他の問題──情報リークは悪なのか

　紙数がそろそろなくなったが，西部氏が強調することで一つわからないことがあるので述べておく。なぜ検察情報の（意図的）リークが，それ自体としてそれほど問題なのだろうか。情報リークが，被疑者のプライヴァシーなどの権利を侵害する場合（神戸事件の調書公表について，松原隆一郎氏が被害者のそれを問題にしている記事を目にした）や，国家機密を危うくする場合などはもちろん許されないが，（新井将敬氏の場合を含む）逮捕予告や捜査の進展具合に関わる情報をもらすにすぎないなら，それが許されない理由は，私には思い当たらない。大蔵官僚が接待を受けて銀行に調査の日をもらすのとこれはまったく別のことに思われる。大蔵の例は公務を阻害するものだが，検察の場合はそれを促進するからである。もちろんマスコミには，公式・非公式を問わず「大本営発表」の真偽を独自に評価する義務がある。しかしこのマスコミの抵抗力を前提にして，政府を含む様々な人・団体・機関が，自分の望む情報を流してもらおうとしてマスコミに接近するのは，マスコミの存在意義からして当然なのではないだろうか。もし検察がいつも確実にこれに成功するというなら，その原因をこそわれわれは問題にせねばならない。なぜわが国では検察は，対マスコミを含めて自分の意図を自由に通せるのか。これに代わるべき状態とは，いかなるものなのか。われわれは，無謬性を期待されることで肥大した検察権力が誤って行使されることを恐れるよりもむしろ，その誤りの可能性をはじめから組み込むような，権力の制限措置を考えるべきなのである。

第Ⅲ部
法と哲学
——その2　評価・応答・論争

第11章　明晰さの探求は成ったか
――碧海先生の哲学世界とその外部

第1節　否定される種類の哲学

　碧海哲学の痛快さは，その勇敢な偶像破壊にある。破壊される偶像は，世界観哲学であり，世界史的予言を与える歴史主義であり，価値に関する自然主義である。これは，広い類型に属する哲学にたいする一般的な否定である。そして，否定されるものの中に，大応援団を従えるヘーゲルと，当時政治状況との関連でより深刻な対立の渦中にいたマルクスが含まれることで，碧海理論は人々による毀誉褒貶の的となった。この否定において依拠されるのは何らかの「科学」像であり，そこで支持される立場は（現代）合理主義[1]である。

　「宇宙の本体」「存在の意義」「善の本質」（を問うような）……哲学においては，……あるのはただ体系の交替にすぎない。時代的に後に来る体系がその前の体系よりすぐれているかどうかは，……誰にもわからない[2]。(1954年)

　この文章の逆が期待されている哲学であるから，それは，「後に来る体系は前の体系の誤りを証明し，より優れていることが他の者にもわかる」ような哲学である。ちなみに自然科学においては，新旧の理論間ではほぼこの「進歩」の関係が成立している。たとえば，日経サイエンス誌には毎号「サイエンス考古学」という欄に，50年前，100年前，150年前のサイエンティフィック・アメリカン誌に載った記事が抜粋・紹介されるが，どれも内容は古色蒼然というしかない。たとえ高校生用であっても現代の理科教科書を50年前の先端科学者たちが見たら，その進歩に驚嘆するとともに，内容上それと矛盾する部分では自分の説の誤りを，嫌々かもしれないが認めるであろう。もちろん問題は哲学において，そんな明晰な進歩主義的教科書を作ることが一体可能なのか，にある。ただその成功如何は不明でも，それを目標に掲げて探求することはできるだろう。以下本稿では，未完の明晰性探求プロジェクトとして碧海哲学を捉え

---

(1) 現代合理主義は，理性の限界を自覚する点で，啓蒙時代の古き合理主義と異なる，というのが『合理主義の復権』（木鐸社，1973年）における碧海の説明である。
(2) 『法哲学論集』（木鐸社，1981年）p. 10-11。

てみたい。

ちなみに不明晰な理論に対する碧海の拒否は、たとえば以下のような文章に表れる。

> 哲学者を「単なる」科学者から区別するところのものはかれが「宇宙の根本問題」を「直感」、「理性」その他一種玄妙不可思議な認識能力をもって、把握し解決するところにある、とされた。……科学の暫定的代用物（としての役割はあったかもしれない）……。しかし、十九世紀以降のこのような大げさな体系は、人知をおくらせこそすれ（益はない）……。この種の形而上学的体系のもっとも不幸な、もっともグロテスクな例として、論理実証主義者はヘーゲルの体系をよくひきあいに出す[3]。(1956年)

第2節　否定のための理論的基礎とその変遷

この否定を行う際の理論的基礎として碧海が最初に採用したのは、M. シュリックらウィーン学団の論理実証主義であった。この立場は哲学の焦点を言語論にシフトする。そして命題が意味をもつ場合を限定することで、その限定の外にある命題を「無意味」として否定する。それらは形而上学的命題であって、真でも偽でもありえない。真偽を問題にできるのは、論理的整合性が問える分析命題と、経験との対応を問える経験命題のみだ、というのがもっとも単純化した場合のそのテーゼである。命題の有意味性基準としての検証可能性テーゼ、と言われるものである。

この点をもっとも簡潔明快に述べた論理実証主義の教科書ともいうべき A. J. エアー『言語・真理・論理』は、碧海論文でも引用されている。しかし、初版を1936年に26歳で出版したエアーはこの本の1946年版の序文ですでに、「この本が扱っている様々な問題が、どの点でもこの本が言っているほど単純だというわけでないことを、この10年の間に私は理解するようになった」[4]という趣旨の留保を加えている。

私は、「検証」と訳される verify は字義通り「真化」と訳した方がよい、と考えている。そうすると verifiability は「真化可能性」になる。つまり、経験命題は、何らかの経験によって真にされうるのでなければ無意味なのである。

---

(3)　同書、p. 68。
(4)　A. J. Ayer, *Language, Truth and Logic*, 1975 (1946), Pelican Books, p. 7.

第2節 否定のための理論的基礎とその変遷

ではそれは，どんな経験によってなのか。考えてみると，命題Pにかかわる経験E_Pは命題ではないから，それが直接Pを真にすることはできない。それを命題化したものは，経験を語る命題にすぎないから，やはりそこからPを演繹することはできない（Pを経験したという報告は，Pであるということとは異なる）。それ以上に，一般に科学法則は普遍言明または全称命題として表現されるが，それを有限個の経験で真にすることなどできるはずもない。これはヒュームやポパーが問題にする点である。そうすると，科学に依拠しようとして出発した論理実証主義は，科学の成果である自然法則を表現する命題を形而上学として排除せねばならなくなってしまう。

その後碧海は，自分の立場を「論理経験主義」と呼んだりする時期を経て，最後には，論理実証主義に対する鋭い批判者でもあるポパーの哲学に拠り所を見いだすようになる。ポパーは批判的合理主義を唱えるから，一応合理主義者に属する。『開かれた社会とその敵』で，プラトン，ヘーゲル，マルクスを批判しており，元来の碧海の立場とよく整合する。ポパーは，当初科学方法論から出発し，帰納論理の不存在と反証可能性による科学と非科学の境界設定を中心に論じた。ただ，そこで科学法則に与えられる認識論上の地位は，反証（falsify：偽化）を免れている仮説，というだけのものであるから，真化はいつまでもなされない。それに法則仮説の反証は，occurrenceと区別されるeventに関する反証仮説の験証（corroboration）と一体として行われるので，帰納を完全になしに済ませているわけでもない[5]。またポパーは，発見仮説的な形での形而上学の意義は認めるから，反証可能性がないものでも捨てられるとはかぎらない。むしろその方法論上の意味は後期の進化論的認識論においてより明確になるように，批判的な場において仮説が生き残り進化してゆくプロセスの確保を重視するが，前期のようにプロセスと独立に批判（反証）可能性を論じることは少なくなってゆく。政治的・道徳的・価値的イシューの解決を想定するなら，そうでしかあり得ないだろう。ポパー自身は合理主義的な肌合いの人物だが，上記のようなポパー哲学自体の枠組みは，私の考えでは，伝統主義やある種の保守主義とも親和的でありうる。

---

(5) 本書第19章参照。

第3節　実証主義と教養

　結論として，碧海の明晰性探求プロジェクトは未完であって，科学方法論または認識論（エピステモロジー）という刀で敵を切ろうとして危うく自分（自然科学）の首を落としそうになり，首を救えるだけの穏健な竹刀にすると，それでは敵との戦いにほとんど使えない，といった経緯をたどった気味がある。多分これは，方法論一般に言えることなのだと思う。この種の理論は大きすぎて切れすぎるか，なまくらで役に立たないか，どちらかなのである。

　実証主義または啓蒙主義の枠組みを鵜呑みにして，物理学などの自然科学をモデルにして哲学を学ぼうとする哲学入門者たちは，大幅な手抜きができることになる。物理学教科書が長い伝統をもつ占星術や錬金術を教えないように，哲学教科書は誤った哲学理論をすべて省略して正しい（というか批判にさらされながら生き残っている）と想定される哲学理論のみを教えればよいことになるだろうからである。しかしこれは哲学または思想の貧困化であり，現在どの哲学が生き残っているのか自体が，論争的な大論点である。だからここで必要なものは，「正しい」理論だけを集めた論点集なのではなく，矛盾する立場を包摂する際限のない教養である。哲学者碧海の実際の魅力は，実証主義がばっさりと切り捨てたはずの形而上学を含む深い教養を，彼が豊かに保持していたところにある，と私は考える。たとえば，ヘーゲルの（不必要と思われる）難解さ，をめぐる某教授との論争の際も，碧海はドイツ語のパッセージを直ちに暗唱して見せて，「ではこれはどういう意味でしょう」と問うのであった。相手の答えは「書いてあるとおりです」という愚かなものだったが．

第12章　常識を疑うための異形の入門書
——亀本洋著『法哲学』[1]

　異色の教科書であるが，感銘を受けた。哲学と区別される意味の科学または科学風の教科書は，当該分野の既存の知識を要約して初学者に伝えることを目的としているので，できるだけ入門部分を要領よく済ませて，少しでも多く先端的な知識を盛り込もうと努力するものである。そして後者の部分が豊かなほど，学生をより専門的な領域へと導く高級な教科書とみなされることになる。せっかちな学生たちはその後，入門部分はあらかた忘れて，業績を出すことのできる先端研究へと飛び込むことが多い。またその種の科学風教科書では，獲得された知識の内容を伝えることのみが問題だから，思想史的な部分を余計なものとして普通は省略する。たとえば，ケプラーの奇怪なアイデアがあふれたその著書のことを述べなくとも「ケプラーの法則」は，彼の神秘主義と切り離して数式で簡明に説明できるし，ケプラーの科学に対する貢献はその種の部分のみだと考えられているからである。

　しかし本書で亀本は，古典を長々と引用しながら，各項目での思考を始めるための第一歩目を延々と論じる。法哲学は哲学であるから，思想史（というか，特定の分野を切り開くことになったパラダイム的文書）なしに教えることは危険だ，初学者が出発点で，ジャーナリズムや論壇が提供する常識に含まれる誤解やナイーブな無知をそのままにして先に進んでも，後になってそれを訂正する機会は必ずしも多くない，と考えているからであろう。つまり，亀本が初学者に教えたいことは，世間や論壇の常識からはかなり遠いことなのである。多分本書全体の半分以上の字数を占める膨大な引用部分は，米国などでよく使われる，大学院生を訓練するための古典抜粋論集（アンソロジー）の趣ももっている。各論点を自分が要約するのではなく原典のまま引用するという姿勢を貫く亀本は，「解釈」による情報減少を惜しんでいる。普通説明されるよりも原典はもっと鋭く，もっと豊かで，常識化されたものとは内容が大いに異なっている。かつて読んだ引用部分についても，本書でもう一度読んでみたが，再発見するものが多かった。

---

[1]　成文堂，2011年。

第Ⅲ部／第12章　常識を疑うための異形の入門書

　第1章はのっけから，内外の古典からの引用を並べながらまず，法哲学とは何かを論じる。詳細な注での記述を含めて，外国での扱いも論じられるので，簡単な法哲学史・比較法哲学，ともいえる内容である。日本での新カント派の影響を不幸なものとみなしている点（p. 17他），素人がもっている法の印象とは異なる玄人が見ている法を対象とする「専門法哲学」をめざしている点や，概論と区別される法哲学各論の不足を嘆いている点などに特徴がある。
　この専門法哲学への志向は第2章で，全部で80頁余を使って詳細に利息制限法についての変遷してゆく一連の判例と，そこで各裁判官が展開する議論を追うことにつながる。民法の分野から法的思考の例が採られている点も重要である。学生たちに実例を示しながら，亀本はその解説者の立場に立って，それぞれの裁判官が採用する技またはレトリックの出来不出来を評してみせる。あたかもスポーツ解説といった趣であるが，それ自体はどこからとってもよいはずの長い具体例を，細かく追うことを期待される学生たちの忍耐力が続くのか，少し心配になる。
　第3章ではこれを承けて概念的分析へと進む。法律関係として把握される人間関係が他の関係といかに異なるかを説明し，そこで使われる基本ターム（語彙）の相互関係を示し，義務論理学まで行く。分析法学の手法であり，ホーフェルド図式からサムナーとハートまでが，一部辛辣なコメントとともに概説されている。これは，前著『法的思考』（有斐閣，2006年）で展開された亀本の思索とも相関している。
　自然権と国家を扱う第4章も異色で，ノージックの最小国家論への言及がその大半を占める。導入部分でヴァージニア権利章典などアメリカの憲法文献が扱われるが，それと日本国憲法を比較して「日本国憲法前文は，……神抜き，かつ個人抜きで書かれているため，自然権に明示的に言及することもできず，……かなり理解しにくい……」（p. 161）とする。亀本に特徴的なシニカルな文章であるが，正しい指摘である。ノージックは，引用されている著書[2]を私が訳しているので，細部まで知っているはずだが，亀本のコメントを読んで改めて，ノージック国家論の礎石である自然権論が，いかに私法的な法概念に従っているかを再認識させられた。社団，委任，賠償にしろ，無主物先占，譲渡，権利回復（または時効）にしろ，これらは全部民法のタームである。ノージックの自然状態論は，それらとロック的なメタ権利である自然権を執行する権利

---

(2) 『アナーキー・国家・ユートピア』木鐸社，1985年。

とを利用して語られている。要するに一般に「自然権」の世界は民法（とそれを可能にする刑法と訴訟法）の世界なのである。私以上に亀本は，ノージックの私法的議論をまともに受け取って，同書で普通注目される第2・3部ではなく，最小国家の演繹を扱う第1部だけをほぼ対象に50頁弱を費やして，その内的整合性を問題にしている。特に，保護協会に自発的に参加しない独立人の扱いに焦点があてられる。この部分はノージックの原典以上に法的で細かい議論だとすら言えるだろう。しかし同時に，国家自体が（第2部での財の再分配の文脈と独立に）自然権を侵害する——要するに悪をなす——可能性をノージックが考慮から落している点にも，批判的に言及する（pp. 207-209）。

　第5章は「政府の役割」というタイトルがついているが，やはりテーマは私法もしくはその限界としての社会法に属する。ここではアメリカの連邦最高裁が，製パン業での労働時間制限を規定したニューヨーク州法を違憲として退けた，20世紀初頭のロックナー事件が中心に取り上げられる。その判決理由と，それに対するハーランとホームズ両判事の反対意見を，10頁以上にわたって解説なしにほぼそのまま引用しながら，公的介入の是非に関する法律家の意見対立を分析する。ニューディール期以前の判例なので，多数意見はデュープロセスを重視して契約の自由を擁護する。そこでは製パン業は，労働者の健康のために国家が介入して労働時間を制限する必要が特にある職種だと認められなかった。しかし反対意見は州の警察権を根拠にして，公権力による契約の自由への介入を認める。ただ亀本は例によって，後にニューディール期に社会立法一般の合憲性を認める方向に転じる連邦最高裁判例の歴史的流れよりもむしろ，直接には対立する個々の主張が採用している議論自体に着目する。その後，国家の役割を論じて，社会主義と福祉国家が説明されるが，その文脈で，この方向に批判的なハイエクの長文が引用されている点も特徴的である。

　第6章「市場と競争」は，経済学入門とでもいうべき内容を扱う。それも，経済学部でもそこまでやらないかもしれない初歩の初歩（たとえば「市場」とは何か）を，それら基本的なアイデアを切り開いた原典を引用しながら論じている。経済学では傍流とされがちなオーストリア学派のカール・メンガーが中心的に登場することからもわかるように，実はこの章には，現代経済学の基本部分に対する亀本の批判が込められてもいる。経済学入門が法哲学の教科書に置かれている例は，外国でもないはずだから，異例ではある。しかし法哲学において，法の機能を知ることは中心的課題の一つであるとともに他の議論のための必須の前提でもある。そして私法，特に財産法の機能の中心部分は市場で

第Ⅲ部／第12章　常識を疑うための異形の入門書

のそれにあるのだから，市場のメカニズムに対する基本的理解なしに法を扱うことの方が，むしろ奇妙なことだともいえる。かつて私は，規範にのみ着目する法学の態度を，「飛行機は空を飛ぶのだということを知らずに飛行機の運転をする」ようなものだ，と評したことがある（拙著『自生的秩序』木鐸社，1985年）。そして一般の法学部で提供されている経済学入門は，亀本から見て，この「飛行機はどのように飛ぶのか」の説明として適切ではない，と考えられている。その理由らしきものは，「普通の経済学において「市場」という言葉はなしですますことができる」(p. 279) という箇所などから推測できる。次の第7章で論じられるように，取引費用を無視する普通の経済学の中には，市場も競争も，そして法も，入るべき場所がないのである。

　市場を引き続いて論じる第7章は，かなり長い経済学的な準備作業の後にロナルド・コースの理論を取り上げる。本書の中でもっとも啓発的な章の一つだと私は考える。「法と経済学」での中心にあるコースの定理の意義は，代表的なリチャード・ポズナーの教科書などにおける理解とは丁度逆転して捉えられる。「市場において取引費用がなければ，権利関係（または裁判所の裁定）の如何にかかわらず効率的な資源配分が実現する」というコースの定理は，その字義どおり，法的解決の非重要性を述べていると解釈され，自由市場の効率性を強調する文脈で言及されることが多い。しかし例によって原典の引用を大量に行いながら亀本が強調するのは，現実世界には取引費用があるのだから，それをいかにしてミニマイズするのか，ということが人間社会にとっての最重要課題であり，法制度（その他慣習や道徳など）や「黒板」上ではなく現実のものとしての市場は，この文脈ではじめてその存在意義が経済学的に明らかになる，というものである。「コースの貢献はむしろ，現実には取引費用がかかる，それゆえ，コースの定理が成立しないことを強調した点にある。」(p. 395) こうして経済学は，法学（と規範的行動一般）を無用化するのではなく，むしろその必要性を論証するのである。取引費用の軽減という視点に立つなら，自由放任という政策の方が不効率になる可能性が，あらゆる場面で出てくる，というのが私の理解である。逆にいえば，取引費用を捨象した通常の経済学（それは入門レベルのみに留まらない）は，素朴に現実に適用された場合，立法政策や法解釈にたいして真逆の誤った示唆を与える危険性がある，ということである。取引費用軽減の方策は，個々のケースの具体的事情に依存するから，コースの定理はその実証研究の必要性を主張している，と考えられる。亀本はこれが元々のコースの主張であるとしており，私もそれが正しいと考える。「トート

ロジー的なことを言っただけでノーベル賞をもらった人」という私のコースのイメージは，（本書の元になったある学会での亀本報告によって）完全に変化させられた。むしろコースは，経済学が扱うモデルの非現実性という正しい主張によって大多数の経済学者から異端視されるに至った経済学者であり，実は法学の擁護者なのである。

　第8章は，アリストテレスの正義論を解説していて，本書の中ではもっとも普通の法思想史の教科書に近い部分である。詳細な引用で原文を読むと，正義の分類がまず適法的正義と均等的正義に分けられ，後者が配分的正義と矯正的正義に分けられることがわかる。新しい論点としては，シュンペーターのアリストテレス理解を紹介しながら，その自然価格＝公正価格論が，（スミスやマルクスにも見られる）内在的価値論を前提にするというより手続的な公正価格論なのだ，という理解が提示される。「近代経済学」の視点からアリストテレスを評価し直すわけであるが，亀本は，一般に経済学に疎い法哲学者の常識（のなさ）を変えたい，と考えているようである（p. 452）。

　分配の正義を論じる第9章ではまず，ヒュームのコンヴェンション論とハイエクの自生的秩序論からの正義論やノージックの権原理論を論じる。これらは（再）分配的正義の部分を含まない，所有秩序の安定などを中心とする古典的な正義論である。亀本が，ノージックの正義論が分配的正義ではなく手続的正義の理論だとする（p. 484）のは誤りとはいえないが，これは用語の問題にすぎない。ノージック自身は自分の権原理論を，「歴史的」なタイプの（分配的）正義の原理と分類している。その場合，個々の所持が獲得・移転・匡正の原理にかなっていて「歴史的に」正当であれば全体としての分配も正当なもの，とされるのであるから，亀本の「手続的」とノージックの「歴史的」は大体同じことである。ただ，これを「手続的」と呼ぶなら，民法その他もすべて「手続的」な正義を規定していることになるから，少し奇妙な用語となる。むしろ権原理論が，個々の財の所属の正当性を判定する原理（つまり民法的原理）と別に全体の分配の正当性を判定する原理を認めるべきではない，と主張している点に着目すべきである。つまりこれは，強制的な再分配を行うべきでないと主張する一つの分配的正義の原理なのであり，特に「非有機的」かつ「加法的」な特徴をもつ（分配的）正義の原理[3]として，他の分配的正義の原理と対比できる，といった点がきわめて重要である。だからこの原理の観点からして正義

---

(3)　注(2)の訳書 347-348 頁参照。

にかなった分配が実現している社会について，その中から任意のグループがその所持のまま他に移住しても，（異なる生活レベルにある）複数の社会が合併しても，結果として生じる社会は「財の分配が正義にかなっている」という条件を保持するのである。

　第9章では次に，社会的正義一般を否定するハイエクが引用された後，ハイエクの否定論が標的にしている「値（desert）に応じた分配」の可能性をあえて肯定する，D.ミラーの議論が検討される。亀本の議論の詳細から少し離れることを許していただければ，私の見解は次のとおりである。具体的戦闘において示された勇敢な行為が勝利に与えた貢献とか，新商品の開発によってあるプロジェクトチームが会社の好成績に与えた貢献とかがもつ「値（desert）」を語ることはまったく健全なことである。前者では戦勝品や獲得領土の分配，後者では会社の利益の分配という意図的な分配行為の場面が実際にあるのだから，そこでこの「値」を考慮することが可能だからである。だから，一般の人が理解できるような値の観念が当然に機能する場面は社会に多く存在する。問題は，市場経済を基礎にする社会全体での所得分配にたいしてそれを適用すべきか，またできるのか，である。ここでのハイエクの否定論の要点は，市場メカニズムにおける報酬が，時々の需要と供給のあり方を（事後的に）反映するものであり，それには上記のような値の観念が適用できない，ということにある。運の結果であろうと努力の結果であろうと，他より早く需要に対応した（創り出した）供給者は多くの報酬を得るが，その事実は情報として他に広まり，模倣が可能になる。これによる所得格差が存在しないなら，模倣のインセンティブも消失して，情報伝達装置としての市場は失敗する。全知の神ならまだしも，われわれがここに貢献や値の観念を持ち込む余地はないのである。

　ただ，ハイエクを離れるなら，これを逆にいえば，市場の機能が損なわれない限度で再分配の制度をそこに追加することを，この議論は禁止していない。累進課税を原資とする福祉政策が導入されている体制においては，税控除後の所得のみが，当人が権利として主張できる本来の所得だ，と考えることは十分可能である。この場合，「市場の機能が損なわれない限度」がどこにあるかは，もちろん経験的な事実に依存するから，素朴な正義感覚とは独立である。だからこれは「正義」の問題というより政策の問題だと私は考えるが，一旦特定の制度が導入されてしまえば，その適用をめぐっての正義は当然問題にしうるから，議論は細かくなってしまう。だから，ハイエクとロールズの関係は一義的ではなく，それをどう捉えるかも困難なのである。亀本も多分，私と類似の問

題を考えているようで，この議論の後には，格差原理にしぼった詳細なロールズの検討が続く(4)。

最後の第10章はリベラリズムを扱う。ルーティンどおりミルから始まるが，当初の引用が（賛同者の多い小著）『自由論』からではなく（生産と分配の局面を切り離すなどの点で批判も多い大著）『経済学原理』から採られている点がユニークである。ミルのパーソナリティーに批判的な部分では，彼のエリート重視を引用してから，「こういうのを反リベラルの偏見という」(p. 554) という。いちいち紹介はできないが，本書には，この種のシニカルな笑いを共有できる記述が多くある。もう一箇所あげれば「いうまでもないが，日本に自由主義の伝統はない。私も含め，一部の学者が，黒板哲学として語っているだけである」(p. 560) というのもある。ただこの「一部の学者」の中には日本の憲法学者のほぼ全員が入りそうなことと，「黒板哲学」となったわが自由主義が，社会から遊離することによって過激化する危険を伴うという点も付け加えておきたい。

一神教文化における神または真理の存在を信じることの裏返しとしての相対主義とくらべて，現在の日本のそれは「相対主義しかない相対主義」(p. 566) だ，という記述も秀逸である。そしてそれを，だから悪いというわけではない，とするような態度も本書の特徴である。寛容論では，暫定協定 (modus vivendi) を挙げて後期ロールズの政治的リベラリズムを論じるので，熱い正義論とは区別される冷めた共存論へとつながりそうである。センの自由（批判）論も批判的に扱われているが，自由と法の議論について中心的に引用されているのはハイエクである。これは私にとって既知の議論だが，それでも亀本流の読み方から得るものはあった。まあいえば，この第10章だけで法哲学の教科書にすることもできそうである。最後がパシュカーニスの引用で終わる，などというのも亀本流である。

最後に，読者との距離の取り方に世代の違いを感じたことを感想として述べておきたい。私なら，存在しないとわかっていても，理想的な学生を想定して教科書を書きそうである。潜在的には教師より優れていて知識はなくとも論理的関係をすべて見通す，ような学生を想定して，イデア世界の中で文章を書く，といったことだろうか。私が学生なら，そんな教科書を期待すると思う。しかし本書は，よく言えばもっと親切，悪く言えば読者を低く見ていて，もっとお節介である。中身と区別されたスタイルだけを見れば，少し予備校風だと言っ

---

(4) これについては，私の第2論文集第10章参照。

てもいい。もちろん，こんな難しい内容のテクストを使う予備校はすぐに倒産するだろうが。私には少し違和感もあるが，これが現代の学生の期待する教師のスタイルかもしれない，と考えて面白かった。

第13章-1　高橋文彦：わからないことほど素朴に考えよう——嶋津格『問いとしての〈正しさ〉』を論評する

はじめに

　本書は，著者・嶋津格氏がこの十年余りに書いた合計二五本のエッセーを五部に分けて収録した論文集であり，「第Ⅰ部　法観念をめぐって」，「第Ⅱ部　〈正しさ〉をめぐって」，「第Ⅲ部　自由・民主主義・イデオロギー」，「第Ⅳ部　社会と倫理」，そして「第Ⅴ部　アイディア集」から成る。これらの抽象的なタイトルだけからは想像がつかないであろうが，本書では随所において，現代日本社会が抱える具体的かつ現実的な問題を明確に意識しつつ，読者の思いもよらぬ視角から問題の核心に一気に切り込むような，あるいは問題設定の土俵そのものをひっくり返すような，いかにも著者らしい刺激的かつ挑発的な考察が展開されている。本来であれば，その多彩な内容をイメージしていただくために，最初に個々のエッセーの題名だけでも掲げておくべきであろうが，本稿では「論争する法哲学」の趣旨に則り，かつ紙幅を有効に活用するために，早速，内容の検討に入ることにしたい。まず第1節では，本書のテキストから，嶋津法哲学を支える諸原理を抽出し，著者自身によっては明示的に描かれていないその全体像を評者の視点から素描した後，それらの諸原理の相互関係について著者にお尋ねしたい。続いて第二節では，嶋津法哲学の出発点を形成する基本方針を確認し，これを著者自身の主張に適用することによって，いくつかの個別具体的な論点について疑問を提起する。評者の能力的限界のため，誤解している点も多々あるかと思うが，そのような点も含めて，著者からご教示いただければ幸いである。

第1節　嶋津法哲学の諸原理と全体像

　評者の理解では，嶋津法哲学の根底には少なくとも四つの基本原理が存在している。すなわち，1. 発見主義，2. 信頼アプローチ，3. 実行可能性，そして4. 開かれた帰結主義である。テキストに即して，それぞれについて見てみよう。

1 発見主義

　第15章「「運命」代替としての倫理——生殖技術利用の自由と枠づけ」は，そのタイトルが示唆するような生命倫理に関する小論では決してない。それは，嶋津法哲学を貫く根本テーゼの一つである「発見主義」を極めて明晰に表明した方法論的マニフェストである。その主張内容を正確に理解するために，「合意／知」あるいは「合意達成問題／正解発見問題」という，本書を通底する問題意識をまずは押さえておきたい。

　「合意と知」というテーマは，プラトンによる民主主義批判との関連で二度論じられている。最初に，第十三章「民主主義——その認識論的基礎と機能のための条件について」において，著者は「政治は，知の場，発見の場であるのか」という根元的な問いを立てる。「もし政治の場で決定と解答を問われる問題が，数学の問題のような，純粋に知的なそれであるならば，それへの解答を多数決で決めることはばかげている」（一八三頁）。なぜなら，それは「正解発見問題」であって，「合意達成問題」ではないからである。しかし，プラトンのそのような問題設定は果たして妥当だろうか。次に，第二四章「合意と知——民主制のアポリア」においても，著者は，政治を「知の場」として描くプラトンと，政治を「合意の場」とみなす一部のソフィストやルソーとを対置し，いずれとも決しがたいところに民主制のアポリアを見出す。

　前述の第15章では，この問題が生命倫理の文脈で取り上げられ，著者自身の立場がはっきりと打ち出される。まず，著者は「正解発見問題」を「α問題」と，また「合意達成問題」を「β問題」と略称した上で，「生殖技術の利用いかんをめぐる問題が，αとβのいずれに分類されるべき問題であるのか」と問い，これを「メタ問題」と呼ぶ。続いて，著者は「このメタ問題自体は，αとβのいずれに属するのだろうか」という「第二階のメタ問題」を提起する。まさに面目躍如。しかも，著者の結論は意表を衝く。やや長くなるが，引用しよう。「ここではαα，ββというように表記して，それぞれ先にあるものが第一階のメタ問題への答え，後にあるものが第二階のメタ問題への答えを表すことにしよう。……多分もっとも検討に値するのは，αβという選択肢，つまり，「その倫理問題は本来，α問題としてもβ問題としても扱えるのだが，選択の問題としてα問題として扱うほうがよいので，そのように扱うことにしよう」というような態度である」（226-227頁）。

　それでは，著者がαβを採る理由は何なのであろうか。第十五章の注(4)に

第1節　嶋津法哲学の諸原理と全体像

おいて，著者はββ，つまり「正解発見問題として問題を捉えることは可能だが，それには弊害の方が多いから，合意問題として扱うことにしよう」という選択肢と，αβとを対比する。そして，「地のレベルでβという選択肢を採ることの主な欠点は，「長いものには巻かれろ」式の合意至上主義（conformism）にそれが陥りやすい点にある」（336頁）と論じて，ββという選択肢を排除する。したがって，ここでは一種の帰結主義的な正当化が行われていると考えられる。

2　信頼アプローチ

　第7章「正義論の経緯と現状」においては，正義論の基礎あるいは出発点としての正義感覚が論じられる。著者によれば，「社会秩序の確保という法の目的と，各人がもつ正義感覚との関係は，論理的に二つありうる」（85頁）。すなわち，「不信アプローチ」と「信頼アプローチ」である。前者は，各人がもつ正義感覚を危険なものとみなして，可能なかぎりこれと独立に社会秩序を運営しようとする発想であり，後者は，個人の正義感覚を基本的に健全なものとみなし，それに依拠して社会秩序を運営しようとするものである。

　それでは，著者自身はいずれのアプローチを支持するのか。この点は明言されていないが，示唆はされている。著者によれば，これまで官僚中心に運営されてきた日本社会のシステムは，今やほころびを見せ始めている。「そして新たな社会と国家のシステムが模索され，その一環として，現在の司法改革もあると考えられる。／……これは，市民が（そして官僚も）各人の理解に従って「正義を語る社会」へと日本社会も向かおうとするものである，と私は理解している」（91頁）。この前後の文章から判断すると，著者は司法改革を信頼アプローチに基づく社会改革として捉え，これを肯定的に評価しているように思われる。

　同様の姿勢は，第12章「自由のみでどこまで行けるだろうか——リバタリアニズムの社会ヴィジョン」における次のような叙述からも感じ取られる。「個人は，政治的集合体を通してこそ自由であるのか，それとも政治を通した集合的決定は一般に，個人の自由に対する敵であるのか。リバタリアニズムは断固として，後者の立場を採用する。その基礎には，まず政府と国家に対する不信があり，その背後には，政治一般に対する不信がある」（167頁）。「……国家による福祉の独占を否定する議論（…）が，弱者に対する冷淡と道徳的無感覚に起因するものではない，という点は認めねばならない。むしろそれは，道徳へ

の信頼（それは過信かもしれないが）と，それの再生への期待を背景とするのである」(181頁)。ここでも著者は明言していないが，リバタリアニズムの根底にある信頼アプローチに対しては少なくとも共感を覚えているように読める。

3　実行可能性

第23章「開かれた帰結主義——リバタリアニズムをめぐって」の冒頭で，著者は次のように述べる。「リバタリアニズムとは逆の原理だが，「能力に応じて働き必要に応じて受け取る」という分配原理はそれなりに美しい。しかしこれを社会一般の分配原理として採用することが誤りであることは，今やほとんどの人が承認する。では何が誤りなのか。それはこの原理が，家族内やその他親密な小さな集団内での道徳としてではなく，広く薄い他人間の関係に適用された場合に，実行可能 (feasible) でないからである」(311頁)。この意味における実行可能性は嶋津法哲学のもう一つの基本原理である。

実際，著者は「序」において，次のような自己評価を下している。「……政治理念は望ましさ (desirability) と実行可能性 (feasibility) の間隙に漂う。両者のいずれが欠けても，その理念はリアルなものとして力をもちえない。傾向として後者に重心が行きがちな私の議論は，一般に夢の少ないものになっているかもしれない」(vi頁)。また，第14章「秩序の希少性について」では，次のような一節が目に止まる。「理想社会を生き生きと描くことで人々の想像力を強く刺激し続けたヴィジョンが，いくつかの実行の試みの失敗の後，その実行可能性についての否定的見解が普及することで，人々を惹きつける魅力を欠くようになり，進化の活力を失って忘却の淵に沈む」(205頁)。この一節に，挫折したユートピア論に対する複雑な感情を括弧に入れた冷徹な視線を感じるのは，評者だけであろうか。

4　開かれた帰結主義

「開かれた帰結主義」というテーゼは，第23章でリバタリアニズムを論じる際に唐突に登場する。確かに，帰結主義的な発想は本書全体に伏在している。前述の発見主義をめぐる議論は，その一例である。しかしながら，「開かれた」という形容詞の意味は必ずしも明らかでない。これは一体何を意味するのであろうか。著者によれば，「われわれは既存の規範に従う。何のためかを自覚しているとは限らないが，無目的でもない。「従わないと何か悪いことが起こるから」「従っておかないと不安だから」という理由づけは，まさにタブー

第 1 節　嶋津法哲学の諸原理と全体像

に従う者のそれである」（315 頁）。このような「規範への服従が何らかの帰結に依存していることを前提にしながら，その帰結の事前の特定可能性を疑っている」態度が，可謬主義と結びつくと，「開かれた帰結主義」が生まれる。「特定されていない「悪いこと」や「良いこと」は，事後に起こったり起こらなかったりする。可謬主義はその結果を，あいまいな形でではあっても当初の規範への服従行動にフィード・バックするのである」（316 頁）。

　具体例を見てみよう。「……所有制度の意義は原理上，それを廃止した場合に発生するであろう壊滅的な事態によって確認される。われわれはそれを漠然と予測することはできるが，実際に発生する具体的事態は多分，われわれの想像を超える悲惨なものになるのではないか。そう考えるから，私は所有権が重要だという立場をとっている」（317 頁）。一般化するならば，「開かれた帰結主義」とは，漠然と想定される特定不可能な帰結によって規範的立場を正当化するとともに，この想定が誤りであることが示されれば，その規範的立場の修正を受け容れるような態度として理解できよう。

　さて，これまで本書のテキストから四つの基本原理を抽出したが，それらはどのような相互関係にあるのだろうか。まず，1. 発見主義と 3. 実行可能性との関係を見てみたい。第 14 章において，著者は「……われわれは，世に受け入れられる包括的な社会のヴィジョンについて，……何らかの意味で，真理性または準真理性を問うことができるものとして扱うことができるだろうか。それらは，「発見と正解」およびその対極としての「虚偽」にかかわるものなのだろうか」という問いを立て，さらに次のように論じている。「もし弱い意味であれこの問いに肯定的に答えるなら，……世界の側にある何らかの「事実」が想定されていることになる。……そして，社会理論の焦点が様々な秩序の構想にあるとするなら，それらを真や偽とするものはより限定的に，「秩序の可能性」と呼んでもよいように思われる」（206 頁）。もしそうであるならば，著者のいう「実行可能性」が「発見」に関する正しさ（真／偽）の基準であると考えてよいのだろうか。これは確認事項である。

　次に，原理間の整合性あるいは両立可能性について考えてみたい。2. 信頼アプローチは個人の正義感覚の尊重と道徳への信頼を主張する。しかし，3. 実行可能性はそれとは逆の要求をするのではないか。第 11 章「ユートピア論の射程——知的構想力と秩序の問題」で展開される教師と学生の対話の中で，教師は次のように述べている。「……経済人モデルは人間像の貧困化という面があり，これがすべてではないと私は考えるけど，可能なかぎり倫理への負担は軽

いほうがよいという意味で，経済学が描く実行可能性論は尊重したいと考えているんだ」(159頁)。もしこの教師が著者の分身であるとすれば，その立場は信頼アプローチと矛盾するのではないか。これが第一の疑問である。

また，3. 実行可能性は，4. 開かれた帰結主義という弱い原理を採用する限り，「正解発見」に関する評価基準として十分機能しないのではないか。確かに，「理想は理想としての資格のままで現状批判の力をもつことはできないのであって，それは実行可能だという主張と結合していなければならない」(209頁)。しかし，マルクスもエンゲルスも「科学的社会主義」の実行可能性を信じて，これを主張したのではないか。換言すれば，複数のヴィジョンが対立し，それぞれが正当化を求めているとき，「何か悪いことが起こりそうだ」という漠然とした特定不可能な帰結を予測したとしても，その時点では説得力のある根拠とはならず，実行可能性については，現実の失敗と挫折の後にしか，つまり結果的・事後的にしか語り得ないのではないか。これが第二の疑問である。

さらに，1. 発見主義，2. 信頼アプローチ，3. 実行可能性，および 4. 開かれた帰結主義という四つの基本原理を総合したとき，そこからどのような正義論が導かれるのであろうか。帰結主義的なリバタリアニズムのようにも思われるが，著者はリバタリアンであるとは自認していない。著者は規範的な法価値論においてどのような立場を支持しているのか。これが第三の疑問である。

第2節　嶋津法哲学の基本方針と個別的な疑問点

嶋津法哲学の基本方針は明確である。著者は「序」において次のように述べている。「……わからないことほど素朴に考えようというのが私の基本方針である。……黙示的な関係を含む論理的な前提関係が……P→Q→Rと進む場合，人々がQまでを前提としてR1，R2，R3……のいずれに進むかを議論している時，実際にはその前のQが，またはPが間違いである危険が大きいとすれば，われわれは，Rのレベルを考えるよりQそれともPのレベルで代替案を考えねばならない」(iii頁)。以下では，この方針を本書における個別的な議論に適用して，議論の前提自体が「間違いである危険」を示してみたい。

まず第一に，ハートの「内的観点／外的観点」あるいは「内的言明／外的言明」という二分法に関わる問題である。ハートの『法の概念』における説明によれば，内的観点とは「行為の指針としてルールを受けいれ用いる集団の一員」の観点であり，外的観点とは「自分自身はルールを受けいれないような単

第2節　嶋津法哲学の基本方針と個別的な疑問点

なる観察者」の観点である（邦訳, 98頁）。著者は第2章「法における「事実」とはなにか」において, この二分法を前提とした上で,「人間が現在の時点でそのルールについて外的観点に立つことができず, 単に内的観点からのみそれを扱うことができるようなルールについても, その外的側面はあるのだ」と主張し, さらに「右の議論は, 究極的にはいわゆる心身問題……に行きつく」（18頁）と付言する。しかし,「内的観点／外的観点」あるいは「内的言明／外的言明」の問題は果たして「精神／物質」の問題とパラレルに論じられるであろうか。

　心身問題に関しては, 二元論と一元論が対立しているが, 三元論の立場は寡聞にして知らない。これに対して, ハートの二分法については, 三元論の立場から批判がなされている。例えば, ラズは「法的妥当性」と題する論文（『権威としての法』所収）において,「ハートの「内的言明と外的言明」の二分法は, 第三の言明のカテゴリーが存在するということを, ややもするとわれわれの視野から覆い隠しかねない」（邦訳, 80頁）と指摘し, 第三の言明のカテゴリーである「距離を置いた法的言明」の例として, 弁護士が依頼主に与える助言や, 法学教師が学生を前にして行う説明を挙げている。野球の例を用いるならば, 試合でプレーしている選手の観点, 野球のルールを知らない人が試合を見るときの観点と並んで, ルールを知り尽くした解説者の観点があるのではないか。もしそうであるならば, 心身問題とパラレルに論じることはできないであろう。これが第一の疑問である。

　また, 著者はケルゼンの「存在／当為」の二元論についても論じているが, やはり議論の前提に疑問がある。著者によれば,「存在と当為の二元論に関しても［心身問題のアポリアと］同じ困難が発生する。二つの世界を切り離してしまうなら, 当為または規範の世界での出来事が, 存在の世界に影響を及ぼすこと（およびその逆）が奇蹟になってしまう」と述べた後,「ケルゼン流の二元論は, ……満足な答えを与えることができない」（25頁）という評価を下す。この評価の前提となっているケルゼン理解は適切であろうか。

　ケルゼンは『純粋法学』第二版において「……存在と当為の二元論は, 存在と当為が無関係に並存していることを意味しない」（六頁）と明言している。ケルゼンによれば,「何かが存在するという言明は, 何かが存在すべきであるという言明とは全く異なった意味をもっているということ, 何かが存在するということからは, 何かが存在すべきである, あるいは存在すべきでないということは導かれないということ, 同様に, 何かが存在すべきであるということか

173

らは，何かが存在する，あるいは存在しないということは導かれないということ——これが存在と当為の論理的二元論（der logische Dualismus）であるが——このことは，……存在と当為の間に何らかの関係が存立することと両立不可能ではない」（一九頁脚注）。例えば，両者の間の因果関係について考えてみよう。ケルゼンは「当為」を人間の意思行為（Willensakt）の意味として捉えているから，この意味（Sinn）としての「当為」が存在の世界に因果的に影響を及ぼすことは十分考えられるのではないか。これが第二の疑問である。

　存在と当為の二元論批判においては，論理的導出と心理的・因果的影響とが明確に区別されていないように感じられたが，第九章「法と平等——その論理と歴史」においては，議論の前提となっている論理的順序と歴史的順序との関係が評者にはよく理解できなかった。著者によれば，法学部の三・四年生は訴訟法学者から「奇妙な歴史の見方」を教わる。すなわち，教師が「……民法などを中心とする実体法と，……民事訴訟法が扱う裁判とは，論理的にどちらが先にあると思うか」と学生に問うとき，「……教師によって想定されている正解は，訴訟が先だ，というものである」（104-105頁）。著者はこの見方に同意しつつ，次のように述べる。「……「訴訟法」が常にあるかどうかはわからないが，（慣行化された）訴訟の営みが，（…）論理的に実体法に先行する，というのが歴史的順序であることは，間違いがない」（一〇七頁）。さて，この叙述において，論理的な先後と歴史的順序とは一体どのような関係に立っているのだろうか。

　このほかにも，個別的な議論の前提についてはいくつかの疑問がある。例えば，「[ハートの]変更および裁定の各ルールはそれぞれ，立法機関と裁判機関という制度（institution）を成立させるルールである」（23頁）と断言してよいのか。変更のルールには私人に権能を付与するルールも含まれるのではないか。また，著者は「根本規範の存在を仮定しても，直接憲法の妥当性を仮定しても，結果は同じである」（32頁）と主張するが，ケルゼンのように，憲法を憲法制定行為の意味（Sinn）として理解する限り，根本規範は仮説的基礎として論理的に不可欠ではないか，等々。しかし，残念ながら既に紙幅も尽きたようなので，残された疑問については別の機会にご教示いただくことにしたい。

おわりに

　本稿では，評者の理解に基づいて，嶋津法哲学の全体像を再構成するととも

おわりに

に，全般的および個別的な疑問点をいくつか提示した。研究会や学会の席であれば，著者はその驚嘆すべき博識と論理的反射神経を駆使して，直ちに当意即妙の回答で反論し，触発力に溢れる刺激的な議論を鮮やかに展開するであろう。この年報上においても，同様の「論争する法哲学」が行われることを期待したい。

最後に，斬新な比喩や卓抜した例示に満ちた本書の中から，とりわけ評者の心を強く捉えた一節を引用させていただきたい。「虚構の「知者」が虚空に指し示す焦点には，「知」の座がある。そこに今のところ実は何もなくとも，その方向に矢を射るという可能性に気づいた者たちは，今度は本物の矢をそこに向けて射かけるであろう」（九頁）。この美しい一節は，ソクラテスの姿勢・構えについて論じたものであるが，評者には著者自身の哲学的営為の核心に触れる隠喩のように思われてならない。

第13章-2　嶋津格：高橋文彦評へのリプライの試み

　法哲学年報2011に掲載された高橋文彦会員（以下評者という）による拙著（『問いとしての〈正しさ〉』）にたいする緻密で魅力的なコメントへのリプライを試みたい。ただ，以下のリプライが，元の論文（ずいぶん昔のものを含む）を書いている当時の私が与えたであろうリプライと同じになる保証はない。あくまで今の私が，できるだけ評者が前提している理論的世界と私のそれとのチューニングをめざして，言いたいと思うことを，ミニマムな字数で述べているとご理解いただければ幸いである。書かれてしまった作品は，それを書いた著者と別の存在であるから，その解釈可能性は，著者の与えるそれに限定されるわけではない。ここでは著者は，若干特権的な一人の解釈者にすぎない。この，制作物の独立性テーゼは，ポパーも似たことを言う（「世界3」論——ちなみにこれは，評者が「寡聞にして知らない」という心身問題についての「三元論」（物・心・意味）である——）が，文学評論や法解釈の世界では多数派を構成する常識であるとともに，数学体系や法則などの例ではよりダイナミックに真であり，様々な定理や法則の新たな適用可能性は，著者本人または他者によって後に，驚きとともに「発見」されるのである。

1　実行可能性と発見

　評者は「確認事項」として「実行可能性は発見に関する正しさ（真／偽）の基準と考えてよいか」と問う。考えてみるに，私にとって実行可能性は正義の必要条件（の一つ）である（が十分条件ではない）。これが欠けると，当該の正義の構想は，いくら魅力的で望ましものに見えても偽となる。つまりそれは正義ではないのである。一方，〈発見／創造〉という対概念は，新たに世界に登場する外的対象物と人間活動との関係を区別する二つのモードである。ただ，素朴には発見は，当初から人間の認識と独立に存在していたものにわれわれが新たに気づく，ということ（つまり，外的世界はそのままで認識の方が変化するのだが，その際，過去の世界についての認識も遡って変更される——創造はその逆——）だが，社会的構成物，特に真善美や正義など規制理念との関連の下に置かれた人間行態に密接に結びつく存在については，それら規制理念に対応す

る対象を発見しようとする態度が，結果として当該の対象を産み出す（ただそれらは，発見の文法にしたがって，もともとそこにあったのだ，と理解される），という自己実現的な過程が含まれる。それでも，「創造」されたものの権威が創造者の権威から派生する（「憲法制定権力」論や原意主義の場合）のに対して，「発見」されるものの権威は発見者のそれから一応独立である（アインシュタインが偉大であるのは，その理論が正しいからであってその逆ではない）。そして，裁判によって産み出される個々の判定とそこに顕れる法の正義を，創造と発見のどちらのモデルで捉えるかによって，それらにたいするわれわれの態度は，様々な場面で大きく異なってくる。ではわれわれはそこで，創造の構えをとるべきか発見の構えをとるべきか……。

　だから，発見は人間の営みの種類であり，正義構想に関する発見について，実行可能性は，その構想とその外にある世界が厳然としてもつ性質と間にある関係である。後者を私は「秩序の希少性」としても論じている。正義を発見したことを確認（というより反証）するための有力な一つの方法は，その実行可能性を検討することである，という限度では，評者の「確認事項」を肯定することもできる。ただ「開かれた帰結主義」論との関連でいうなら，この種の実行可能性または不可能性は主に，歴史的過程において，事後的に顕現するものだともいえる（少しヘーゲル的な言い方になっていることを意識せざるをえないが……）。その場合の「真偽」は，理念（イデオロギー，宗教的リアリティ……）の実行可能性に関する，人々の世界理解のパラダイム・シフト，などといっても同じようなことになるかと思う。これは，それまで至高の理念と考えられていたものが，その実行不可能性が理解されることで急激に色あせ，その誤りの徴表があちこちで見つかる，といった事態である。もちろん，この逆の事態もあるし，その方が劇的かもしれないが。

2　信頼アプローチと実行可能性論

　経済学は実行可能性をわれわれが推定するためのよい（というかほぼ唯一の高度に発展した）モデルを提供する。特に演繹的な体系であるため，そのモデルは簡単にあらゆる対象に適用してみせることが可能である。人間の意図や願望と，それがもたらす結果との間にある，場合によって皮肉な関係をわれわれに理解させてくれる点で，この体系が啓蒙的な効果をもつ場合も多い。ただ，そこで想定されている人間モデルは，演繹的推論を可能にするために極端に貧困化されているので，それに依拠して得られる社会のモデルと現実の社会との

間には大きな差がある。だからこれが与える実行可能性の推定がもつ信憑性は，時にかなり信頼性に欠けたものとなる。特に正義感覚は，標準的な経済人モデルでは完全に捨象されるが現実の人間と社会の理解にとっては決定的に重要な，人間の能力である。

ただ，経済人モデルを想定するだけでもその中で望ましい帰結が得られると予想されるような制度であれば，それは人間の倫理にではなく利害計算に訴えることで運用可能となるので，制度としてより汎用性が高く，その意味で優れているといえる。そこで人々を望ましい方向へと導くためのお説教は，「あなたはもっと倫理的であるべきだ（邪悪だ）」という（倫理に負荷をかける）タイプではなく「あなたは計算をもっと正しくするべきだ（頭が悪い）」というタイプのそれで済むから，論証がずっと簡単である。

〈正義（感覚をもつ）人／経済人〉という二つのモデルの単純な棲み分けの一例を描くとすれば，裁判員（自己の利益にのみ関心をもつ純粋な経済人にはこの役割を担う能力がなく，彼は籤に当たってもどうやってそのコストを回避するかだけを考えるだろう。ただ，高い報酬を用意して誘因を与えれば職には留まるだろう。つまり，経済人には公務はできない。）となって第三者的な立場から事案の是非を判定することを求められた時には，信頼アプローチが期待するようにきちんと自分の正義感覚を発揮するが，そこで確定されるルールが一般に適用されるゲームの中で一人のプレーヤーとして日常生活を送る際には，自分の利益の最大化を図る経済人として活動する，ような人間たちからなるものとして社会を描く場合である。舞台が変わればダンスも変わるから，一つの人間モデルだけで社会モデルを構成せねばならないという必然性はない。

もちろん実用に耐えるような社会モデルを得るために必要な複数の人間モデルの混合はもっと複雑だろう。しかし注意を促したいのは，「不信アプローチ」によって，つまり各人がもつ正義感覚を回避または抑圧して社会秩序を構成・維持するためのコストは，場合によって禁止的な大きさになるだろう，という点である。その場合，不信アプローチが想定する人間の方が経済人に近いとすれば，ここではそのような経済人による社会は経済的でないのである。実際歴史的に実現してきた社会制度（たとえば裁判）が採用する問題解決アプローチが，主に信頼アプローチ的なそれであった理由は，ここにあるのではないだろうか。経済的側面から見ても，社会は非経済人を必要とするのである。

3 実行可能性は「基準」か——開かれた帰結主義

　結論的には，私は一般に基準論を採らない。「S (something) がAであることの基準はBである」といっても，ただちに「ではBであることの基準は何か」と問われるだけで，基準論はつねに無限後退する（「プロトコル文」でこの後退過程を打ち止めにしようとか，「センス・データ」という言語外のものに依拠しようとか，これに対応しようとして失敗した試みは色々あるが）からである。だからこそ，たとえばタルスキーの真理概念は基準のタームをもたない（またはトートロジー的にしかもたない）のである（ちなみに，デイビッドソン流の，意味と真理条件を同視しようとする方向にも賛成できない）。われわれに必要（というか可能）なのは，排他的に命題の真偽や正義を確定させてくれる基準ではなく，それを推定するための，より確定の容易な徴表にすぎない。そして，ある命題が真である（偽である）徴表はいくつもあるのであって，その一つを元の命題の必要十分条件として特権化できるわけではないのである（規制理念がもつ超越性がここにある）。

　そしてこの推定は常に可謬的である。だから評者のいうとおり，われわれが抱く未知の帰結に対する不安は「その時点では説得力のある根拠とはなら」ない。それは論拠というより動機であり，それを言語化しようとしてもタブー的にしか表現できない。ただ，その動機の背後に進化論的なプロセスを想定することで，このタブー的メカニズムの一般的なレレヴァンスを擁護することはできる。この意味で開かれた帰結主義は，「可謬主義的な義務論」と呼んでもよいかと思う。私の考えではこれは決してオクシモロン（形容矛盾）ではない。

　当面の倫理問題や正義問題にたいして明快な解答を打ち出すのにこの理論がほとんど無力である，という評者の指摘は正しい。ただこの理論は少なくとも，「論拠の挙げられない「感覚」は倫理性や正義の判定において無視されるべきだ」といった主張を一般的なレベルで論駁する限度では，（場合によって大きな）実践的意味をもつ。

4 規範的法価値論

　私のメタ理論的な立場がどんな規範的理論と結びつくのか，という評者の疑問はもっともだと考える。実はこれについて，現在かなり私の立場が転換しつつある。今後学者としての私に許される時間の範囲で，より大胆な規範理論の具体化に努めたい。

【ハート論，ケルゼン論，心身問題】

　この論点は，評者の真骨頂である規範論理学に関わるし，私の理解との間で対立する議論を含んでいる。評ではさわりだけが示されている高橋理論は，私のものより標準的なそれに近いという印象を受けるし，今後もそこから私が学ぶべき点が大いにあるのだと思う。以下簡単に，若干論争的な形で触れてみたい（なお，英文でしか『法の概念』を読んでいないので，訳語についての不正確はお許しいただきたい。それから，「変更のルール」が私人にも法変更の権能を付与する，という評者の指摘は正しいので，この点は謝して私の理解を改める）。

　法的言明の「意味」は，その言明を発する人の動機や立場（当事者なのか，裁判官なのか，観察者なのか，……）と無関係であり，それら言明は発話者如何と切り離して真や偽になりうる，というのが標準的な言語論の見方ではないだろうか（この描像を複雑化する——semanticsとpragmaticsの錯綜など——準備はもちろん私にもあるが，それがここに直接関係するようには見えない）。その意味では，ラズの持ち込む第三の次元は，私にはリダンダントに見える（余計なのは多分，ラズによって理解される意味での第三というより第一の次元またはカテゴリーである）。実際にハートは評者が指摘するような意味で内的・外的の区別を使う場合もあるが，私にとってもっとも刺激的な局面は，ルールが「存在（exist）する」とハートが言う場合である。そしてその存在を語る言明こそが「外的言明」であるはずなのである。慣行的ルールの「存在」が語れるなら，「存在」していない他のルールとの関係でそれ（存在するルール）に特権的地位を与えるのに，授権も制定権力も制定者も合意もいらない。たとえばある言語がつかわれているという場合と同じく，それはそこに「ある」のだから。しかも，内的言明としては規範言明でありうるもの（「法的には○○すべきだ」）が，外的言明としては事実命題（「これを法とみなす認定のルールがこの社会には存在している」）となることで，「実定法」は他の規範体系と区別される。もちろん，事実命題を真にするものは（この場合，それが行われているという物理的）事実であるから，意味的世界と物理的世界を，この内的・外的関係が繋いでいることになる。ハートはこの点を詰めないが，これが心身問題と無関係だという方がむしろ難しいと私は考える。そしてこの描像では，規範が（人間行動からなる物理的）世界に影響することについてなんらパズルはない。

　ケルゼンは異なる。もし評者がいうように，（二元論批判において）「論理的導出と心理的・因果的影響と」を（全面的に）区別することが可能であるなら，因果の世界であるこの世界に影響することができるものは後者だけのはずであ

る。前者は，どのPCにもインストールされていない（物理的メディアの中にあるわけでもない）ソフト（のイデア）のようなもので，それ自体はこの世界に影響する力をもたない。またもしそれがどこかのPCにインストールされているなら，それは当然後者の「因果的影響」の一部を構成することになるが，この場合二系列の連鎖は実は一つのものである（心身一元論）。「実定法」概念はどこかで，この「インストール」のような，イデアと実世界をつなぐフェーズをもたなければならない（そして根本規範の「仮定」は，誰かがそれをどこかで「行う」ことがないかぎり，まったくこの役割を果たし得ない。そうだとすれば，決定的なのは，根本規範ではなく，その「仮定（という実践）」であることになる）。

第14章　論争としての法哲学
――笹倉秀夫『法思想史講義　上・下』

第1節　発展史観と法思想史

1　はじめに

　本書は，上下二巻となったその浩瀚なボリュームの点からも，原典と二次文献の双方にわたって多くの文献を時間をかけて読み込んだことが見て取れる内容の点からも，今後の法思想史のスタンダードとなるはずの優れた教科書である。全体として授業で使える量を超えているという欠点を無視するなら，本書が，類書を圧倒する記述の詳細さによって，法思想史が描く画像の解像度をこれまでより飛躍的に上げたことは確かである。私たちの共通の恩師は，長年法思想史の教科書を出そうとしながら果たせなかったが，笹倉はそれをかくも見事にやり遂げた。その高い能力と精励にまず賞賛を送りたい。

　ただ，本稿はできるだけ論争として構成するため，内容の紹介と賞賛の類は，以下では最小限に留めることにしたい。最初に全体の感想を述べれば，ある意味で当然のことだろうが，結果として，私の知らないものについては教えられることが多かった反面，自分がある程度知っている対象の説明と評価については，物足りなさや疑問が残る，ということになった。自分が知っているつもりになっていたものについて，もっとより深い理解や自分にはできなかった明快な分析，もっと進んで「目から鱗」のような記述，がもう少しほしかったと思う。もちろん私のこの感想は諸刃の刃であって，私の思想史理解の傾向と水準が問われるとともに，不満があれば自分で書け，といわれるであろうことは承知しているが。

2　法の支配

　「法の支配」は本書で何度も論じられる。本来 Rule of Law が語られるはずの英米法以外にも，ギリシャ（上 p. 11 本文と注5）・中世ヨーロッパ一般（下 p. 26-28）・その他（索引では全部で上下計12箇所）にも拡張してこの概念が適用されるのはよいとして，それは全体として明快な像を結ばない印象を受ける。このテーマで行われた学会（2005年度の日本法哲学会）での議論と年報の論文

についてもそうなので，これはたぶん笹倉だけの問題ではなく日本の法哲学と法学一般の弱点ではないだろうか。その原因は，法概念を普遍化しすぎることにあると私は考えている。ここで「支配」する法の本体は，形骸化された普遍的形式のみにあるのではない。人々は，形式的法を守るために闘うのではなく，その法が現に保証している自分の利益（＝権利）を守るために闘うものであり，だからこそ法が支配しうるのだからである。

　私は法の支配とは私法の支配のことだと考えている。英国で法の支配を象徴するのは，私人が王や女王を相手に普通の民事裁判所で民事訴訟を起こせることである。Kingさんや Queen さんが民事の被告として判例に登場するほど，ユーモラスに法の支配を彷彿とさせることはない。米国ではそれにかわって州の司法長官とか大統領などが，判例では個人名で登場する。つまり，私人対国家の法的関係が，私人対私人の関係を律する規範と同じ規範で律され，自分の権利を侵害する隣人を訴えるのと同じノリで国家（王，大統領，司法長官……）を裁判所に訴えることができることに，その本質があるのである。

　法学概論の標準的教科書では，私法と公法の区別を，（ケルゼンなど公法学者の主張に従って）理論的一貫性に欠ける不要な論点であるとして，このテーマを取り上げること自体を拒否しているものがある。しかし，私の主張のように，法の支配とは私法の支配のことだとすれば，そのような教科書は必然的に，法の支配を正しく説明することもできなくなるはずである。

　笹倉の法の支配論には多様な要素が含まれているが，複数のコンセプションの間の整理がついていないのは，このようなあいまいな前提によっているからではないか，と思う。

3　社会契約論と法概念

　社会契約論は哲学的に実におもしろいテーマである。なぜならそれは，人間理性，自然，歴史，言語などもっとも基本的なタームの間の関係をいかにつけるかを，思想史を述べる人間に問うからである。

　笹倉の議論は標準的なものである。私なりに言えばそれは，既存の法や権力や常識，要するにギリシャ人がドクサと言ったものを超えて，人間の理性によって国家の基礎を論じる場が社会契約論だ，といった理解だと思う。しかしこれはどの程度普遍的だろうか。

　それが私にできるとは言わないが，もし中国文明の中で，それが提供するタームを使って，現存の国家を超えてその基礎にあるものを論じるなら，

第1節　発展史観と法思想史

(「天」は問題になるだろうが) 自然「権」とか契約とかは問題にならないはずである。だいたい明治の日本人が苦労したように，中国文化の中には「権利」に相当する語自体がなく，現在の中国人も，この日本人による訳語を逆輸入して使っているのだから。つまり私が言いたいのは，いくら17-18世紀の現存の国家体制を越えてみても，社会契約論はやはり，西洋の思想伝統に棹さしている，ということである。思想伝統だけではない。当時のヨーロッパには当然，ローマ法の伝統があり，実際の法実務が行われていた。権利は裁判上の請求権と結合しており，訴訟制度を運営する法曹ギルドは，相対的に国家権力から独立のものとして確立していた。「権利」概念は，ごく当たり前の日常の中にあったのである。つまり，何のことはない。いくら現状の国家や具体的権利関係を捨象してみても，社会契約論は当時の社会における偶然的なものとしての，権利の概念自体や契約の制度を前提として組み立てられている，ということである(ホッブズの場合，所有権は一旦前提から外して論点化され，それを再導入することの正当化が目指されるのだが，ロックは，私の目から見て正しくも，この作業も省略する)。「ノイラートの船」的な関係は当然，自然認識以上に社会哲学において当てはまるのだが，後者においてはその船自体が，複数ある歴史的・偶然的なエンティティーなのである。だから，この議論の非普遍性はたぶん，非ヨーロッパ圏からそれを見た場合により鮮明に理解できるだろう。

　ホッブズが「幾何学的」に議論を組み立てている，という説明はよく繰り返されるが，では社会契約はなぜ守らねばならないのか，の説明が本当にあるのだろうか。それが自分の利益になる，というのが表面的な説明だが，契約は本来，それを守るのが不利な場合にはじめてその存在意義が出てくる制度である。私の記憶では，ホッブズの中にあるのは，「理性的存在であるからには自分の言葉は守らねばならない」というような，説明にもならない説明だったと思う。私は逆に考えたい。守らねばないものだというのが，この語を含む言語の中における「契約」の意味である。自然状態での闘争だろうと vein glory だろうと，契約だろうと，理性的計算だろうと，論じられている「自然状態」では英語・ラテン語その他ヨーロッパ語が使われることは，三つの社会契約論で暗黙の前提になっている。そしてヨーロッパ語の語彙の中には「契約」が含まれる。これはローマ的伝統の結果だろうが，いずれにせよ，論理必然的な事態ではなく，歴史的なコンティンジェンシーの問題である。ホッブズの議論の中に，pacta sunt servanda をはじめ多くの自然法が登場するのは，このような経緯による，と私は考えている。つまりこの議論は，幾何学的にゼロから理性的に組み立て

てられているというより，ロールズの社会契約が明示的に述べているように，現状から一部の要素を捨象しているだけ，と考えるべきなのである．

　ちなみに，カントやヘーゲルの理性化されたように見える法論も，ローマ以来の法をめぐる歴史的・偶然的伝統と実践があってはじめて可能になっている，という面があると思う．もちろん，だからダメだ，というつもりはまったくないのだが．

4　市場の理解

　笹倉がごく傍論的に論じている箇所をあげつらうのは，フェアでないかもしれないが，論点の重要性に鑑みて，許していただきたい．下 p. 129 でベンタムが部分的に弁護されている箇所で「私見」として，ダムをつくる場合の利害得失が列挙されている．私の理解では，ここでもっとも重要な要素の一つが忘れられている．社会の利益と別に挙げられている「建設関係者の利益」は当然，金銭的利益のことだろうが，それにはコストが伴う．つまり，ダム建設に必要なすべての資源それぞれについての機会費用，である．資源を何かに使うことは，それは他には使えなくなるということであり，その使えなくなる他の用途全体が機会費用となる．もちろんこれはあまりに多様なものを含むので，列挙不可能である．そして私見によれば，これが功利主義が適用において成功しないもっとも根源的な理由であり，功利主義の問題は，それが結局オムニシエンスを前提しないと整合的なものにならない，という点にある．別の言い方をすれば，実行可能性問題が，功利主義のアキレス腱なのである．市場と個人の自由による解決は最善ではないが，不完全情報のもとで情報問題に対応するためには，それに勝るものが今のところ我々にはないのである．

　特に市場については，そのメカニズムがぼんやりとでも理解されるようになったのはアダム・スミス以降，より現代的には 1870 年代の限界革命以降だから，市場に関連するそれ以前の歴史的な記述は必然的に的外れであらざるをえない．素朴な道徳論たとえばキリスト教的なそれと市場道徳との関係も，法理論にとって大問題である．ただ，マルクス主義内のものを除けば，このような点を意識して書かれた法思想史というものはまだほとんどないので，無い物ねだりになってしまうかもしれない．

5　歴史・価値・思想史

　本書の記述は多くの箇所で，現実（歴史）と理性（価値）との予定調和とい

第1節　発展史観と法思想史

うヘーゲル的な枠組みを感じさせる。ただ両者はどちらを中心に見るかで，両極の解釈へと繋がるように思う。つまり，前者を中心に見るなら，一見いくら「道徳的に優れている」とか「正義にかなっている」と見えても，それが歴史の中で勝利して次の時代を担うようになるものでないかぎり，それは実際には道徳的価値または正義ではないのだ，となる。これは，歴史の名において価値を批判するような見方になり，場合によって懐疑主義や不可知論に繋がる。逆に後者を中心に見ると，歴史は結局道徳的価値や正義にかなうように発展するのだ，といった（倫理的）楽観主義の立場となる。もちろん「弁証法」的な発展が想定されるから，未来については現在の価値基準があてはまる保証はないのかもしれない。しかし過去向きには，現在の価値（正義）観はこれまでの歴史的発展の結果なのであるから，旧来の価値（正義）観よりも優れているのだ，と考えることになるだろう。本書は時代を超えて現在の価値観を適用してみせるので，この楽観主義の傾向をもっているといってよいように思われる。

　しかし概括的に考えるなら，このような視角を本気で取ると，思想史は不要になるともいえる。現在我々の手にある価値観が歴史的に最善のものだとわかっているなら，我々はそれだけを知ればよいことになるからである。ノーマル・サイエンスとしての自然科学は普通この立場に立つので，自然科学の教科書は一般に学説史を含まない。数学もそうであって，微積分の操作を学ぶのに，その発見をめぐるニュートンとライプニッツの確執を知る必要はない。ピタゴラスの定理を解説するときに，それを含むピタゴラス教団の世界観と信条やこの教団の悲惨な運命を説明するのは，むしろ余計なことであろう。惑星運動に関するケプラーの三法則についても，その夢想的な宇宙観の説明が行われることはない。一旦手に入った知は，それが実際に発見された沿革と具体的事例から切断して，全く別の事例に適用しながら，何ら情報を減らすことなく説明することができる，と考えられているからである。

　もちろん，現在の結論（真理・正義）を求めることと別に，歴史発展そのものを対象として認識する，というのが歴史学だという見方は可能だろう。ただ私は，現在の真理と正義を論じるためにこそ，価値判断を一端抑制して歴史的事実を知る必要があると考えている。さらに思想史は，特定の思想家がたまたま展開した議論が次の議論の基礎として採用され，それらが教養として蓄積するという面もある。最初の単純な思いこみや誤り，もしくは同程度に可能であった選択肢の中からたまたま選ばれたものが，こうして厚い文献の層によって守られることになる場合もあるだろう。もしそのようなものが，現在の我々

187

の思想を規定しているなら，思想史は自己解放的な性質をもつとともに，もっと不可欠でせっぱ詰まったものになるだろう。現在使われている長大な PC プログラムの中にある深刻なバグを探す作業に似たものになるかもしれない。少なくとも，深いところで現在の思想のオールターナティブを見いだす機会ともなるだろう。自由と平等という論点についても，丸山真男の影響かどうかはわからないが，結論的には社会民主主義的または戦後文化人風の立場を取っており，過去も基本的にその立場から振り返っている。私には異論があるが，それをここで論じるのは無理なので他の機会にしたい。

　笹倉の記述は一般に，きわめて平易で常識的だが，それでも時代の傾向を実体化している印象を受ける。ヘーゲル（内容を抜きにすればマルクスでもこの点では同じだろうが）に似た歴史発展段階説を取っているのかもしれない。この種の発想に典型的に見られるのは，まずその発展段階がいかなるものかを外から規定した上で，ある思想が一定の特徴をもつことの理由として，思想家がその段階に属していることをもちだす，といった記述法である。

6　ア・プリオリな総合

　「私見である」と断って，カントの先天的総合（判断）の説明がされている箇所（p. 120）が興味を惹くのでコメントを試みる。

　私の理解では，カントの問題は以下のようである。ニュートン力学が見事な演繹体系をなしており（私も中学ではじめて学んだ時は，驚きで気が遠くなりそうだった），その成立は数学・幾何学のような分析的な学と同じくア＝プリオリに見えるにもかかわらず，惑星運動その他，人間による世界の経験に全面的に当てはまるので，総合的な知を与える（ように見える）。これがなぜ可能かを問うたカントは，壮大な認識論の体系を構成して以下のように答えた。われわれの経験は，対象の性質だけでなくそれをすべて処理するわれわれの内側の認識の（時空と因果性の）構造にも同時に依存しており，ニュートン力学（その他この種のもの）は，この構造のあり方を示しているので，経験を前提にしなくとも認識できるという意味でア＝プリオリな知であるにもかかわらず，分析的な知を超えて新たな経験内容を予言する総合的な知でありうるのだ。

　この場合われわれにとってもっとも重要な点は，このカントの主張が誤りだったという点にある。後にアインシュタインが示したように，ニュートン力学は相対運動が光速に近づくほど誤差が大きくなるという意味で，世界との関係ではある範囲での近似にすぎず，その意味ではその経験的妥当性は，カント

の考えたように保証されたものではなかった。つまりニュートン力学は「ア＝プリオリな総合」ではなかった。そして多分，そんな種類の知はないのである。もしそうなら，ア＝プリオリ vs. ア＝ポステリオリ，分析知 vs. 総合知という二つの対概念は外延的に一致してしまい，カントの問題自体が雲散霧消する。

しかし笹倉は，単純な足し算を例に挙げて「ア＝プリオリな総合」をごく常識的に説明してみせる。これでは，カントの問題とその解答の，すごさと同時にその悲劇的誤りを説明することに失敗しているのではないか。専門家ではないので，私のカント理解が通俗的なのかもしれないが，この種の切迫した問題の魅力と，それに対する一旦成功したかにみえた回答の誤りの発見，という「悲劇」を伝えることこそ，物語としての思想史の神髄であるように，私には思われるのだが。

7　フェミニズム

類書にない本書の大きな特徴は，フェミニズムの観点を取り入れて，各時代の女性の地位を叙述している点にあり，これは高く評価したい。歴史の中で人間の半分がいかなる地位と役割を与えられてきたのか，を知ることが重要であることは多言を要しないし，このような観点がこれまでなかったこと自体，振り返ってみれば不思議な気がするほどである。これはもちろん，現在のフェミニズムの観点を知ってからの後知恵である。言われてみれば当たり前だが，言われるまで誰も気がつかなかった（言ってもよいと考えなかった，言うに値すると思わなかった……）ことを言うことはまさに哲学的な営みである。13章（下209-247）は近代の変容の一環として女性の問題を取り上げている。もちろん，パトリアーキーを糾弾して社会革命をめざすようなジェンダー・フェミニズムからは不徹底といわれそうだが，これについては私も関心を共有している点のみをコメントさせていただく。

第2節　笹倉応答へのコメント（replication）

成功する論争というものは少ない。特に日本ではそうである。多分われわれの中に，論争を建設的なもの，少なくとも見苦しくないものにするための基本的な訓練が欠けているためだろうと思う。褒めあいの書評が役に立たないわけではないが，この際その種のものを考慮から外して論争的なものだけにかぎると，そこでは下手をすると，途中から議論がどんどん感情的になったり，揚げ

第Ⅲ部／第14章　論争としての法哲学

足取りとか人格批判に堕したりしてくることが多い。見ている方はそれなりに面白いのだが，それは喧嘩見物としての楽しみにすぎない。焦点が絞られてくるのではなくあちこちに拡散してゆく口げんかみたいなものは，落語のネタとしてなら魅力的かもしれない。しかし，古代ギリシャに始まった愛知としての哲学とはある種の倒錯だと私は考えているが，そこでは特異な論争，つまり愛知的論争を，その知的営みの核としている。要するに，哲学ができるかどうかは，その種の倒錯した愛知を目的とする論争ができるかどうかにかかっているのである。ではその論争は他とどうちがうのか。問題はプラクティスまたはknow-howにあるのだから，答えは，メタ言語によって語り方を語ることではなく，その語りを実践することで示されねばならない。

　日本法哲学会は，論争のプラクティスの浸透と洗練の場にしたいと考えて，2008年発行の『法哲学年報2007』に「論争する法哲学（書評）」というコーナーを創設した。そして『法哲学年報2009』（2010年）の同コーナーに私は，笹倉秀夫『法思想史講義　上下』（東京大学出版会，2007年）への批判的書評を書いた。それに対して笹倉が『法哲学年報2010』（2011年）でリプライ（応答）を書いている[1]ので，それへのコメント，多分訴訟では「レプリケイション」と言われるもの（「ヤギさん郵便」では4番目の手紙）を，この場で試みたい。ただ，本来はもっと詳細なものを書くべきなのだが，ここで示せるのは，各論点についての骨子のみである。よい論争ができればよいのだが。

1　法の支配

　私の理解では，法の支配論での基本的論点は，そこで「支配」するはずの「法」がどの程度の内容をもつものと想定されるのか，である。例えばケルゼン的な法概念（授権関係によって体系化される，意志的行為によって制定された自立的で階層的な規範群）を採用して，そのような法が支配することが「法の支配」だというなら，それは統治に対する形式以外の制約を一切科さないものになるだろう。そのような「法」概念では，法の支配はほとんど意義のある政治理念たりえない[2]。形式に加えて法に，内容上の普遍化可能性とかインテグリ

---

(1)　【後注】法哲学年報のこの号は，最近JStageで公開されたので，笹倉リプライも以下のURLから見ることができる。https://www.jstage.jst.go.jp/article/jalp/2010/0/2010_129/_pdf/-char/ja

(2)　【後注】たとえば中国政府（および共産党）は，モンゴル・チベット・ウイグル・香港の人々に抑圧的な規制をかける際して，それが中国本国での（全人代などの）手続

第2節　笹倉応答へのコメント（replication）

ティーとかの条件の充足を要求すると，それは統治にたいする徐々に具体的な制約となってくる。それでも，歴史的・文化的なものと切り離された形で内容上の一貫性などを要請するだけであれば，法の支配はほとんどの文化的背景と両立可能なものになるだろう。神権政治だろうが，独裁制であろうが，多数派専制主義的民主主義だろうが，そして「権利」という語に対応する概念をもたなかったかつての日本を含む中国文化圏だろうが。だいたい，法の支配がそのようなものであるなら，それを熱烈に支持したり要求したりする社会階層というものを想像することも難しくなってしまう。

　私の理解はこれと少し異なっている。そのような，別に具体化される任意の内容を入れるための箱のようなものではなく，具体的内実を伴ってそこに「ある」ものだ，というのが「法の支配」という理念またはイデオロギーの前提にある法の概念なのではないだろうか。その法は基本的に，誰かが作るものというより発見されるものであり，人々の権利意識の発露の一部を「正義」として正当化するものである。「私法の支配」という私の言い方を笹倉は冗談だろうとして批判するが，この「私法」は，所有権とか契約とかを基礎づける一般的規範の体系そのものというより，その結果として人々が現実に享受している個々の権利または財産とか，契約上の地位とかと一体となるものである。むしろ当初はそこに重要なものとして，身分上の地位も含まれただろう。マグナ・カルタが多くの条項を割いて王権から守ろうとする中心部分は，（私有財産の）相続の権利なのだから。別に私が述べたように，「私」法とは，個人の決定がそのままで直接，社会的決定となることを可能にする法である。「法律行為」とはまさにそのような社会的決定を個人が行うものである。これは公と対立するのではなく，私法の結果として内容が変化しつつある具体的な法＝権利の世界があり，それを守ることがまさに権力と公的制度の目的となるようなものである。むしろこの種の体制においては，これが公的な秩序のもっとも重要な部分なのである。結局はホッブズの主権者もロックの政府も，そのために存在させられるのだ，と私は理解している。それもそれがなされるのは，「契約」という私法的制度を経由してなのである。刑法の中心部分もまた「私的法益」を守ることにあるのだから，その限度では刑法もこの体制の一部である。そもそ

きに従って制定された「法」によることを強調する。我々は，（人々の権利意識と無関係な）この種の支配を「法の支配」と呼ばねばならないのだろうか。それは，法家思想に依る秦王朝以来の中国の伝統の中にある「法」には近くとも，西欧における法の概念からはほど遠いのではないだろうか。

もコモンロー的には，刑法も私法的論理に包摂される傾向が強く，そこでの検察官は民事の原告に近づく。観念上統治者から独立の，このような権利を担保する「法」が，誰が立法したわけでもなくそこにあり，その中で具体的な権利関係として営まれる社会関係が，政治的な介入に優先する地位を保持していることがまさに，「法が支配している」ということなのである。もちろんそのためには，そこで権利の交通整理を行っている裁判所の権威が政治権力者の権威と相対的に独立していること，また裁判に携わる法曹たちが独立の強固なギルドを形成していることなど，いくつかの条件が必要である。

笹倉もいうようにこれは，アングロサクソンに特有なものとばかりは言えない。共和制と帝政を通して，古代ローマの社会自体，世界史の中の他の文明と比較して，このような法中心の社会モデルを採用している点に大きな特徴があったのは周知のことである。それを継受した大陸法もまた，特にその私法学において，この要素を大きく残している。社会契約論で，国家の成立以前に「契約」が可能になる手品の種がここにある，という点は別に指摘した。ただ歴史的には，発見するものとしてでなく人間が自由に意志によって創造するものとして「法」が捉えられるようになるにつれて，法概念は「法の支配」が想定しているそれから外れて行くので，ついには「法の支配」の意味そのものが理解不能もしくは表現不能になる，のである。「私法」の語で，完成された後の「抽象的個人の相互関係の法」という形態のみを考える必要はない。そうすれば，これが少なくとも西洋世界では「法」そのものだったことが理解できるのではないだろうか。もちろん，「法の枯死」としてエンゲルスが語っているのも，パシュカーニスが同じことをいうのも，この法についてである。そしてケルゼンは，この意味の私法と公法の区別を，歴史的沿革に暴力を加えて，前者を後者に包摂することによって「論理的に不要なもの」として廃止しようとする。もちろんこの包摂が完成すると，法は別のものになり，社会主義・共産主義とも両立するものになる。だからケルゼンは，パシュカーニスらの「法の枯死」論を批判するのである。

笹倉のリプライで私が奇妙に感じるのは，国家を被告とする訴訟の起源を英米と日本で比較する時，異なったものを比較している点である。英国の1947年のCrown Proceedings Actと比較するなら，1962年の行政事件訴訟法だろうか。米国の1946年のFederal Tort Claims Actに対応するのは，1947年の国家賠償法だろうか。しかし笹倉の言うように，その種の実体法・手続法がなくとも日本では，1916年に遊動円木事件は訴訟になっている。では，それに

第 2 節　笹倉応答へのコメント（replication）

対応する英国や米国の判例は，どれほど古くまで歴史を遡れるのだろうか。要するに，訴訟法や実体法がなくとも，訴訟は行われるのである。むしろその後から，立法，法典編纂，restatement が行われるのが，私法的世界の通常のあり方なのである。これは行政法においても，基本的に同じである。

英米の行政訴訟がどれだけ古くまで遡れるのかを調べてからこの原稿を書く予定だったが，残念ながらこれは次稿にせざるをえない。ちなみに，私が尋ねた英米法学者は英国について，「中世でしょう」と言っていた。

2　社会契約論と法概念

上で一部書いたので省略するが，ポイントは社会契約論の「自然状態」は，一部であれ私法的関係が成立している世界だ，ということである。ただホッブズはそこから排他的所有権を外して（非排他的な所有は自然状態にも存在しており，そのことが争いを生む原動力となる），それを再導入する目的で主権者を打ち立てる。ロックはそれも外さないから，打ち立てられる政府の仕事として残っているのは，ほとんど訴訟制度や執行組織のみである。

3　市　場　論

これも既出の議論なので，詳論を要しない。右も左も含めて経済学者がハイエクをもっとも高く評価し，標準的な経済学教科書に収録される彼の論文は，市場を情報処理の制度として捉えたものである（論文「Economics and Knowledge」）。社会に拡散している情報をもっとも有効に利用する制度として市場を理解する，ということであり，これは現在の世界で，ロシアも中国も労働党政権下のイギリスも社民党下のドイツも含めて，常識になっているかと思う。笹倉が賭と決断の要素を強調することは正しいのだが，その賭を個々人が異なった戦略のもとでするのか，集合的決定をとおして全体がぎこちなくするのか，が自由な制度と全体主義の違いである。そしてもし功利計算が真に可能であるなら，全体主義を否定する理由はなくなると私は考える。実際，情報処理技術の発達によって，そのような社会がくるのかもしれない。前提が変われば当然結論も変わるはずだから。

4　歴史・思想史

笹倉は，私の上げた論点，つまり，法概念論，社会契約論，市場論，分析と総合・先験と後験という知の区別，などを「些末」と呼んでいる。私の議論は

稚拙であったり誤っていたりするかもしれないが，これらの論点そのものが些末だ，という判定には正直驚かされた。今回のリプライで，もっとも常識外れで，それゆえ興味惹かれる部分である。だから笹倉がこれらよりも重要だといっている「上巻「はしがき」で示した諸事項」を読み直してみた。そこに示されているのは，2007年度の法哲学会の報告で笹倉が語っていた，「複数の川の流れとしての思想史」論である。2007年の笹倉の話は確かに覚えているから，印象深かったのだと思うが，それほどの強調点が置かれている論点なのだとはまったく気づかなかった。これは笹倉の歴史観なのだと思う。

　確かに，笹倉をヘーゲル主義者だと決めつけるかのような私の議論は，印象を根拠としていてあまり質のよいものではなかった。しかし笹倉が歴史観を上記の「些末な」論点よりも重要だとする点自体が，私にはヘーゲル的なものを感じさせるのである。歴史観は人それぞれでいいのではないか，と私なら考える。思想史を構成している個々の思想家とその著作は，それらを対象として語っている思想史家と少なくとも同程度の複雑性をもち独自の視点を体現している。そしてもちろん相互に大いに異なっている。それを全体として川に例えようが山に例えようが，対象と論者とは同じ大地に立っているにすぎないのではないか。そこに川が「ある」なら（これは法が「ある」のと同じ意味だが），われわれはそれの認識について，その真偽を語ることができるだろう（「ない」なら，それは幽霊と同じ存在資格しかもたない）。しかし，思想史はそんなものを対象にするべきなのだろうか。私には大いに疑問である。結局私には，歴史観という論点よりも，些末と呼ばれた諸論点の方が，その真偽を論じるに値する重要な論点に思われるのである。

5　存在の段階説

　勝手にそう呼んでみたが，私がマルクス主義者だった頃に聞かされたもので，世界はそれぞれ異なったレベルで存在しており，その個々のレベルの理論はそのようなものとして真である，といった理解のことである。

　化学と物理学を統合することは長く行われなかったが，その時代にはそれぞれ，化学的世界と物理学的世界が別に段階を異にして存在している，といった理解も一般的であった。しかし研究が進んでみると，学問的区分は時の認識のレベルに規定されているだけであって，世界または存在の方が区別されているわけではない，ということがわかってくる。物理化学は今ではごく普通の学問であり，物理学的世界と化学的世界が層を異にして別にあるとは誰も思わなく

第 2 節 笹倉応答へのコメント（replication）

なった。まあいえば，物理学的世界像の方が存在に近く，化学的世界像は実践的必要からくるその省略版であり，必要な場合には可能な限り前者に立ち戻って研究することで，それまでなかったレベルの新たな知を生み出すことが可能になる。だいたい自然科学者はそんな風に考えているのではないだろうか。しかし，社会科学と自然科学の間もこのように統合できるのかには疑問もあるから，この種の議論を全面的に退けようとは私も思わない。しかし逆に，それに安住するかに見える笹倉の弁明を評価することも，私には難しい。
　……
　まだまだ論じるべきことは多くありそうだが，論争や対話は，（裁判とちがって）どこかで終わらせる必要もないのだから，今回の replication はここまでにしておきたい。次は rejoinder になるはずである。

第IV部
ポパーを契機に

第15章　無知の知をめぐる考察

第1節　「知る」の文法

　日本語でも英語でもそうだが，「知る (know)」という動詞は特殊である。というのも，

　　I know that ...S₁...

という場合，この that clause の中の S₁ (sentence 1) には偽であることがわかっている文を入れることができないのである。
　「私は太陽や星が地球の周りを回っていることを知っている」とか「最大の素数が存在することを知っている」と言うことはできない。「知っている」ためには，そのことは真でなければならないからである。もしこのような文を発した後で S₁ が偽であることがわかれば，同時に know 命題全体も偽となってしまう。だから，「私は知っていると思ったけど実は知らなかったんだね」という風に，発言の訂正が必要となる。
　もちろんこれに反して，「信じる (believe)」の場合にはこの制限はない。

　　I believe that...S₂...

の場合，後に S₂ が偽の命題であるとわかっても「S₂ を（真だと）信じた」ことに変わりはないから，この believe 命題自体は真であり続けうるのである。この know と believe の差をめぐって哲学 (philosophize) することもできる。
　真なる命題にしか使えないという形で，目的節となる命題について，その意味や形式ではなく命題とそれを真にする世界との関係（真であること）を限定するのは know 動詞がもつ奇妙な働きだが，これは単に know 動詞の文法にすぎないと私は考える。そして，哲学の中で大きな部分を占める認識論 (epistemology) は，この点を誤解しているのではないか，という疑いをもっている。誤解の論理は以下のように進行する。

- know する仕方がわかれば，その仕方に従って得られる S は常に正しいはずである。
- そのように（正しく）know するにはどうすればよいのだろうか……。

かつて認識論の論文や本を読んでいた時，こんな風に議論が進んでいるように感じた。もちろんこれは誤った問題設定である。knowという行動にそのような特殊な力があるのではなく，それは単に上記のような文法の問題，つまり「knowという動詞の使い方」の問題にすぎない。つまり，knowとbelieveの間に，（動詞が表現する）活動としての差があるのではなく，その語を扱うについての社会的ルールに差があるにすぎないのである。ポパー的に（つまり可謬主義的に）考えるなら，（誤らないことが保証されているような）knowする「特別の仕方」などどこにもないのである。

　これは確実性（certainty）の問題にも関係する。たとえば，「知る」ためにはその対象は「確実」でなければならない，といった風に。しかし確実性に関しては，ポパーの文章で以下のようなシャレたものがあったと記憶する。「もし私の手に指が5本あることに私の友人の命がかかっているというなら，私はもう一度手をポケットから出して，本当に指が5本あるか数えるだろう[1]。」要するに，確実性についても，それを保証する特別な方法はなく，必要に応じて確かめるだけのことだ，と言っているのだと思う。

第2節　『テアイテトス』の読み方

　彼の中期の対話篇『テアイテトス』でプラトンが描くソクラテスは，知（渡辺邦夫訳[2]では「知識」：エピステーメ）について，対話の中で以下のように議論する。

　「知とは何か」というソクラテスの問に対して最初テアイテトスは，「テオドロスさんのところで人が学べること。つまり，幾何学，天文学，計算，音楽，その他教養にかかわるあらゆること（が知だ）。」と答える。しかしこの答は，問を理解していないとしてソクラテスに退けられる。

　あたなの答は「〇〇の知」の〇〇の中に何が入るかを答えているにすぎない。私が尋ねているのは，前半の〇〇の方ではなく後半の「の知」の方だ。

---

[1]　正確には「ポケットの中の私の手について，私は自分の両手にそれぞれ5本の指があることをまったく「確信」している。しかし，もし私の最良の友人の生命がこの命題の真理いかんにかかっているとすれば，私の指のどれかが奇跡的に失われなかったことを「二倍」念を入れて確かめるために，ポケットから手を引き出すかもしれない（またそうすべきだと考える）。」『客観的知識』森博訳（木鐸社，1974年）92頁。

[2]　光文社古典新訳文庫，2019年。

たとえば，粘土で色々なものが作れるから，「陶工の粘土」「炉作りの粘土」「レンガ職人の粘土」と言うことはできるが，それらを挙げてみても「粘土とは何か」に答えたことにはならないのだから。

　この類比推論は正しいだろうか。少し批判を試みてみよう。粘土は特に何かに加工しなくとも粘土であるから，その素材としての一般的性質自体（種類，比重，乾燥させたり炉に入れたりした場合の変化，その他）を云々することはできる。しかし知は，何かの知としてしかあり得ないのではないか。何かを知るという形以外に知それ自体が存立できるわけではない。だから，粘土との類比（「の知」自体を問うこと）はミスリーディングではないか。

　あるいは，以下のような含意がこの議論の背景にあるのだろうか。ギリシャ哲学では，エピステーメ（真知：ここで「知」と言われているもの）とドクサ（臆見）の区別が重要と考えられた。この区別を単に，学問的な知（「学知」）と迷信などを含む常識的・非専門的な知（らしきもの，思いなし）の差と考えるなら，特に問題はない。（ギリシャで発生したともいえる，ある意味「倒錯的」な愛知的）「学問」は，その限度で非学問的なものから区別可能だし，その区別に意味もあるからである。しかしこれを，誤りえない真知と誤りえる臆見の差と考えると，我々は迷路に誘い込まれるように思う。

第3節　ポパーの場合

　その場合ソクラテスは，臆見と厳格に区別された意味の真知を問うていることになるだろう。しかしこの問題設定は，ポパー的に見て正しいだろうか。以下この点を考察する。

　ポパー的に考えるなら，我々は普遍命題について，事前にその真を知ることはできない。それらはあくまで，仮説でしかありえないからである。それらが反証の試みを生き延びて保持されているとしても，仮説としての資格から真知の地位に上ることができるわけでもない。個別（単称）命題については，少し面倒な議論が必要かもしれないが，これも結局ポパー的にはその真は保証されない。もし疑いがあるなら，同じ実験や観察をやり直してみるだけである（本書第19章，参照）。

　科学という集団的・社会的営みの中で保持されている現状の（正しさを推定されている）諸命題はあるが，それらは厳密な意味での真知ではないから，その意味では臆見・ドクサにすぎない（エーテルの例など，科学者の常識が大間違

いだった事例は歴史に多く存在する)。それなら，真知を問うソクラテスの問自体が，結局無意味なものとなるのではないだろうか。要するに，ギリシャ人たちが憧れた，獲得の仕方によって他と区別されるような真知などないのである。

第4節　無 知 の 知

ではソクラテスの「無知の知」とは何なのか。一つの読み方は，関曠野『プラトンと資本主義』[3]に示される，「無敵の論争法」(嶋津の命名)である。当時の有名な知者(ソフィスト)たちを論争に巻き込み，相手を論破しながら，自分は無知の知という姿勢を取る。「あなたは知っていると言いながら知らないが，私は自分が知らないことは知っている」からエライ，という議論である。しかし「ムチノチ」という4つのシラブル(ギリシャ語で何と言うか知らないが)を発話すれば論争に勝てる，というなら，気の利いた小学生でもできることである。そんなことに意味があるとは思えない。

しかしソクラテスが論争で，相手に困難な(多分回答不可能な)問を与えながら自分では答えない(その努力もしない)という態度を取るのは，やはりフェアーには見えない。では彼は何をしようとしているのか。

関曠野がいうようにソクラテスが自分で(無知の知による)知者を演じている(無内容な)自作自演の彫像だとしても，その像がポーズとして取っている姿勢に意味がある，というのが私の考えであった(『問としての〈正しさ〉』1章，参照)。

「自分は無知だが，そこに知るべきものはあるのだ」というポーズは，それを知ろうと努力する方向へと人々を導く。単純で素朴だが知力に長けた若者たちは，ソクラテスが示した方向へと(本物の知の方向へ)矢を放ちはじめるだろう。信仰や慣習，常識などから自由な，理性的な問題の処理，大規模な世界理解の改変，など後に(たとえばフランス啓蒙などの)「哲学者」が行おうとした活動の端緒がそこにはある。もちろんこれは同時に，成功の保証のないかなり危険な(既存の常識と社会秩序の)破壊行為でもある。だからソクラテスは，訴追された訴因(ポリスの神を信じず，異教の神を持ち込み，若者を堕落させた)について，有罪なのである。

しかし，これにはいくつかの留保が必要であるように思う。

---

(3) 北斗出版，1982年。

第4節　無知の知

　民主主義的な政治を行っていたアテナイに対して，知の観点からそれを批判するというのは，ソクラテスの後プラトンが取った基本戦略である（『〈正しさ〉』13章, 参照）。ここでのポイントは，プラトンが必要な（魂の世話の）知がすでに（善のイデアの観照によって）哲学者の手に入っているとする（しかしその内容は言語化できないと言う）のに対して，ソクラテスはただ，矢を射るべき方向を示しているだけで，「無知」を主張している，という点にある。

　すでに正しい解答を知ってしまっているという意味の知者がいるなら，民主主義的な手続きは余計であるだけでなく有害であろう。数学問題の解答を民主主義の手続きで決めるのは愚かだからである。むしろ，大きなジグソー・パズルを社会の全員でやる，といったマイケル・ポラニーの描く自由社会のイメージがこれに替わるものになるのかもしれない（『自由の論理』[(4)]）。

　もう一つの問題点は，ソクラテスが取っている（そして対話編を書いているプラトンもそれを支持している）らしい想定である。私が疑っているのは，以下のような発想である。

　「善のイデア」がもし「知られるなら」，つまり「善い」という形容詞の本質を知ることができれば，すべての善きものを知ることができる。善き家，善き人生，善き魂，善きポリス，善き政治……。だから，善のイデアを観照した者は，理想的なポリスの指導者になれるのである。同じ論理を「知」に適用すれば，「○○の知」において，○○を特定しなくとも「の知」の部分だけ解明すれば，すべての知を自分のものにすることができる……。

　無知の知論は，エピステーメの意味での知の存在を前提し，人々をそれに駆り立てる。そしてソクラテスの想定している知がこのようなものだとすれば，それは大きな誤りだと言うしかない。むしろ我々にとって重要なのは個々の○○の方である。当初に述べたように，知は「知る（know）」という動詞の名詞形であり，それは何かを知るという形でしか存在しえない。そして何かを知るためには，それぞれの対象に対応する様々な方法に従うしかないのだから。

---

(4) 長尾史郎訳, ハーベスト社, 1988年。

第16章 「開かれた社会」は開いているか

第1節　後知恵として

　本稿の目的は，ポパーが『開かれた社会とその敵』[1]（以下本稿では『開』として引用する）において打ち出した「開かれた社会」論を，現在の観点に立って再検討してみることにある。もしこの概念もしくは同書全体の学問的貢献を思想史上公平に評価しようとするなら，我々はポパーが同書を書いた時点，つまり第二次世界大戦下の政治・思想的背景の中にそれを位置づけて，当時の思想状況の下で同書が果たした役割とそれがもった含意を探らねばならない。しかし本稿では，同書のもつこの意味での意義と価値の大きさは当然の前提であると考えて，改めて論じることはしない。むしろポパーのこの本が，あたかも昨日書かれたかのように扱って，その現代的意義または欠点を考えようというのである。

　もちろんこれはあるいは，後知恵的に何らかの「無いものねだり」をすることにつながり，その意味でポパーに対してフェアーな態度ではないかもしれない。しかし，それが読まれる時代に対するレレヴァンスをいつも問われ続けることが古典一般の宿命（または定義そのもの）であるとすれば，ポパーの著書に対してこのような成立の時代を無視した無理な要求をしてみることは，その古典的意義に敬意を表する扱いにもなるといえる。それゆえ，「開かれた社会」論について，もしうまくその「無いもの」が同定できるなら，本稿はすでに半分成功したといえるだろう。もちろん逆に，ポパーの議論を振り返って見ることで，我々は当今の議論の欠陥や浅薄さを思い知ることになるかもしれない。その場合ポパーの本は，それこそ古典本来の積極的役割を果たすことになる。

---

(1) 原書 *The Open Society and Its Enemies*, Routledge and Kegan Paul, 1966 (1945). 複数の邦訳があるが，タイトルの訳が異なったり補論部分の訳がなかったり様々なので，以下は章等の番号のみで引用する。

第2節 「閉じた社会の理論」vs. 民主主義

　「開かれた社会」の概念は，プラトン，ヘーゲル，マルクスの社会＝国家理論を「閉じた社会」の理論であるとして批判しながらそれに対置されるものとして提示された。この議論の基礎には，ポパーが科学方法論で扱った批判的合理主義，なかんずく可謬主義（fallibilism）の考え方がある。後者は，人間は科学の場合を含めて，いかなる方法によっても確実な認識を得ることはできず，すべての知は誤りうる，とする立場である[(2)]。ただそのような可謬的認識は，原理上批判可能な形式の言語表現を与えられることで，社会的な論駁に晒され，この過程を経ることで，それを産み出す当該の主観を越えた客観性（間主観性）・合理性をもつことができる，とするのが前者の批判的合理主義の立場である[(3)]。

　ところがプラトンにおいては（特に『国家』において），愛知者（哲学者）は「善のイデアの観照」という一種神秘的（いずれにせよ，非言語的で直覚的）な営みによって，一般人には知りえない正しい「魂の世話」のあり方の知（それも臆見と対置される誤りえない知としての真知）をすでに手に入れており，だからポリスの場において集団的にそれを実践する（させる）ために彼が統治を行うことこそが国家と政治のあるべき姿だ，と論じられた。つまりプラトンは，

　　①政治は（「合意の場」に対置される）「知の場」[(4)]であり，
　　②その知が既に愛知者によって入手済みであり，
　　③その知は言語を超越しているために内容の言語化は不可能であり，それゆえ（ポパーの意味で）「合理的」な批判に晒しえないものだ，

とし，これらを論拠とする知的エリート主義の前提から，徹底的な反民主制論を展開した。

---

(2) 論理的には当然，この可謬主義そのものの可謬性（つまり何らかの意味で，可謬主義またはその明示・非明示的前提群の中に，誤りが含まれている可能性）がまず問題になるが，後の汎批判主義が中心的に論じたこの問題は，ここでは問わないことにする。参照 W. W. Bartley III, *The Retreat to Commitment*, Open Court, 1984）。なお，後述の注(6)も参照されたい。
(3) ポパーの科学方法論に関する私の見解については，本書第19章を参照されたい。
(4) 「合意の場」と「知の場」については，『問いとしての〈正しさ〉』24章参照。

第3節 「開かれた社会」論

　プラトン理論の三要素のうち①の逆は、政治を純粋な合意（または意思決定）の場と考える立場（¬①と呼ぶことにする）である[5]。それは純粋な手続的真理（手続的正義）の場といってもよい。一部のソフィスト達は¬①の立場をとっていたと考えられるし、ソクラテスの彼らに対する批判はこの点に集中しており、その点だけを取るなら、プラトンの反民主制論は忠実にソクラテスの論点（手続外的真理・正義の探究、またはそのポーズ）を継承している。②の点では「無知の知」を強調するソクラテスとプラトンは正面から対立し、この点に注目してポパーは、プラトンを徹底的に批判しながらソクラテスを高く評価する[6]。

　ポパーはもちろん、¬①（「政治＝合意の場」説）の立場を取らないから、ここでは基本的にプラトンと同じ陣営に与している。事実と基準（または命題と提案、事実と決定）の二元論をとりながらもポパーは、後者（基準・提案・決定）の領域について、その「改善」「（新たな正しい基準の）発見」が可能であると考え、その規制理念としての「正しさ」の機能を認める。そしてこの領域で「絶対的真理」を求めることすら無意味ではないと主張する（『開』追録13）。だから、ある集団においてある時点で成立した真正な合意の内容も、原理上「誤りうる」ものなのである。

　事実に関する命題の（対応説的な）真理とは異なるけれども、規範的領域における様々な見解についても、それを表明する当該の人（人々）の主観的評価と別にそれが「誤りうる」ものであるなら、知的な立場に立って原理上それを「（誤りだとして）批判」したり「改善」を要求したりすることができることに

---

[5]　現代ではたとえば、J. ブキャナンなどの公共選択論に代表されるような経済学のパラダイムに従う議論は一般に、明示的にこの合意モデルを擁護する。cf. Brennan and Buchanan, *The Reason of Rules*, Cambridge UP, 1985.

[6]　③については、このプラトンの立場とポパーの客観性または批判可能性要求とは相入れないが、ソクラテスの立場は不明である。また、ポパーは後になるほど批判的合理主義が、理論というより「態度」であることを強調するようになる。ではこの「態度」はそれ自体、いかにして「批判」や「論駁」に晒され、その態度を採用する者と切り離して客観化されうるのか。それともこれは客観化されえないもの、何かプラトンの③に似たものとして、合理性の枠外に留まるのか……。内在的なものに限定しても、ポパーを巡る疑問は広がってゆくようである。

第IV部／第16章 「開かれた社会」は開いているか

なる。この領域においてポパーは，事実問題や科学の場合と同様または（提案や基準の方が事実認識より誤りやすいだろうと言える限度で）それ以上に可謬主義の路線を歩んでいるいってよい[7]。それゆえ，個人の選好の定義上の無謬性を（暗黙にまたは明示的に）規範的議論の前提にするようなミクロ経済学の傾向や，純粋な手続的正義の発想[8]，これを基礎にするタイプの社会契約論は，原理上ポパーには無縁のものである。

このような枠組みの中で，ポパーは彼の科学方法論と同型の方法を民主主義論に適用する。つまり民主主義は，通例のように人民の自治または多数派の支配として正当化されるよりもむしろ，（支配・被支配の関係は変えられないが）それが，統治を担当する者が「誤っている」場合に彼を平和的に交代させ，その支配を制御することを被支配者に可能にする実際上唯一の制度だ，として擁護されるのである（『開』19 章 II および V）。もちろんこの議論の筋道に従うかぎり，人民の判断も可謬性をもつはずだから，この支配者の交代が常に「正しい」という原理上の保証もない。それどころか，人民の選好の無謬性を仮定しない場合，可謬的な「判断力」自体の優劣およびその適用結果を言語的に論証する「客観化」の能力の優劣という形で，プラトンの②の要素が薄められた形でではあれ入り込んでくることをいかに拒絶できるのか，もよくわからない点である。ポパーは，可謬主義・批判的合理主義を知の平等主義と等置する傾向がある（『開』24 章 I では「私が誤っていてあなたが正しいかもしれない……」とういう態度が強調される）が，たとえそれが可謬主義を前提にしていようと，科学が卓越した専門家である一部の科学者達の間のエリート主義的な営みであることに疑問の余地はない。

科学のモデルを直接，集合的＝政治的決定の場面に適用するというプラトン以来の発想には，固有の困難と危険が伴うように思われる。

---

(7) 【後注】ちなみに，井上達夫『規範と法命題』（木鐸社，2021 年）は，彼の若き時代の助手論文が元になっており，法命題と独立の（そしてそれを真にする）規範の存在を論じ，論理的にこの立場を純化・徹底している。規範ファナティシズムになる危険を感じるが，優れた業績である。

(8) 「無知のヴェール」による情報上の制限を伴うとはいえ，「基本財」の分配問題にのみ限定され，「善」の問題を各人の選択の問題としてその対象から排除するロールズの正義論も，広くは手続的正義論としてここに含まれると考える。というより，「正義」と区別された「善」の内容に完全にノン・コミッタルなものとして論理的に定式化された「リベラリズム」はすべて，ここに含まれるように思われる。

第4節　経済的介入主義

　ではポパーがそれについて「正しい」とか「誤った」とかを論じることができるという政治的決定の具体像はいかなるものであるのか。ここでの鍵概念となる「漸次的社会工学」の発想は，ユートピア論に対置されて当初から導入される（『開』9章）が，その言葉でポパーが考えているものの内容がもっとも明らかになるのは，マルクス論の中でである。

　ポパーのマルクスに対する扱いは，プラトンやヘーゲルの場合よりもずっと同情的である。マルクスの歴史主義は方法として批判され，予言の内容は完全に誤りだったとされる（『開』21章）が，その経済学は，「抑制されない資本主義の分析としては」評価されるべきものと考えられる（『開』16章Ⅱ，20章Ⅰ）。当時の社会の現実，契約の自由など形式的な法的権利の平等と自由がいかなる現実の不平等を惹起し，「搾取」を可能にしているのかについての社会学的事実の記述，およびそれに対するマルクスの道徳的義憤は，共感をもってポパーに迎えられる（『開』17章Ⅱ，22章）。

　結局マルクスが批判されるのは，彼が詳細に描写してみせた資本主義下の労働者の悲惨な状態が，階級闘争の激化と暴力革命による労働者階級の国家権力奪取によってしか救済しえないという結論を，「歴史主義」をとる彼の社会科学＝政治哲学が歴史の必然的道筋として提示した点である。ポパーはこれに対して，民主主義による資本主義の抑制または国家による市場経済への介入主義（interventionism）の可能性を主張する。この文脈においては，「漸次的社会工学」は「修正資本主義」→「福祉国家論」→「社会民主主義」の別名となる。この選択肢の可能性をはじめから否定または無視するマルクスの議論と予言は，すべて形而上学的ドグマと論理的飛躍に依拠するものであって，それらはその後の事実の経緯（特に西欧諸国における種々の社会政策による労働者の生活条件改善という事実）によって反駁されている，として批判される。

　もし自由が防御されることを望むなら我々は，無制限な経済的自由の政策が国家による計画された経済的介入によって置き換えられることを要求せねばならない。抑制されない資本主義が経済的介入主義に道を譲ることを要求せねばならないのである。（『開』17章Ⅲ）

第5節　どれほど開いているか

　ではこの選択肢はいかなる意味または限度で「開いている」のだろうか。ここでやっと我々は，この小論を始めた当初の問題へと辿りついた。この立場は，代表制民主主義の制度を通して成立する種々の集合的意思決定を「国家」の意思とみなし，それによって正当化される国家機関の活動によって市場経済に介入するとともに，その介入の結果を誰かが何らかのやり方で成功や失敗と「評価」し，それに基づいて次の意思決定を行うという形で，政治に試行錯誤の方法を適用する。このポパーの推奨する方策が，真に「自由の防御」になるのか，という問題である。ここで防御されるべき自由としてポパーが考えているものが，ヘーゲル的な集団化された自由概念ではなく，（経済的自由を軽視することはあっても）何らかの意味で個人主義的な自由であることは，疑いがない。

　そうであるとすれば，この種の発想がそのまま現代世界に適用可能であるか否かを巡っては，検討すべき論点が膨大にあると言わねばならない。リバタリアン達による様々な反論（その要諦は，現代における自由への脅威は主にこの種の民主主義から来るのだ，という主張にある），公共政策学派の「政府の失敗」論による国家の機能についての懐疑，市場が現実に果たしている個人行動への制御・社会の秩序化機能と規範的な個人主義的権利秩序との間の内在的関係，「福祉国家の危機」として論じられる（もちろんポパーのこの本以後に我々が経験することになった）様々な皮肉な現象など，現代の政治・経済・法をめぐるすべての問題が，ここに関わってくることになろう。やはりこれを正面から論じるのは，ここでは無理のようである。だから，解答の試みは先送りにしたまま，ここでは問題の定式化だけしておこう。

　（漸次的社会工学という形で）集合的決定に対して社会が最大限開かれていることと，そこで生きる諸個人の決定にとって（実際に）社会が開いていることとは，予定調和の関係に立つのだろうか。

　それとも，後者の意味での「開いた社会」を実現するためには，前者の意味の「開かれた社会」には制限が設けられねばならないのだろうか。その場合，この制限は集合的意思決定による自己抑制によれば足りるのか（それならこの抑制自体が「試行錯誤」の範疇に収まることになる），それとも「（個人の）権利（についての理）論」「（日常の政治決定とはレベルを異にする制度設計についての）立憲的合意」「（合理的根拠に還元できない）道徳」「（慣行的にその社会に行われる

第5節　どれほど開いているか

信念としての）正義感覚」「（リベラリズムなどの包括的）イデオロギー」など，これとは別の原理によらねばならないのか。

第 17 章　進化論ヴァリエーション

　生物学における進化論の意義は，それが生物の発生の説明に神を持ち出す必要から我々を解放してくれた点にある。進化論のどのヴァージョンを採るかにかかわりなく，これにより，人の理解を遙かに越えるほど精緻な構造を備えた様々な生物の形質の生成が，一応説明可能になる。動物についてその形質をコンピューターのハードとすれば，そのソフトにあたる「（動物）行動」も，動物行動学の成果が示す通り，同じく「進化」する。ある場合には，行動または傾向性の進化が先行して形質の進化を促す（高い所にある葉を食うという新たな性向がキリンの長い首の発達を促す条件を生み出す？），としか考えられないようなことも起こる。いずれにせよ，このハードとソフトの進化が，密接な相互作用の下にあることは確実である[(1)]。

　この説明方法が適用できる領域は，生物種の起源という本来の場を越えて広大であり，ほとんど限界がないかのごとくである。というより，進化つまり創造者なき発生（創発）のアイデアは，もともと言語や習慣，貨幣，不文法など，社会諸制度（institutions）の生成について，ダーウィン以前から広く使われていたのであって，社会理論の分野には多くの「ダーウィン以前のダーウィン主義者」達がいる。勿論，ダーウィン後のそれは枚挙に暇がない。自然科学の分野でも社会科学の分野でも，また心理学や工学（蒸気機関や自動車の設計および製造技術の「進化」などを語ることができるのは当然である）でも，芸術上の諸様式についても，この発想が適用できない分野を想像することの方が困難である。もっとも後の二者では，それを「生み出す」人間のデザインが関与しているが，それにも関わらず，一人一人の発明家や芸術家が個々のデザインを越えた伝統と様式抜きに新たな「種」を虚空に生じさせうるという訳ではない。そしてこの伝統自体は，やはり進化論的過程として描かれるべきものである。そして，最近の科学哲学においては，科学の発達が諸学説の「進化」として語られる。つまり，現代において諸科学の成果と両立する形で（自然と社会およびそれを認

---

(1)　【後注】J. ヘンリック『文化がヒトを進化させた──人類の繁栄と〈文化–遺伝子革命〉』今西康子訳（白揚社，2019 年）参照。

識する人間の）コスモロジーを語ろうとするなら，進化論がその理論的骨格となることはほとんど不可避と思われる．その説明力の源泉は，この議論が，単純なものの中から複雑なものが生成するメカニズムを一般的で非神秘的な形で示す，ということの内にある．

K. ポパーでは進化的過程は，〈問題状況Ⅰ〉→〈多数の仮説（変異）〉→〈淘汰〉→〈問題状況Ⅱ〉というような四項図式でその骨格が示される．この図式は，生物進化と科学的知識の発展に共通して適用される（生物進化自体が，生物の身体内的な「知識」の発展過程として把握される）が，ここで特徴的なのは，第二項だけでなく第四項が「出現（emerge）」する点である．ポパーの非決定論のエッセンスは，どうもここにあるらしい．つまり，新たな状況である問題状況Ⅱ以後の段階における進化は，問題状況Ⅰでは予測不能だ，というのである（ちなみにこの論理は，彼の「歴史主義批判」の時に使われたものと構造上同じである）．

しかし考えてみれば，この図式には重要な項が抜けている．変異と淘汰のみで進化が語れないのは当然である．なぜなら，淘汰を耐えて残ったものの〈保存＝再生産〉の項が無ければ，新しくかつ有効な新種（仮説，様式，行動，…）は，外的な淘汰と無関係に消失してしまうからである．盲目的な保守主義の要素は，どこかで必ず骨格に混入されねばならない．

＊　＊　＊　＊

さて，私がここでごく素描的に行ってみようと思うのは，この広大な適用範囲をもつ進化論の骨格を主旋律として，いくつかのヴァリエーションを奏でてみることである．〈変異〉〈淘汰〉〈保存〉の各項を色々に変化させてみれば，いかなる描像が得られるか．これが論点である．

まず，上記の定式が，新種の「発生」を説明していないことに気づかされる．新しいもの，それも現在のものより複雑でより高い柔軟性，または適応力をもつもの（相対的な「高等生物」）は，〈変異〉の項を通じて外から突如闖入してきている．それはもちろん，淘汰に曝されることで選別され，そのことにより世界への適応可能性についての「知識」を体現することになる．それゆえ，それの候補であるにすぎない変異または仮説は，成功の保証のまったくないままただ登場しさえすればよい．これがダーウィン理論のポイントである．しかしそれだからこそ，この変異の頻度は，一つの定数として，この宇宙の中にあるのだ，と主張する構造を，この理論はとっていることになる．ランダムな変異

なら，神なき世界にあっても不思議はない。確かにその通りだが，いずれにせよ，それは存在していなければならない。複雑なものを単純なものへと解体してゆく（またはエントロピーを増大させてゆく）という，ある意味で自然な運動と逆方向の契機が，この宇宙に，それもふんだんに，存在していなければならない。シュレーディンガー[2]は生物を，処分可能なエネルギーを消費しながら負のエントロピーを維持するメカニズムとして語っているし，「知識」が「情報」と同じとするなら，それが（オーダーを無視するなら）エントロピーの逆数であることは言うまでもないから，この場合の〈変異〉は，〈（潜在的な形での）情報〉と同じだということになる。

　これに淘汰がかかることで，変異（仮説）は知識へと昇格するという。ただ，知識というからには，知るべきものは，知られる以前からそこにあったのだ，と考えねばならない。どのような仮説がこの世界に妥当するかは，仮説の問題ではなく世界の問題である。これはつまり，〈淘汰〉が，何らかの意味で客観的であるということである。この部分が前提と異なれば，進化論全体は，どんな姿になるだろうか。

　まず，我々は曲がりくねった山の尾根を（目を瞑ったまま）歩いているとしよう。尾根から左右に外れれば，谷底への落下が待っている。様々な「試行」が行われ，そのほとんどは「錯誤」に終わる。そして運よく細い尾根の伸びる方向に進んだ者だけが，生き残る。この場合には，我々の辿る足跡は（もし生き残るなら），尾根の客観的道筋についての「知識」または発見を体現している。

　特に政治哲学において，この種の想定は，保守主義の合理性を推定する議論（バーク以来の）に多用される。生き残ってきた伝統的なるものは，この種の知識を体現しているのであるから，それが如何に合目的的であるかを具体的に認識する能力が我々にあろうとなかろうと，それらは伝統であるという資格において尊重されねばならない，というのである。

　しかし，もし我々の歩む尾根がもっと広いとか，極端な場合には我々が平原を歩んでいて，何ら自然の制約のないところで（発見や知識ではなく）偶然的な「創造」ゲームを営んでいるとすれば，右の前提は妥当しないことになる。渡辺慧[3]は，時間軸と世界の推移との関係につき，〈多→1（many to one）〉と〈1→多（one to many）〉の関係を対比している。前者は普通のエントロピー

---

[2] A. シュレディンガー『生命とは何か』岡小天・鎮目恭夫訳（岩波新書，1951年）。
[3] 渡辺慧『生命と自由』（岩波新書，1980年）。

第Ⅳ部／第17章　進化論ヴァリエーション

増大系での関係であり，多くの区別可能な状態が，時間の推移とともに区別不能な一つの事象に収斂する。例えば，一定温度のぬるま湯になるのに，初期条件として熱湯と冷水の多数の組み合わせがあり得る。この場合，初期条件から終期条件のぬるま湯の状態を予測することは容易だが，終期条件を与えられても，そこから初期条件を知ることはできない。このような関係においては，現在の条件を探索することで，将来の予測が可能であり，「因果関係」を語る条件が成立する。しかし例外的に生じるエントロピー減少系での〈1→多〉の関係の場合は，この関係が逆になる。現在の情報から過去を知ることはできても，将来は見通すことができないのである。また，比較的遠い将来に達成される状態が分かれば，それに至る事象変化の筋道は特定することが原理上は可能である。ここに決定論を持ち込むことは可能だが，それは常に，何らかの事象が発生した後になってから，「そうなることは始めから決まっていたのだ」と言えるのみで，その発生の以前にそれを予言することは出来ないのである。これを渡辺のように「目的論的」世界と呼ぶことには，それなりの理由がある。

　もしこのような世界が「進化」の場であるなら，ここでは，始めから発見され知られるべきものがあってそれを試行錯誤により手に入れる，という関係は成立していないことになる。前述の山の尾根モデルが破綻した，と言えるかも知れない。これは，ポパーの四項図式の，淘汰及び変異の項に関係する。

＊　＊　＊

　最後に，進化論モデルにおける進化の主体または淘汰の客体について，述べておきたい。ポパーにおいて科学の諸仮説と，それが淘汰に耐えることで生じる我々の「知」がここに入れられることは既に述べた。自由な競争市場における様々な商品も，このモデルに包摂しうるだろう。ハイエクは「発見過程としての競争」について語っている。一般均衡論が経済主体に完全情報が与えられていると前提して出発するのに対して，この理論は，不完全な情報に各個人が対処するための手段として，市場を捉えるのである。例えばアイドル歌手のオーディションに参加する候補者は，このモデルでは，自分の（アイドルとしての）社会的価値についての情報を確認するために，それをしている，ということにもなろう。その情報は，競争の結果が出てはじめて獲得されるのであって，競争の前に与えられている訳ではない。

　市場に限らず，公開された場で交換される様々なアイデアそのものも，ここでの生成の主体，淘汰の客体である。我々はそのような場に置かれてはじめて，

本来の「自己認識」を得るのである。重要なことは，ここで生まれたり死んだりするものは，人間自体ではなく，それが担う様々なパタン，当初にコンピューターとのアナロジーで「ソフト」と呼んだものだ，ということである。そこでは，人間の言語と模倣の活動の上に載って移り行き，進化する，アイデア的なるものとインフォーメーションのすべてが問題になる。これは尾根モデルでは発見の過程に見えるし，平原モデルでは寄せては返す波の戯れ，または構造主義的な（真理の発見の要素ぬきの）生成の過程と見えるだろう。勿論この二つの観点の間の選択は，それ自体がコスミックなこの世界のあり方の問題であって，決して論者の恣意的な選択や，決断の問題ではないはずだが。

第18章　進化論的認識論と非言語的要素

第1節　論理と心理

　ポパー理論の全体を通して，人間と生物一般の世界認識を理解する上で，「心理」の要素は極力隅に追いやられる。科学方法論を論じる初期の著作においては，特に心理主義排除と論理重視が顕著であるが，後期のポパーによる三世界論も，心理の世界である世界2と別に客観的意味の世界である世界3を設ける点に，全体の議論の主眼がある。ただそこでは「意識」の世界が世界2とされるが，意識は言語を中心にしており，これは世界3と連続しているから，言語化された世界2と世界3との境界を明確に定めることは困難であり，その区別の意義も疑問である。私はむしろ，人間の精神と行動を構成する要素の中で，言語にならない（まだなっていない，できない……）部分に着目して，ポパー理論に，その裏口から接近してみたいと考える。本来の意味における「論理」は言明間の関係であるから，言明にならないものの間には論理的関係の成立はあり得ない。だから，論理的な諸関係（矛盾・帰結・系・など）によって構成されている世界3（これは当該の命題を発言したり記述したりした個人の理解を越えた意味の間の論理的諸関係の世界である）とは異なる構成原理をもつものとして世界2を考えるなら，それを非言語的な心理に限定する方が，有意義であるように思われるからである。

第2節　ポパーの場合

　まず，『科学的発見の論理』（19章注9参照。以下『科』と略す）において，この意味における世界2が否応なしに表れるように思われる部分を見てみよう。

1　基礎言明

　ポパーの「発見の論理」は，帰納論理の可能性を否定することで，発見がいかに論理によらないか，を論証するものであった。もちろん，（どこかから）仮説が登場した後では，それに対する反証の試み（とその失敗）が強調される。

そして素朴なポパー理解においては、この「反証」は一見純論理的作業のようにも考えられる。しかし反証にも非論理的要素が含まれていることは、『科学的発見の論理』の中でポパー自身が認めている。それは例えば「基礎言明」の概念に見られる。

基礎言明とは何か。それは、それによって仮説の反証を行うというその用途によって特定されるのであって、そのため、観察可能な事象についての間主観的テストの可能な言明であるとされる。しかし、ここで観察可能性は未定義的概念であることが、ポパーによっても明示的に是認されており、何が観察可能であるのかは、結局のところ複数の観察者達の間で何が異議なく個々の「観察」結果として認められるか、という非論理的な偶然に依存するのである。論理的には、何ひとつ「観察」されない世界（「幽霊界」？：どの観察報告も他に受容されない）や、逆に、普通は神学や形而上学の命題とされているもの（を個別化した単称言明）がそのまま「観察」される世界も可能であることになる（それが直接「観察」されるなら、それ以上の基礎づけは要らない——または不可能である——というのが、まさに「観察（言明）」の論理的性格なのだから）。

また、知覚的経験は、この基礎言明を受容するについて、それを「動機づけ」たり、それと「因果的に結びつい」ているのみであるという。当然この「動機づけ」や「因果的関係」は論理的な関係ではない。というより、前述のとおり、「言明」になっていない「経験」が、何かの言明との間で「論理的関係」をもつことなどありえないのであり、だから、あえて言うならそれは、「心理的」関係なのである。もちろん、多数の人間の心理を併せたからといって、それが「論理」になるわけでないのは、言うまでもない。

2　反証仮説

次は、基礎言明より一つ抽象度が上のレベルを問題にしよう。ある仮説を反証するためには、論理的にはそれと矛盾する（真なる）単称言明が一つあればよいはずだが、単称言明（〈ある日ある実験室である結果が出た〉）はそのままでは反復・確認（間主観的テスト）できないから、それを一般化した命題（〈あるタイプの実験をするとあるタイプの結果が出る〉）＝反証仮説、が必要である。たとえそれが真であっても、いくらやっても反復（追試）できない一回きりの個別的観察の報告は、科学にとって無価値でしかない。では個々の観察結果が相互に一部矛盾するような場合に、その一方を「誤差」等の結果とみなして、観察について上記のような普遍言明（occurrence と区別される event についての言

明)を構成させるものは,何か.より簡単には,たとえ一つでも例外がある場合に,それにもかかわらずある反証仮説を受容させるにいたるものは何か.何を例外または誤差・実験ミス等と見なすべきかを決めるものも,論理の中にはないのだから,この判断も心理的でしかありえない.また,それが当然であるのか驚くべきかはさておき,これは,「反証」ではなく「験証(corroboration)」(19章注14参照)の構造をもつ.つまり,験証は,(当該仮説の)反証の如何よりも前の段階であるはずの実験結果の確定の段階で,すでに必要になる(〈実験で何が明らかになったのか〉)のであるから,これを「反証の試みの失敗」として,「反証」の概念に依拠して定義することは誤りであるように思われる.

3　理論の枯渇

それでは,「反証された仮説は捨てる」という戦略(「〈反証=放棄〉戦略」)は,実践的に正しいだろうか.もちろん,反証の成否と仮説の保持(retention)如何とを切断し,仮説が〈反証されているのに保持する〉ことを方法論として許容する,という用語法も論理的には可能であろう.その場合はこの戦略は採用されないことになる.しかしそれでは,ポパー理論の持っていた切れ味は大幅に減殺されてしまうのではあるまいか.それなら反証云々ではなく,仮説を捨てるか保持するかの判断をどのように行うべきかの方が,科学方法論において重要な論点になりそうだからである.

また,〈反証=放棄〉戦略を採ると,一つの難問がもちあがる.つまり,世界のありかたに関するほとんどすべての仮説が次々と反証されて捨てざるをえなくなり,手持ちの仮説がほとんどなくなるような悪夢(これを仮に「理論の枯渇」と呼んでおく)は,なぜ起こらないのか.実際,天動説だけでなく地動説も,特にコペルニクスの(円軌道を想定する)ヴァージョンでは,観察によって完全に反証されていたのではないのか.そうすると,ケプラーの登場まで,我々は天空の運動について何の理論ももたないまま生きねばならなかったというのだろうか.

たとえ厳密な「反証」がなされても,我々は直ちにその理論を捨てるわけにはゆかない.だとすれば,ここで理論を保持したり捨てたりする場合に我々が依拠するものは,「論理」であるのか.

実はこの問題は,周知のようにラカトシュによって一応解決されている[Lakatos 1970：19章注15参照].つまり,「反証」(というよりこの場合,"falsification" は字義どおり「(理論の)偽化」と訳した方がよいと思うが)は,一

つの理論とそれに対する対抗理論との間ではじめて起こり，前の理論の反証（偽化）は新たな理論の採用（論理的にではないが「真」とみなすこと）と同時にしか起こらない，と彼はいうのである（この論理の中では理論について，暫定的ではあるが真＝保持，偽＝放棄の単純な関係が成立する）。

しかし，たとえラカトシュの解が正しいとしても，その戦略は，方法論として明示化される以前から，事実人々によって採用されていたのでなければならない。それを「心理」というかどうかは，むしろ用語の問題であろう。また，ラカトシュのモデルにおいても，科学探究プログラムの核とか，複数のそれらの間での競争の帰趨がいかにして決定されるのかとか，言語的・論理的に解決することが困難だと思われる概念が複数含まれている。

第3節　進化論と世界2（心理）

進化論的認識論においては，世界1の存在である動物達の外界知覚器官は，盲目的変異と選択的保持という進化論的過程を経てより高度で信頼性の高いものへと進化する。そして，構造的に類似の過程によって，世界3は進化（真理へと接近？）する。ここで理論の整合性からするなら，世界2もやはり，世界1や2と同じく進化論的過程に晒されている，という方が一貫性があるのではなかろうか。

しかし，世界2が進化するとはどういうことか。これまでの議論を背景にするならそれは，非言語的な（系統発生的および固体発生的な意味での）人間の精神，特に行動と結びついている心の働きが，世界に対する生物学的な意味での適応をより成功裡になし遂げうるように高度化する，といったようなことであろう。これは文化人類学などでいうところの「文化」の問題でもあるが，その「進化」は，人類学的には自覚的に行われる部分より無自覚的に行われる部分の方がはるかに大きいはずである。

いずれにせよ，もっとも厳密な知であるはずの科学においてさえ，正当化主義を捨てて可謬主義をとり，「反証」も上記のごとく論理以外のものに大きく依存するとすれば，ここでいう心理および行動の進化と世界3の進化との間には，非言語的なものと言語的なものという差以外に根本的な差を認めることは困難になるように思われる。

第4節 「開けゴマ」

　問題はまず，言語または意識が成立した後，まだそれが記述的な言語として科学の道具にはならない時点での「進化論過程」をどう考えるかにある。つまり，言語はあるいは呪術的であったり科学的に偽であったりするのだが，それと不可分に結合している人間の社会行動が生存価値をもち，その複合体が進化するような場合である。別のところで「開けゴマ」の言語観などといっているのは，この状態を表現するためであった。この種の言語が語っていることは，「偽」として捨てられるべきだろうか。いや，ここでも「理論の枯渇」に対応する困難を発生させないためには，むしろそのような言語が語っていた真実を，より明晰な形で表現する理論が成立してはじめて，それは捨てることが可能になるはずである。この場合，後者の理論は前者の論駁であると同時にその「解釈」にもなっているはずである。

　もちろん，後者の理論もまた，もっと正しい理論との関係でいうなら相対的に呪術的であるだろう。動物行動学が扱うような対象は言葉がない行動の世界であるが，それでもそれらは驚くべき外界への適応を果たしている。たとえ迷信や呪術を語る言語であろうと，それによって人間の社会行動に働く「変異と選択的保持」のメカニズムは，飛躍的に効率的になるはずである。つまり，人間はその場合，自分の言葉が記述している以上に外界によく適応し，高度な行動のシステムを事実運用しているのである。

第5節 「合理主義」の成功とその背後

　「合理主義」と呼ばれる政治・社会運動が，それがなければ実現しなかったような大規模な社会変革を時により曲がりなりにも成功裡に実現することがあるのは，合理主義者が考えるような言語の表面における設計と計画の力以上に，それと連動する非言語的な行動規制のメカニズムが背景にたまたま備わっているからかもしれない。たとえば我が国の明治時代における西洋法の継受は，まったく意識的・言語的な現象に見えるが，その一応の成功はいかに理解されるべきか，というような問題に接近するについて，このような視点が意味を持つように思われる。

第19章　発見の論理と心理
―― ポパー理論の批判的検討に向けて

第1節　はじめに

　……われわれが次の三つの世界または宇宙を区別できることを，私は指摘したい。すなわち，第一は，物理的対象または物理的状態の世界。第二に，意識の状態または心的状態，または行動性向の世界。そして第三に，思考の，とりわけ科学および詩的思考と芸術作品の，客観的内容の世界，がそれである[1]。

　「認識主体なき認識論」と題する講演の最初で，ポパーはこのように述べて三つの世界を区別しているが，このうち第三のものが，第三世界または後に[2]「世界3」と呼ばれる。そして，「第二世界に，あるいは主観的意味における知識にもっぱら注意を向けた伝統的認識論は，科学的知識の研究とは何のかかわりもな」（第1テーゼ）く，「客観的知識からなる大幅に自律的な第三世界の研究が，認識論にとって決定的に重要」（第2テーゼ）なのだと論じる[3]。

　しかしポパーのいう「世界3」の中に含められるものの範囲を厳密に画定することは必ずしも容易ではない。「思考の客観的内容」とか「言語的に定式化された理論」[4]などと述べられる一方で，場合によってこの概念は相対的・量的なものとして使われ，独言＜会話＜公式な場での口頭発表＜紙に書かれた言葉＜（一度は）出版された本＜公開された図書館の蔵書，等の内容というような順序で，より「客観的」つまりは，より「世界3」的であるというような使い方も可能なようである。その場合，言語化されていることが必要条件である

---

(1)　K. ポパー著，森博訳『客観的知識』（木鐸社，1974年）〔以下『客』と略す〕123頁。
(2)　K. Popper, "Replies to My Critics", in P. A. Schilpp ed., *The Philosophy of Karl Popper*, book II (1974, Open Court).
(3)　『客』129-130頁。科学上の諸仮説の評価が，それらを思いついた科学者たちの心理についての検討と独立に行いうるものであるという点を述べている限りで，これは正しい。しかし問題は，諸仮説の同定・理解・評価が，これらを行う主体の心理（いずれにせよ「世界2」）と独立の，「自立した世界3」内の出来事とみなせるのか，という点にある。
(4)　『客』87頁。

のか，たとえば写真や無声映画のフィルム（これは世界1に属する）に焼きつけられた映像や地図などが世界3の市民権を認められるのか否か，は明らかでない。音楽の曲（楽譜として記号化されたもの，また，レコードになっている特定の演奏家のスタイル等々）はどうなのだろうか。また，言語化されているものでも，それがどの程度の永続性，公開性，入手の容易さをもつ必要があるのか（たとえば私信や手控えの内容は？）もよくわからない。逆に，人間の発話の録音テープがある場合に，そこに保存されている情報のうち，記述的意味以外の部分（話者の出身地，気分，年齢，健康状態等を推測させる声や発音の特徴等）は，世界3の一部であるのか。

いずれにせよ，誰もが入手できる本の記載内容は世界3に属するであろう。その場合，その本の一字一句の意味だけでなく，そこに表明されている思想または理論の基本的・一般的な性格または「精神」（たとえば「日本国憲法の……」という場合の）も世界3の市民となろう。なぜなら，人はニュートン力学を学ぶのに，さまざまな教科書を使うことができるが，そこで多数の人によって学ばれているもの（そして学習の後，検証や論駁の対象とされるもの）は，ある意味で同じ理論であると言わねばならないから。このような点を考えてゆけば，世界3の住民の同定も，簡単にはゆかないことが明らかである[5]。

ポパーが強調するとおり，世界1に属するものの同定には理論が必要であるとすれば，場合によって世界1以上に複雑な構成をもつことになりそうな世界3の住民の同定にも，当然理論が必要となろう。ではこの「理論」は，どの世界に属するのだろうか。世界2に属するとすればそれは「客観的」ではないということになるし，世界3に属するのであれば，それを同定するのにもう一段高次の理論が必要となり，無限後退に陥る。それともこのようなものはエンティティーとしての資格を認められないのだろうか。

このような問題以外に，世界3の重要な住民としてポパーの強調するものに，「問題」および「問題状況」がある[6]。そして科学または知識はP1（問題）→TT（暫定的理論）→EE（誤り排除）→P2（新たな問題）という図式で成長

---

(5) T. S. Kuhn, "Logic of Discovery or Psychology of Research?" 〔以下 LDPR と略す〕, in I. Lakatos, et al. ed., *Criticism and the Growth of Knowledge*, Cambridge U. P., 1970, p. 15.「科学の諸理論が，カール〔ポパー〕卿のこの種の基準が要請するような，純統語論的判断を可能にするような形に，決定的な変化を蒙ることなく表現されうるかどうか，私は疑わしく思う。」

(6) 『客』124 頁。

するとされる⁽⁷⁾。ここに登場する四つの項のうち，EEは「排除する」という実践的活動またはその結果（「排除されてしまう」こと）であるが，残りの三つはポパーにおいては実体化され，いずれも世界3の住民となる。そして当然これらはその限りで，（この語が何を意味するかはともかくとして）「客観的」な存在なのである。

　この小論は，ポパーの理論の中に，何らかの問題が含まれていると論じるわけであるから，このような存在論または用語法を採る限り，私の議論は，そこで提出しようとする対案，または暫定的理論の当否（つまりEEの対象となるか否か）以前に，そこに解決すべき問題があるとの主張を含んでいることになる。そしてその主張自体につき，その「客観性」が問題（⁉）となりうる。このような客観的問題が，ポパー理論の中にあるのかどうかは，私にも確信がもてない。むしろ次のように言う方が，この小論の意図に近いように感じられる。ここで問題にしようとすることは，ポパー理論のうちに初めからあるというより，あるように見えるのである。そして，そのように見させるもの，つまり，それを見ているこちら側にある理論との関係で，そこに問題が成立する。しかしこの理論を，そのものとして語る言葉がまだ私にないとすれば，それを（記述するのではなく）表現する唯一の方法は，それを通して見える「問題」を語ることである⁽⁸⁾。歪んだフィルターを通して撮影した写真の中には，対象に関する情報以外に，フィルターの歪み具合についての情報が含まれるだろうから。

第2節　科学における発見の論理

　ポパーの「発見の論理」は，理論と基礎言明の区別を出発点としている。それが「心理」と区別された意味での「論理」であると彼が常に主張する理由は，結局のところ，そこで扱われるものが言明間の関係だからである。そして，理論は普遍言明であり，基礎言明は単称言明であるとされる。

　ただ実のところ，ポパーの科学方法論の中で「論理」が担わされる役割は，ごく限られたものである。もちろんこれは，彼が「帰納論理」を否定することの結果である。演繹論理だけに依りながら「発見の論理」を語ることは，手品のように見える。そしてこれを可能にするためのポパーの議論の道具立ては，

---

(7)　『客』319頁。
(8)　Cf. Micheal Polanyi, *The Tacit Dimension*, Doubleday, 1966.

第Ⅳ部／第19章　発見の論理と心理

一見して受ける印象とは異なって非常に複雑であり，「論理」「経験」「合意（コンベンション）」「決意」「推測」「淘汰」等が登場させられる。ただ「心理」は一貫して冷遇され，それに依拠する立場がさまざまな場面で批判の対象とされる。この小論で以下に論じようとすることはまた，このポパーによる「心理」の扱い方への疑問に関連している。

前提作業としてまず，ポパー自身の述べる「科学的発見の論理」が，いかに論理以外の要素に依拠しているかを，簡単に確認してみよう。

1　基礎言明——経験的基礎

基礎言明の同定およびその受容は，論理によって決定されない。基礎言明はその用途によって特定される。つまり，それによって理論のテストを行うということが，基礎言明の用途であるから，それは単称存在言明の形式をもつとともに，観察可能な事象に関するものでなければならない[9]。この観察可能性は無定義的名辞とされ，また次のように述べられる。

> もし〔言明の受容または排除につき，いくらやっても研究者たちが合意に達せず〕この努力もむだになるなら，当該の諸言明は間主観的にテスト可能ではなかったのだとか，われわれは結局のところ観察可能な事象を扱っていなかったのだ，と述べることになろう[10]。

つまり，観察可能性またはテスト可能性は，人々が観察やテストを行った結果，その言明の妥当性につき同じ結論に達するのかどうか，という偶然的（コンティンジェント）な事態に依存する。

また基礎言明は，知覚的経験によって正当化できるものではなく，ただわれわれの経験は，「基礎言明を受容れそれで満足するという決定」を「動機づける」またはそれと「因果的に結びついている」にすぎない[11]。

これは，経験的基礎についてのフリースのトリレンマ（独断論・無限後退・心理主義）への対応として論じられている。つまり基礎言明は，原理上無限のテストの連鎖に繋がるものであるのに，どこかでその正当化をストップすると

---

[9] K. ポパー著，大内義一＝森博訳『科学的発見の論理』（恒星社厚生閣，1971年）〔以下『科』と略す〕127頁。訳書は上下2巻からなるが頁数は連続してふられている。

[10] 注(9)の原書である *The Logic of Scientific Discovery*, Haper & Row Publishers, 1968, p. 104. 邦訳には正確性に問題のある個所が多い。

[11] 『科』131頁。

いう意味で独断的に採用されるものである。(しかし，このテストは必要な場合はさらに続行しうるから，この種の独断論は無害であるとされる。) つまり，基礎言明は，決定 (decision) または合意 (agreement) の結果として受容れられる約束 (convention) である[12]。

しかし，この「決定」や（知覚的経験による）「動機づけ」は，それ自体が「正し」かったり「誤っ」たりしえないものなのか。「決定」は一種の行動とみなしうるし，「動機」は心理の問題である。これらにつき，その結果を暫定的であれ「経験的基礎」として採用することを是認する以上，この「決定」や「動機づけ」を行っているシステムの正しさをどこかで少なくとも推定する必要があるように思われる。基礎言明の正当化はできなくても，それを受容するという行動を，どこかで正当なものとみなす必要がある。

2　誤り排除——反証

ポパーにおいて，反証は，一見当該の理論と基礎言明の関係のみによって決まるとされているように見える。しかし，

> もし容認された基礎言明が理論と矛盾するならば，それらの基礎言明が同時に反証仮説を裏づける場合にかぎり，われわれはこれら基礎言明が理論の反証にとっての十分な基礎を提供するものとみなす[13]。

と述べられるように，この，理論を反駁するための基礎言明は，再現可能な結果を述べたものでなければならない。この再現されるものを言明化したものが，反証仮説なのである。これは，ポパーによる出来事 (occurrence) と事象 (event) の区別に対応している。たとえば，異なった実験室で同種の実験が行われ，同種の結果が出た場合，これは異なった出来事だが同一の事象だということになろう。基礎言明は，このうち前者を記述する言明である。

帰納の問題を推測と反駁によって解決するといっても，この反駁自体が，反証仮説の験証 (corroboration)[14] に依存するとすれば，ここでも帰納の問題が

---

[12] 同上。後述のラカトシュの議論からすれば，この「約束」は同時に，この基礎言明を成立させているところの「背景的知識 (background knowledge)」についての約束（合意）を含意している。つまりこれは，どの理論に依拠してどの理論をテストするのかについての「合意」なのである。

[13] 『科』107頁。

[14] 【後注】この語は（論理実証主義者が使う）「検証 (verification)」と紛らわしいが，むしろ両者は対置される概念であることに注意されたい。後者は理論の真理性を確定す

発生する。推論の結果を誤りえないものとするような，帰納論理を否定するとしても，験証とか反証の結果によって，理論を維持したり捨てたりすることを，「合理的」と呼ばしめるもの，または，反証された理論を捨てないことを非合理とさせるものは，どこかで必要である。それ以上に，そのような反証の結果，大半の理論が捨て去られ，理論が枯渇するという事態が発生する可能性が考えられる。これが起らなかったのは，単なる偶然なのだろうか。このような疑問に答えてくれる説明として，I. ラカトシュの反証論[15]がある。

ラカトシュは三つの反証主義（falsificationism）を区別する。まず，「ドグマ的反証主義」と「方法論的反証主義」が区別され，後者が「素朴——」と「洗練された——（sophisticated methodological falsificationism）」に区別される。ラカトシュ自身が支持するのは，この三番目のものであるが，その特徴は，反証の作業を，理論と実験の間の二者間で問題にするのではなく，対抗関係にある少なくとも二つの理論[16]と，その優劣を決定する実験の間の三者間で問題にする点にある。

人間による世界理解の試みの中では，変則性（anomaly）の存在，つまり法則のあてはまらぬ事態の発生は，ごくあたりまえのことであり，それ自体はノーマルなことのはずである。それでも他にもっと良い理論がない限り，人間は，認識および実践において，手持ちの理論に頼らざるをえない。経験による理論のテストが，もし他の対抗理論と独立に行われ，それによって誤った理論が排除されねばならないとすれば，人間には維持しうる理論などほとんど残らなかったであろう。

ラカトシュの定式化においては，旧理論Tが反証されるのは次のようなT′

る（正当化主義）が，前者はただ，理論的予想と合致する具体的結果が出る，というだけのことである。一般に検証は不可能，とするのがポパー理論の核心的主張である。
(15) Imre Lakatos, "Falsification and the Methodology of Scientific Research Programmes"〔以下 FMSRP と略す〕, in *Criticism and the Growth of Knowledge*, op. cit. 私は 'falsification' を「反証」と訳すより，字義どおり「偽化」とでも訳す方がよいのではないかと考えている。以下に述べるように，ラカトシュのヴァージョンではこれは，「証明」とか「反証」とかいうよりも，どのような場合にある理論を偽とみなすか，または捨てるか，についての規範的な方法論上の取り決めとなるのだから。つまり，これは偽（false）と（約束上）みなすことであり，これに対して，論証により偽を確立することは，'disproof' と呼ばれる。
(16) この二つの理論は，同じレベルかまたは，新理論が旧理論以上の包括性をもつという関係に立つのであって，前述の，理論とそれより下のレベルにあるそれの反証仮説との関係とは異なる。

第 2 節　科学における発見の論理

が登場する場合に限られる。① T' が T 以上の（超過的）経験内容をもつ，② T' がこれまでの T の成功を説明できる，③ T' の超過的経験内容の一部が験証（corroborate）される[17]。

つまり，「われわれは，何千という瑣末な検証（verifying）事例や，何百というすでに手に入っている変則事例にはもはや興味をもたないのであって，超過を検証する少数の重要事例が決定的なのである[18]」。このようにして，手持ちの理論が豊かになるだけでなく，「事実」についての知識が同時に増大してゆくのである。この場合，旧理論の「反証」は新理論の「験証」と同時に起るから，前述のような理論の枯渇現象が発生しないことは明らかである[19]。

もちろんポパーも強調するとおり，新理論の発見または発明は，論理や経験の問題ではなく，人間の知的冒険の営みの中で生れる創造的作業ということになる。ラカトシュはこの「発想（heuristic）論」についても，科学史上の知見を援用しながら，一つのモデルを構成している。

その中心は，科学の発展を，個々の学説単位で問題にするのではなく，もっと基本的な複数の「科学探求プログラム（scientific research programs）」を単位にして問題にしようという点にある。このようなプログラムは，それ自体は反証の対象とならない信念としての「核心（hard core）」と，多様な現象の説明において，この核心自体への反証を阻止する，「防御帯（protective belt）」とからなる。後者は反証の対象となるが，それに属する個々の理論が反証されても，これに代るものとして，同じ核心を発想の源とする別の理論が考案されることになる。

ここで最も重要な問題は，異なった探求プログラム間の優劣が，恣意の問題になるのか，それとも何らかの意味で客観的評価の可能なものと考えられるの

---

(17)　FMSRP, p.116.
(18)　*Ibid.*, pp.120-121.
(19)　T' が T よりも優れていることによって T が偽とされる（falsified）というのであるから，この場合の「偽」は相対的な概念となる。しかしこれは，この比較の結果がある意味で絶対的であることと必ずしも矛盾しない。「長・短」「高・低」「重・軽」等々の概念に似たものとして「真・偽」を考えることは不可能ではないかもしれない。しかしこれは通常の二値論理学の基礎にある真偽の概念とは異なっているから，そこに通常の論理をもち込むこともできなくなるだろう。ラカトシュは真理論自体を特別論じることをしないし，ポパーをラカトシュ化して見ることの妥当性にも疑問がある。それ故，ラカトシュ論は別の機会にゆずりたい。しかし，一つの推測として，ポパーの特に初期の方法に見られる論理志向と，ポパーの扱おうとする対象，特に科学（そして世界理解の）革命の間に，根本的な齟齬があるかもしれないという疑問を，私は感じている。

かという点にある。これについてラカトシュは，前述（①と③）の，新事実の発見（理論からの演繹によって，これまで知られていなかった事実の存在を予言するとともに，これを世界理解の中に整合的に組み入れ，そしてそのような事実の一部が実際に観察されること）を継続しえているかどうかによって，そのプログラムの前進期と退行期を区別する。

これは，生物進化の過程における種の盛衰のようなものとして，科学史を把握するものといえるかもしれない。この場合，新事実の発見を可能にするような理論を，そのプログラムが生み出すかどうかは，事実問題である。そしてこれが，たとえばその探求プログラムの陣営に有能な若い学者が多数参加するかどうかというような，政治的・社会的・歴史的な偶然によっても左右されるものであることは否定できない。

またこのアプローチは，ある探求プログラムのもっている「発想力（heuristic power）の大小，枯渇の程度というような概念をも含んでいる。この種の概念が，単純な論理化を許すものでないことは明らかである。

3　理論──仮説

ポパーは当初「理論」または「仮説」の語を，普遍言明として言語的に定式化されたものについてのみ使っていた。しかし，進化論的アプローチを強調するようになるにつれ，この語を動物の感覚器官や行動学上のエンティティーとしての動物行動についても使うようになる。

「雲と時計」においてダーウィニズムの再定式化を行う際，ポパーは「私の理論は，われわれが動物言語から人間言語への進化を分析したときに学んだことを進化の全体に適用する試みだといえる[20]」という。そこで提出されるものはＰ１（問題１）→ＴＳ（暫定的解決）→ＥＥ（誤り排除）→Ｐ２（問題２），という例の四項図式である[21]。

この図式は，前述のように「知識の歴史」のメカニズムの説明としても使われる[22]。これを語る際のポパーの主眼はＰ１とＰ２にある。問題解決の試みと誤り排除の過程を経て，問題状況がＰ１からＰ２に変化する。ＴＳが，物理的世界の外から持ち込まれる，それ自体は論理必然的な過程の産物ではない，と

---

(20)　『客』273頁。
(21)　『客』274頁。これは，同時に複数の試行を許す形の図式に複雑化される。『客』319頁も参照。
(22)　『客』330頁，290頁。

第 2 節　科学における発見の論理

いう想定の下では，このＰ１からＰ２への問題状況の変化は，決定論的な世界における予定実現のルートから徐々に外れてゆく出来事の連鎖とみなされることになる。そしてそれによって，生物または知識の「創発」が説明されるのである。元々ＴＳはある意味で「創造」されるが，それを真にするのは世界のあり方である。しかし世界が，Ｐ１からＰ２に変化するなら，それは元々はあり得なかった新しい回答であるＴＳ２（ＴＳ３，ＴＳ４……）を真とするであろう。これによって，単なる暫定的解決（仮説）が創造されるにとどまらず，正しい解決（真なる知識）の可能性が，常に新たに創造されることになるのである。ちなみにここでのＰは，「客観的意味における問題」であり，「意識的対応物をもつ必要はない」とされる。

われわれはＰよりもむしろＴＳに注目しよう。生物進化のモデルにあてはめた場合にこの項に含ませられるのは，新しい「反応」「形態」「器官」「行動様式」「仮説」などである。これは当然，試行錯誤における「試行」にあたるものであり，淘汰の対象となるものである。

ＥＥが，有機体の死滅によるか，それと独立した仮説のみの死滅（排除・放棄）によるかにはもちろん重大な差異がある。しかし，「アメーバからアインシュタインにいたるまで，知識の成長はつねに同じである[23]」と言われることを見てもわかるとおり，「問題解決」「仮説」「知識」等々が，意識的なそれに限られていないことは明らかである。そして，「科学的発見の論理」における，これの対応物は当然，「理論」である。

もちろん後者のコンテクストでは，常に「言明」が問題にされていたから，そこで扱われたものは，言語化された「理論」であり，「普遍言明」であった。しかし，動物進化と動物から人間に到る知識の成長の説明に試行錯誤の図式を適用する，後期のポパーの観点からする限り，「理論」や「知識」を言語化されたもの，意識されたもの，等に限定する必然性はない。

動物の器官や行動性向は，外界のあり方についての特定の「予測」または「期待」を体現している。知覚のための器官はどの種の情報がその生命体にとって重要かについての予測を体現している（たとえば，カエルの眼が動くもの――エサになる虫類の知覚にとって好都合な――のみを捉えるのは，よく知られている[24]）。これを擬人的でない用語で語ることは必ずしも不可能ではないだろう

---

(23)　『客』294 頁。
(24)　渡辺慧『認識とパタン』（岩波新書，1978 年）参照。

第Ⅳ部／第19章　発見の論理と心理

が，進化論的過程によって合目的的変化と同値のものが生成することを前提するなら，擬人的用語をただちに反科学視するには及ばない。もともとポパーの第三世界は，クモの巣を例にして語られており，また第三世界の中心的市民としての「理論」が，それを思考する第二世界たる意識と独立であることはポパーの強調するところである。それ故，生物の身体的構造と行動性向に体現されている，外的世界のあり方についての予測を「理論」または「仮説」と呼ぶことは，必ずしも不当でなかろう(25)。

その中に外界のあり方または性質についての何らかの情報が体現されていること，およびこの情報蓄積を実現したメカニズムが，基本的に同じ例の四項図式であるということを考えれば，この用語も一応はもっともなものに見えよう。他方，「理論と実践」「認識（知識）と行動」という二分法を想定するなら，理論は外界のあり方について，それへの対応のレベルとは区別されたレベルでそのモデルを形成するものでなければならないと考えられよう。もちろんこの二分法は，人間の意識またはその言語的定式化の世界の中ではじめて可能になり，意味をもつものである(26)。それ以外の領域では，外界のあり方についての情報獲得と，それへの対応の仕方についての情報獲得を区別することができない。もっとも外から人間が擬人的に（というより「擬意識的」に），その主体の中に対応行動と区別された「認識」を読みとることは可能である。動物行動において，（人間の観点からして）異なった種類の対象に対して，それぞれに対応した異なった行動が見られる場合，この動物は対象のあり方についての判断または種類区分を，どこかで行っているに違いないのだから。

このように考え進むなら，認識と行動の区別は，認識のレベルの独立よりむしろ行動の多様性に依存することがわかる。一つの（または，そう見える）対象に対して複数の対応行動が可能な段階になってはじめて，外界認識と対応行動選択が別のレベルとして区別しうるようになるからである。

次に，「学習」の問題がある。上のようにして，動物行動の擬人的解釈をタブー視しないなら，動物の学習内容の中にも多くの「理論」が含まれていることは明らかである。後天的に獲得されるある行動パタンが，その生物の外界への適応のチャンスを高めるなら，そこには外界のあり方についての情報が体現

---

(25) 『客』84頁。
(26) K．ポパー著，武田弘道訳『自由社会の哲学とその論敵』（世界思想社，1973年）〔以下『自』と略す。この本の原書と複数の訳書については第16章注(1)を見られたい〕448頁以下，参照。「事実と規準の二元論」または「命題と提案の二元論」が論じられる。

第2節　科学における発見の論理

されていると言ってよいからである。この情報または理論は，他の個体に伝達される場合もあるし，当該の個体の死とともに消滅する場合もある。

　人間も動物であるから，言語的・意識的ルートに依らずとも，このような形で多くの外界についての理論を「学習」する。まず第一に，言語の使い方自体が，少なくとも当初の間は，非言語的に学習されねばならない。その他「人生経験」「職人芸」等は，言語化しつくせるものではないし，「国民気質」いやそれより，社会的動物としての人間性それ自体の主な部分も，意識的に身につけるものではない。

　ポパー論にとってもっと直接的な問題は，「あらゆる観察は理論に満ちたものである」といわれ，また観察の際の「背景的知識」といわれる場合の「理論」や「知識」の大半が，言語化され，意識されたものではないということである。これらの「理論」とは，結局のところ，われわれに対して現に見えているように世界を見させているところの理論なのであり，言語を現にわれわれに使わしめている理論なのである。これらをすべて言明化しつくすということは，大地に立って地球を持ち上げるのと同じように不可能なことである。そして，言明になっていないものは，そのままでは形式的な論理の適用とも原理上無縁である。

　それにもかかわらず，これらの理論は，例の四項図式の過程によって，どこかで獲得され，生き残り，伝達されてきたのである。当然このことは，その理論の真理性を保証しない。しかし，これに従うこと，つまりその理論を適用することによって，世界を理解したり（場合によってこの理解または認識のステップを独立に踏むことを省略したまま）その理論に従って成功裡に世界に働きかけたりすることは，そうしないことに比べて，ある意味で（ポパーが科学的発見の論理においてこの語を使用するのと同じ意味で）「合理的」な選択なのである。この中の一部を理論言明として定立し，それを批判したり意識的に改良したりするのは，このような背景があってはじめて可能になることである。このような，偶々もっている大半は無意識的な理論のネット・ワークに依拠しないかぎり，人間の意識・言語・論理等と世界を繋ぐものは何もなくなってしまう。その意味で，このネット・ワークを構成している理論は，正しいものと（認識上・実践上）推定されるのでなければならない。

4　心理——世界2

　ポパーの反心理主義は，言明の真理性・確実性・信頼性等々の根拠を，何ら

第Ⅳ部／第19章　発見の論理と心理

かの（個人の）心的状態（確信・明証・直観・美意識……）に求めることに対する批判というコンテクストで述べられる。たしかに，確信等を表明する心的状態についての言明から，その確信の内容の真理性を演繹することはできない。しかしこれは，反正当化主義（anti-justificationism）のコロラリーであって，当然のことにすぎない。

　科学（知識——エピステーメ）は真であることが確実または証明された言明のみからなっていなければならないというのが，極端な正当化主義であり，これは通俗的ポパー解釈としてのドグマ的反証主義によっても，すでに論駁されている。

　より重要なのは，基礎言明についての正当化主義の一ヴァージョンとしての心理主義であろう。しかしこれについても，基礎言明の可謬性を是認するポパーの立場からは，心理主義の排除ではなく一般的な可謬主義（fallibilism）の主張で足りているのではないか。

　訴訟法的観点からすれば，ある主張に対する反証に失敗すればその主張を採用するということは，反証する側に挙証責任を負わせるということであり，当初からその主張の正しさを推定するということである。さもなくば，反証に失敗したからといって，暫定的であれその主張を採用する必要はどこにもない。この推定の根拠はどこにあるのかといえば，その主張がもともと言明化される前から，われわれの世界理解の中にあった（か，またはそこから改善を重ねた結果として，現在持っている）ということにある。もともと自分の持っているものは，それを捨てる理由が特別ないかぎり，あえて捨てる必要はない。つまり，この主張は，「採用」されたのではなく，もともとあったのである。ラカトシュモデルでは，ポパーの場合以上にこの点が明確になる。

　基礎言明の獲得のためにも，すでに背景的知識としての理論のネット・ワークが不可欠であるというなら，出発点は経験よりもむしろ理論である。人間は出生の時から理論・仮説・世界に対する特定の期待をもっているという点は，ポパーも強調するところである。各個人がその時々にもっている理論は，この出発点から，広義の学習の過程を経て，個体発生的に一つの歴史を経て形成されたものといえる。

　この学習は当然，意識的なものだけに限られない。ネズミによる迷路の学習でさえ，試行錯誤の方法によっているのだから，人間の個体発生的・系統発生的な非意識的学習にも，ポパーの四項図式もしくはラカトシュ流の三項対立図式の過程を想定することが十分可能である。

第2節　科学における発見の論理

ではこの過程を「批判的過程」と呼ぶべきだろうか。否と答える場合には，「批判的」の語は「意識的」過程のサブ・クラスについてのみ云々されることになろう。また是と答える場合には，「批判的」と「進化論的」の語はほとんど同じものをさすことになろう。ポパー自身は多分前者をとるのではなかろうか。もしそうなら，これはカント的伝統の結果であるとともに，ポパーの「意識主義」と私が呼ぼうと思うものの表われでもある。もちろん彼の場合，これにさらに（三世界論において意識とその内容を区別する）「客観主義」が加わるのだが。

　人間の意識に与えられる知覚は，知覚器官と中枢神経の求心系における膨大な「解釈」過程または情報処理過程の結果である。われわれは，すでに解釈された結果としての世界を見，音（特に情緒的情報に関して）を聞いている[27]。この解釈に使われた理論を，すべて意識化または言語化することは不可能であり，意識には結果のみが与えられる。また人間の行為は，単純な意識的命令（たとえば「おもいきり早く走れ」）が，遠心神経系における詳細な「翻訳」（神経語としての刺戟の各筋肉への複雑な伝達）を経ることによってはじめて可能となる。われわれは個々の神経または筋肉を意図的に操作できないという意味で，これも非意識的過程である。人間の意識はこのような環境の中にはじめて成立し，そこで機能している。

　この非意識的な解釈と翻訳のシステムについて，その内容の詳細は究明されずとも，そのようなものがあるのだと認識することは，意識または理性の位置を考える上で極めて重要である[28]。このようなシステムの機能は，それを働かせてみることによって，容易に調べてみることができるから，その存在を主張することを，特別形而上学的云々としてタブー視するにも及ばない。

　ポパーは，新理論の大胆な発明，または創造について，これを「発見の論理」の射程から排除した。その理由は，理論の場合を含めて，創造と呼ばれる過程が一般に，意識化または言語化しつくすことのできない過程であることを彼が知っていたからではなかろうか。しかし創造を，事実としてわれわれは行っている。それなら，これについても，意識（問題に意識を集中し，それを解こうと意図・努力する等）と連動する非意識的過程の存在を，われわれは想定

---

[27]　脳生理学上のこれまでの知見を要約して示しているものとして，Karl R. Popper & John C. Eccles, *The Self and Its Brain*, Springer Verlag, 1977. 同書 Part II 中のエックレスの議論参照。

[28]　この場合のさまざまな理論的帰結については，別稿で論じたい。

せざるをえない。そしてこのシステムは，知覚や運動のシステムと同じく，その詳細は語りえず，意識化しえないとしても，意識的にそれを鍛練したり，その使い方に習熟したりすることは，可能かもしれない。いやわれわれは，実際にさまざまな場面で，この作業を行っているというべきであろう。

　このような，個人の意識とその周辺についての心の問題は，ポパーの三世界論では世界2に分類されるであろう。そして科学の発展は，これと独立して観念される世界3の問題と考えられるのである。T.クーンの場合には，個人の心理に対置されるのは（科学者）集団の心理であり，これを分析・記述することを科学論の課題とする[29]。しかしこのいずれのアプローチも，科学的発見において非意識的システムが果す決定的な役割を見落とす危険が大きい。なぜなら，それは非意識的・非言語的なるがゆえに，まずは個人の中に発見されねばならないからである。

　ただし，クーンによるパラダイムの概念[30]は，それ自体言語的定式を許さず，ただ特定の古典的業績に体現された範例から，（いわゆるパラダイム認識を通じて）各科学者が体得するものだとされるから，その限度で非言語的である。これは，私の述べた「個人のうちにある発想システム」について，その機能を浪費せず，有望な発想の方向に向けるような制御機構として人々に多かれ少なかれ共有されるものと考えたい。もちろんその場合，これに従うか否かは基本的に科学者の自由ということになろう。むしろそこで共有されることが不可欠なものは，規制理念としての「真理」の概念[31]である。そして私の考えでは，この概念は，世界2としての各個人の中になければならない。さもなくば，これによって各個人の探求と論議の活動が現実に制御されてゆくことはないはずだから。

第3節　おわりに

　ポパー理論とどうとり組むかは，私の研究生活の当初からの課題であった。私は実際ポパー哲学の大半を容認し，それを賞賛に値するものと考えてきた。しかし，自分でポパー論を書こうとするなら，ポパー自身の奨励するところに従って，それをできる限り批判的に扱いたいと考える。

---

(29)　LDPR, p.22.
(30)　T. クーン著，中山茂訳『科学革命の構造』（みすず書房，1971年）参照。
(31)　『自』434頁以下の「事実と規準と真理——相対論の再批判」参照。

第3節 おわりに

　この小論は，そのためのとっかかりを模索した素描である。そのためポパー理論自体の内容についてはほとんど紹介をせず，それを読者に既知のものとして扱っている。

　ポパーは実証主義者なのか，より具体的には，彼はウィーン学団の論理実証主義からどれほどの距離にいるのか，という論点は，常にポパー論でくり返される一応陳腐な論点である。実証主義を正当化主義と同視するなら，ポパーはもっとも強力な反実証主義者の一人であるといってよい。しかし，ポパーを実証主義者だとする非難にも，一抹の真理が含まれていそうな気がすることも事実である。これを私は彼の意識主義的または言明主義的傾向と呼んでみたい。

　その内容を一つの像として示せば，次のようにいえると思う。意識主義は，非意識的な制御と知識のシステムがあることを認めながら，これらを原理上意識化することが可能なものと考え，また意識的なそれに取替えることを，ある意味で望ましいと考える。逆にいえば，意識的・言語的な活動がそれ自体では安定化機構を欠いており，自足的なものとなりえないことを認識して，それ以外の心的活動に働きを意図的に委ねる方が，妥当な場合のあることを，視野から落としてしまう傾向がある。これは一種の主知主義なのだが，知を成立させている重要な要素について，微妙だが重大な誤解をしている。そのため，非意識的なものは情念等々，認識上信頼性のないものと考え，そこに意識や言語を（少なくとも当該の時点では）超えた，ある意味で意識以上の能力をもった心的メカニズムがあるという可能性に気づかない。このメカニズムの働きの結果[32]を常に意識は体験しているにもかかわらず。

　この問題は，「（精神の）バケツ理論」と「サーチライト理論」についてのポパーの議論にも関連する[33]。そこでポパーの使っている用語に従いながら，この点を述べてみよう。

　彼は，「経験獲得……または発見において用いられる実際の方法だと私が信じているものについての適切な描像[34]」ではないとしてバケツ理論を否定する。これは，外部からの知覚が（バケツとしての）精神の中に入って蓄積され，そ

---

(32) ゲシュタルト心理学派が発見した心的諸作用も，この一部であると考えられる。ただ同学派によるこれの説明には，種々の問題がある。

(33) 以下は1948年（もし前期と後期にポパーの哲学を分けるなら，その転期はこのあたりになるのではないかと考える）に，アルプバッハのヨーロッパ・フォーラムで発表された後『客』に収録された「バケツとサーチライト――二つの知識理論」による。

(34) 『客』380頁。

第Ⅳ部／第19章　発見の論理と心理

れが自動的な過程を経て知識（当然これは「仮説」というべきだが）を生み出すというものであり，イギリス経験論の伝統，特にF.ベーコン等の考えをさす。

ポパーによってこれに対置される「サーチライト理論」は，（動物の場合を含めて）経験または観察は「つねにある期待の体系を前提とす[35]」るのであり，また経験は，その「期待の地平」に（以前のそれを裏切ることによって）変化を要請する限りにおいて意義をもつ，という考え方である。

この場合，この「期待の地平」に「半意識的なもの」も「言語で明示的に述べられ」ていないものも含まれることを，ポパーは認めている[36]。そして「科学は，われわれの期待の地平の前科学的修繕作業をそのまま真直ぐ継続したものにほかならない[37]」とされる。

では，この「修繕作業」は，何によって行うのか。観察（の爆弾）によって打撃を蒙った期待の部分を改修し，この地平を「再び首尾一貫した全体のようなものに組み上げ[38]」ることは，何によって可能なのか。これを，「批判によって」と答えることはできない。また，これをすべて意識的過程と考えることにも困難がある。なぜなら，この「地平」は，その大部分が，もともと非意識的・非言語的な仮説によって構成されているのだから。われわれは，ある「修繕法」を思いつく。その後で，これ（すなわち新たな仮説）を言語化し，批判的にテスト（「地平」の他の部分との整合性を調べ新たな観察により吟味）することは，ポパーの「発見の論理」の問題である。しかし，これを思いつかせるものは，言明間の推論作業の中にはないし，結局意識自体の中にもなかろう。言い方は変だが，われわれは，自分（の無意識）が，それを思いついていることを発見するにすぎない。

これが，「バケツ理論」が影響力をもつ理由なのではなかろうか。すなわち，意識のレベルに限定する限り，われわれの心はバケツ理論の想定するように活動している。ポパーの理論は，その背後にある非意識的過程も含めてはじめて，われわれが発見において用いている「実際の方法」の「適切な描像」たりうるのである。そしてこの関係は，（意識的・合理的作業としての）「科学」の営みにおいても，何ら変るところがない。つまり科学とは，この人間の心の全システムを（強制的に）働かすために意識と言語を利用する驚くべき方法のことなの

---

(35)　『客』383頁。
(36)　同上。
(37)　『客』385頁。
(38)　『客』384頁。

第3節　おわりに

である。

　また,「期待の地平は座標枠の役割を演じ」るのであって,「この枠にはめ込まれてはじめて, われわれの経験, 行動, 観察は, 意味または意義を付与される」といわれるが, これは, われわれの「言明」についても, つまりは（言明化された）科学的諸理論についても, 同様なのではなかろうか。それゆえ, この「期待の地平」を世界2から完全に切り離すことが不可能である以上, 科学の諸仮説や「問題状況」を, 世界2と截然と区別される「世界3」に属さしめることも, 疑わしくなると思われる。

第V部
訴訟と事実の認定

第20章　民事事件における事実の認定
——「言語の内と外」各論として[1]

第1節　理論的前提について

　本論文の理論的前提について，一言述べておきたい。もう30年以上前になるが，司法研修所を出てから戻った大学院生時代，しばらく認識論や科学方法論に没頭していた時，それと裁判における事実認定論との接点で修士論文を書けないか，と考えた。当初，裁判を，検察官や訴訟代理人たちが相互に主張と証拠を出し合い，裁判官がその優劣によって勝敗を決するある種のゲームとみなして訴訟過程を分析すること，を目指した。訴訟外にある「事実」そのものは，過去に，そしてこの手続の外で起こったことであり，それ自体を裁判官その他が体験することはできないのだから，実証主義的なアプローチからすれば，このようなゲーム的な訴訟観になるに違いない，と考えたのである。これは，法段階説を採って訴訟を他のそれと峻別されるべき法の一段階だとするケルゼンの訴訟観にも近いのだと思う。そこでは訴訟で認定される「事実」は，法体系の中でオーソライズされた裁判官がその権限でもって「決める」ものだ，と考えられているからである。

　しかしこの構想は放棄された。私の真理概念についての考えが変化し，それを超越的な規制理念（regulative idea）と考えるようになったことが哲学内在的な原因だが，その種の議論に入らなくとも，裁判を純粋なゲームと考えることは事実の描写としても誤っている。まず，訴訟の当事者（刑事事件の被告人，民事事件の当事者たち）は普通，立証（刑事事件では検察官による立証の阻止）に成功しようが失敗しようが，事実を知っている。これを無視して，立証の成否の問題と認定の真偽の問題をあえて混同する立場（ごく大まかにいえば，実証主義とはこのような立場である）は，この点で困難に直面するとともに，訴訟の手続を訴訟外の世界と完全に切り離す点で，不健全な立論となる。認定の外にある事実を想定しないと，結局のところ，その認定の真偽は問題にできない。こ

---

[1]　本稿は，2013年の日本法哲学会，統一テーマ「民事裁判における「暗黙知」——「法的三段論法」再考——」で報告し，法哲学年報2013（2014年刊）に掲載されたものである。

第Ⅴ部／第20章　民事事件における事実の認定

れでは，目の前の証人が，本当のことを言っているのだろうか，それともウソだろうか……，と思いを巡らせながら神経を集中して証言を聞く，という，裁判官が法廷で毎日行っていることも，無意味となってしまうのである。訴訟のゲーム・アプローチは，本物の裁判をあたかも模擬裁判であるかのようにみなすことであり，本末転倒というべきである。模擬裁判では，法解釈や訴訟手続の問題と区別される事実認定については，本物の事件を題材に取ってその事件の真実に迫ろうとしているような例外的場合を除いて，本来の「正解」がないことは明らかだからである。模擬裁判の証人は本物ではないから，全員が，演技の上手下手はあるとしても，ある意味ではウソを言っている。これは事前に知れているのだから，ここで「真実の認定」をめざすことには，元々意味がない。規制理念としての真理が働く余地が，ここにはないのである。

　哲学的な立場としていうなら，本稿が取る認識論上の前提は，「私的言語」を否定するヴィトゲンシュタインを再否定し，傾向としては，「個人的知識」を肯定するマイケル・ポラニーの立場を擁護する。ポラニーはちなみに，今回の統一テーマのキー・ワードである「暗黙知（tacit knowing）」を中心的に論じた哲学者でもある。その立場はたとえば以下のような文によって表現される。

　　私は人間の知識を考え直すにあたって，われわれは語れる以上のことを知りうる，という事実から出発することにする。（*The Tacit Dimension*, 1966）

　ポラニーの議論からは若干逸れるが私の理解では，言語と世界は以下のように関係する。われわれは，むしろ私的言語から出発するべきである。各人が言葉に与える意味や用法は，それぞれの人生の中で自分なりに獲得してきたもの（how-to としての語の用法）であり，それが異なる人々の間で共通である事前の保証はない。共通かどうかは，やってみないとわからないのである。また，全く誤りなく正しい言語を話し続けられる人も多分実在しない。ただ，個々の使用の場面で，イデアとして想定される客観的な言語に向けて，各自の用法を修正しながら言語が使われているから，そのイデアがすでに実現しているかのような誤解が抱かれるのである。たとえば，鳴き声の特徴で猫を同定する目の見えない人と，外見の特徴で猫を同定する耳の聞こえない人は，異なる基準（criteria）によって「猫」の語（これも前者では発話された音であり後者では書かれた文字だが）を使っていることになるが，具体的に同じ動物をその語が指しているかぎり問題は起こらない。幸いにして猫声や猫背の犬などがいないこの世界の中では，個々人の間にある「基準」の差は，通常の実践において言語上

の混乱を生じさせないからである。このような場合，意味と基準が異なることは明白である。実在（entity，この場合は「猫」が指すもの）がもつ多数の属性の中の何に着目してその実在を同定するか自体が一定の任意性を伴っており，自国語では普通明示的に教わらないまま，各自が当てずっぽうで使用上の基準を把握したつもりになっているのである。それでもし用語上の問題が起きれば，それを解決する限度で，各人が自分の用法を訂正しながら暮らしているのである。「自由」とか「人権」とかのような価値づけを伴う政治用語の意味が，その語の使用者によってどんどん多義的になってゆくのは，政治思想史で顕著に見られることだが，その種の現象は原理的にはすべての語について発生しうることである。

第2節　事実認定：フェイズ1
——レレヴァントな事実命題または「主張」の構成

　「語る」というのは一つの行為である。だから，その行為に及ぶ必要または価値がある場合にかぎって，人間は語る，つまり「命題を構成しそれを発話する」。逆にいえば，真ではあるがトリビアルな命題は潜在的には常に無数にあるが，これらの命題が語られることはない。それらは語るに値しないからである。叙述が行為であるという点は，言語哲学でもスピーチ・アクト論として論じられるようになったが，実はこの点がもっとも明確に意識されるのは訴訟の場面である。そこでは，直接間接に訴訟の勝ち負けに関係する主張のみが語るに値し，実際にも語られる。「トリビアル」の反対は「レレヴァント」であり，われわれが語る，または語ろうとするのは一般に，レレヴァントな命題なのである。そして訴訟においては，何がレレヴァントかは法（法規，判例，学説……）が決めてくれる。そして法曹はこれに関連する規範を知っている点で，素人と異なるのである。
　刑事訴訟でも基本的関係は同じだが民事訴訟でいうなら，要件事実といわれるものの存否が直接訴訟の帰趨を左右する。これに直接間接に関わる命題が，語るに値するレレヴァントな命題である。しかし何が要件事実かは，当該事件をいかに法律構成するかを決めないと決まらない。では，具体的な事件を前にして，どの法律構成によるべきかはいかにして認識されるのか。
　ここにはプラトンの『メノン』の中でソクラテスが展開するいわゆる「探求のパラドクス」と同型の問題がある。「探求するものを知らないなら何を探求

してよいかが決まらないし，探求するものを知っているなら探求の必要はもともとない」というのが探求のパラドクスだが，要件事実についても類似のことが発生する。法律相談の場面でいうなら，法律家は当該事件の事実を知らないから事実命題は作れないし，当事者は法律を知らないから，何が語るに値するかがわらず，やはり必要な事実命題は作れない。しかし両方を知らないと，当該事件についてレレヴァントな事実命題は構成できないのである。

実践的にはわれわれは，この問題を解決しているのだが，いかにしてかを語ることは必ずしも容易ではない。一般に，言語的に説明することはできないのに苦もなく実行していることは多いのである。ポラニーの中でも挙げられているが，たとえば顔の認知，より一般的にはパタン認識がそのよい例である。たとえば細部が今とはかなり異なっている昔の写真を見てそれを知人の写真だと同定することは，実践的には困難ではないが，「なぜその人の写真とわかるのか」という質問に言葉で答えることは難しい。われわれの中には，複雑なパタン認識を行う能力があるのだが，それは意識の背後で働いているプロセスであって，意識にはその結果のみが与えられる（「あの人の顔だ……」）。

手書き文字をほぼ正確に読む郵便番号の自動読み取り機などもあるから，一部のパタン認識は機械にも可能であり，その場合はすべての認識プロセスがプログラムとして明示化される。それでも，何に着目してどう処理すれば0から9までの数字が正しく読めるか，の答えは一つではなく，機能的に人間とほぼ同じ判断を与える自動読み取り機のプログラムは，異なるものが多数存在するはずである。そして人間の中で働いているプロセスは，そのどれとも異なるかもしれないし，人によっても異なるかもしれない。これらは一般に認知科学（cognitive science）が扱う論点である。

ここで便宜的に心の働きを二つに区別して，明我（articulate I: AI）と暗我（tacit I: TI）と呼ぶことにしよう。ここで暗我の働きとして想定しているのは，固定的な知識のストック自体というより，既存のまたは新たに生成された様々なパタンを事例に当てはめながら一般的なパタンの例として個別事例を解釈しようとして働く，発見的過程（heuristics）のようなものである。パースが「アブダクション」と呼んだものにも近い。しかしアブダクションも，その名前は与えられており機能も見えているが，メカニズムまたはその内容がすべて明示化できているわけではない。要するに，個別的事例を仮説的にパタンまたは類型として理解する心の過程である。法学の場合にはこのパタンが，法的効果を生じさせるための要件として，（法学をマスターした法曹にとっては）各効果ご

とに明確に列挙されている点に特徴がある。

　暗我によって，仮説的であろうと当てはめるパタンの候補が与えられた後では，以後の過程は意識的となり明我の中で処理可能である。たとえば，ある相談事実が，「売買契約の解除による商品返還請求」として構成可能かという問題であれば，その要件群を思い出し，それらに対応する事実がそろっているかを，クライアントに質問するなどしてチェックしていけばよいからである。当初の候補が失敗するなら，別の候補である要件群について，同じ作業を続けることになる。

　ここでの作業は「事実認定」の前半部分すなわちフェイズ1であるから，この作業の結果得られるものは，抽象的な法的要件の具体例となる個々の事実命題である。たとえば，「〇年〇月〇日〇時頃〇〇の場所で，甲は乙に対して「〇〇」と述べて契約解除の意思を表示した」といった形の命題であり，これは特定の法的効果を意図して構成されている事実命題である。

　訴訟手続きでは，主張責任という形で，どの事実は原被告のどちら側が主張せねば求める法的効果が得られないか，が事前に決まっているので，効率的に必要な事実命題が訴訟の場に持ち出される。その後相手方の認否によって，一部の主張について自白が成立すると，その命題は真とみなされる。こうして，争いのある要証事実（証拠によってその真偽を認定すべき事実命題）が確定される。この段階からは証拠の問題となり，これ以後を事実認定のフェイズ2と呼ぶことにする。

第3節　事実認定：フェイズ2——事実命題の真偽判断

1　証拠による過去の認定

　以後の論述においてはしばらく，K. ポパーの認識論を前提にする。歴史学に法則的理解は使われるか，をめぐる論争がある。しかしたとえば，歴史上の人物がどんな病気で死んだか，を知るのに現代の医学が有効であることは明らかだし，医学の知識は法則的知識だから，この限度では歴史学でも法則的理解は必要かつ有効である。そして，歴史学における過去の確定と訴訟における事実の認定は，構造的には同じである。

　図において，S（例：ある人は毒物を摂取した）とT（例：彼は死んだ）は発生した具体的事実を述べる単称命題であるが，Tの方が

第Ⅴ部／第20章　民事事件における事実の認定

時間的に後に起こっている。そしてUは，一般的に「Sが起こればTが起こる」という法則（例：毒物を摂取すると人は死ぬ）を述べている普遍命題である。これらの三項のうちどれか2項がわかると，残りの項は，確実ではないとしても，そこから推論できる。SとTからUを導くのが科学研究（ただし，帰納論理を否定するポパーからすれば，この「導く」は確実な論理的関係ではない）だし，SとUからTを導くのが予言だし，TとUからSを導くのが歴史資料による歴史的事件の確定である。

　証拠による過去の事実の認定も，その構造は歴史上の事実確定と同じである。ここでもし，媒介となるUが言語的に明示化されているなら，T→U→Sの全体が明示化された推論となる。その場合，ポパーの科学方法論からするなら，普遍言明として表現されるUをわれわれは誤り得ないものとして知ることはできないが，それを経験によって反証すること（Uの誤りを証明すること）はできる。そして，そのような反証の試みに耐えてきたものが，現在われわれが手にしている科学法則なのである。ただこの理解の下では，科学法則とは実は，いまだ反証されていない仮説であるにすぎない。

　それでも科学法則は，明示的な検討にさらされ続けてきたものだから，われわれが利用できるものの中でもっとも信頼のおける法則的知識である。だからもし事実認定がこれを利用して行えるなら，可能なかぎりそうするべきである。裁判で利用されるそれ以外の法則的知識は一般に，「経験則」といわれるが，経験則の中でも言語的に表現できるもの（たとえば，「人は失敗の原因をできるだけ他人のせいにしたがる」）であれば，可能なかぎり明示化し，その信頼性を自覚的に検討するのがよいだろう。

　問題はそれ以外の場合，つまり依拠されている経験則の明示化が困難，またはミスリーディングになるような場合である。たとえば，これまで毎日朝には太陽が（雲に隠れているとしても）東から昇ることを経験してきた人が，「地球では毎日太陽は東から昇るのだから明日もそうなる」と考えたとすれば，ここで利用された法則「地球では毎日太陽は東から昇る」は偽である。なぜなら，極地方では太陽が沈まない季節や登らない季節があるからである。また，何十億年かの後には太陽は爆発してなくなる。それにもかかわらず，結論である「明日もそうなる」は（多分）正しい。もしここでこの種の誤りを最小限にしようとするなら，使われるUは「SからTを導ける限度では」といった限定のついた一般則（とさえもはやいえないのだが）になってしまう。他の地方や別の日のことは言わない方が誤りの可能性は低いからである。しかしこれでは，U

第3節　事実認定：フェイズ2

はないのに等しく，SからTが直接導かれた，といってもよいことになる。あるいはこれが，法則的知識の必要性を否定する歴史学者たちが言いたいことなのかもしれない。

　無限の変数について妥当する関数として命題化される法則Uと，個別命題から個別命題への推論を可能にするだけのミニマムなUとの中間に，普通の経験則があると考えるべきではないだろうか。つまり，われわれが使う経験則は様々な限定または但し書きがついているのだが，それらを含めたものとしては命題化されていないし，それができるのか自体が不明である。しかし前出の「われわれは語れる以上のことを知りうる」というポラニーのテーゼを思い起こすなら，それを気に病むには及ばない。われわれはそのような経験則を，対象として命題化しないまま使うことができるし，実際に使っているからである。

　ここで前出の明我と暗我のモデルを少し拡張して利用してみよう。上記のような，細部が明示化可能ではないがわれわれが使っている経験則は暗我の中にある。各人の学習と経験を反映する個人的知識としての「経験則の海」のようなものを考えるのもよいだろう。これを暗我として背景にもつ明我が意識的に問題（「提示されている証拠は要証事実の証明として十分か」）を考えると，それに対する回答が暗我から明我に与えられる。その回答がいつも正しいとは限らないのは当然だが，例外なく妥当する科学法則の適用によって回答できるような問題以外では，われわれはどこかでこのプロセスに頼らざるをえない。

　ちなみに，例外のあることがわかっている科学法則や，例外のあることが明らかな命題化された経験則の場合はどうだろうか。たとえば「98％の確率で当てはまる法則」というものは，2％の例外があることを許容している。それなら，「われわれの目の前にあるケースはその2％の中のケースなのだ」という主張は，この法則と完全に整合する。つまり当初の法則を適用して眼前の事例を判定するには「これは2％ではなく98％の方に属する事例だ」という判断がどこかで介在する必要があるし，これ自体は当初の法則からは導けない判断である。この判断を明我が行うとすれば，完全なギャンブルまたは決断としてしかありえない。そのようなモデルもありうるが，私は暗我によるより繊細な判断の結果が与えられており，明我はそれを信頼することでしか誠実にこの判断を行えない，といったモデルに惹かれる。自由心証主義がいう「心証」とは，このようなものではないだろうか。ここでは回答は，決断として「行う」ものではなく，自分の心の内に「発見する」ものなのである。

　われわれは，ポパーの当初の図式にあったU（普遍命題）の位置に，ポパー

が想定していなかったであろう非明示的な経験則を含めて，証拠による過去の事実の認定のモデルを考えることにした。その結果得た結論は，われわれは事実認定（フェイズ2）において，明示化しないまま多くの経験則を使っている，という法律家にとっては既知のものである。それらの経験則を明示化しようとする努力は無駄ではないだろうが，「すべての経験則は明示化可能だ」という発想は誤りであるし，「明示化できない経験則を使うべきではない」という規範は，われわれの事実認定の活動に適用されると，それをねじ曲げることになるだろう。これはまた，法定証拠主義（たとえば「〇人の証言が一致した主張は真実と認めねばならない」）の悪夢がわれわれに教えるところでもある。

　蛇足かもしれないが，明我と暗我の二主体モデルの興味深い適用例を一つあげておきたい。ポパーは認識論において，人間精神のバケツ理論を批判しサーチライト理論を擁護する。科学における経験的探求のモデルが，一応ここでの主題である。精神のバケツ理論とは，フランシス・ベーコンの経験主義が想定するような精神モデルであって，多くの経験を入れるとそこから法則的知識が湧いて出てくるような入れ物として人間精神を捉える。しかし，類似の個別的経験をした後それらを事後的に一般化する機能を人間精神がもっている，という発想は帰納論理を前提するが，ポパーはその存在を否定するので，このモデルは捨てられる。むしろ人間にとって意味のある経験とは，事前に理論的関心または仮説が特定されていて，そこから発されるサーチライトによって照らされた経験（それは当初の仮説と整合したりそれを反証したりする）でなければならない，というのである。

　しかしバケツ理論は依然として有力である。たしかに，大型加速器を使った素粒子研究のような場合はポパー理論がかなり当てはまるように思われる。実験装置の設計段階で，われわれは精緻な理論（いわゆる素粒子物理学の標準理論）を必要とするからである。それでも研究者が巨額の費用をかけた実験装置を使って得ようとしているもっとも興味深い結果は，既存の理論を反証したり験証したりすることよりもむしろ，思いもしなかった粒子が実験で見つかるような事例である。それは宇宙理解の新たな段階を開く革命的な理論的発展を要求するからである。要するにポパーのいうサーチライトを発する理論が，いつも事前に特定されていると考えることば難しいのである。ここでバケツとしての明我の背後に理論化装置としての暗我がある，と考えれば，モデルはずっと整合的になるのではないだろうか。誤りえない帰納論理というものが存在しない，というポパーの理論は正しいが，誤りうる一般化・法則化を行い続けてい

る暗我の活動が明我の背後にある。ここでは暗我は，不断の仮説生成装置のようなものとして理解されている。だから明我は，自分がいつの間にか新たな仮説を思いついているのに気づくのである。それらの仮説を「自分」が創造したという自覚なしに，である。ポパーがいう「サーチライト」としての仮説は，このようにして生まれる。ベーコンが問題にしているのは多分，この段階の精神活動である。それが誤り得ない経験的知を生成すると考えたことは，ベーコンの誤りである。一方ポパーは仮説生成のプロセスを論じることに興味を示さないが，その理論は，暗我（の中にある仮説）を含めて語られる場合にはじめて，人間的知の一般理論として完全なものになるように思われる。要するに，ポパーは明我について語っており，ベーコンは暗我を含む自我全体について語っている。だから話が合わないのである。

2　上の勘と下の勘

　上記の暗我論とも関連するが，推論の過程が明示されないまま得られた結論だけが意識に与えられるような精神過程は「カン」などと表現されることが多い。これと事実認定との関係について，私の上記のモデルからして，機能の異なる二種類のカンがあることを主張したい。そして，もしそうであるならわれわれは，これらを意識してそれぞれを洗練しよりよく機能させる努力をすべきだ，と考える。

　結論を先に述べれば，二つのカンは，上のカンすなわちパタン形成力と，下のカンすなわちデータ収集力として現れる。それぞれは，非明示的な過程（暗我）の成果が意識（明我）に与えられるという意味で，上記と同じ構造をとる。

　上のカンは，裁判記録を読んでも発揮できるものである。未熟な裁判官が気づかないスジや登場人物の意図，傾向性など，または相互の弁護士が立てた事件全体の異なるストーリーがもつ説得力と虚構性などを，熟練した裁判官は，基本的に言語によって記録されている事件記録から読み取ることができるだろう。これは彼が，事件理解にあたって，より優れたパタン形成力をもっているからである。科学の場合，自然に妥当している新しい法則の発見をめざす典型的な基礎科学と別に，個々の人間にとって重要な現象の理解や制御のために，それらの法則を組み合わせてモデルを作る応用科学といわれる分野が存在する。このモデルは普通近似として扱われ，自然の働きを，誤差を伴いながら予測したり操作したりするという目的に資する。もしそれがうまく現象に合致しないとしても，組み合わされてそのモデルを構成する要素となっている個々の自然

法則の知識が反証されるわけではない。それはモデルとして不適切だったのである。理学と区別される工学などで行われる理論活動は、主にこれに属する。上のカンとして述べているパタン形成力は、このような知的活動に類することを非明示的に行っているのだ、と考えてもよいだろう。

もちろん、様々な人生経験を積んだ裁判官（または裁判員）の方が、もっている経験則の海は豊かだろう。またそこにある経験則を組み合わせて、個別事件に対応した理論モデルを形成する能力自体は、ある種のパタン形成力、またはコンピューターにおけるCPUの処理速度のような、経験の豊富さと別の能力として発揮されていると考えられる。それが生成するモデルは、確実な正解を与えるものではなく、むしろ作っては壊されながら改善されてゆく仮説というべきだろう。この能力も、その機能が明示化されないかぎりは個人的知識に属すると言えるだろうが、それでも素朴で稚拙なものと洗練されバランスのとれたものを区別することが可能であるように思われる。これはアリストテレスのフロネーシス（賢慮）論にも関連するだろう。

推理小説には様々なタイプの名探偵が登場するが、現場に足を運ぶことなく、新聞情報や捜査記録などの言語情報のみによって事件を解決する場合もある。それに、小説は言語で書かれているのだから、探偵の推理の手がかりは、実は小説の中にこっそりと言語化されているのが普通である。そこで探偵が、または謎解きに優れた読者が発揮しているのは、この種の能力と考えてよい。物語では普通、探偵の抱く仮説は、その仮説から導かれる新たな証拠の予測とその証拠が存在するという発見によって、正しかったことが明らかになることで、謎解きの結末を迎える。残念ながら訴訟では普通、事実認定が本当に正しかったのか否かを確かめる局面は最後まで訪れないが、裁判官の知的作業は、推理小説の探偵と異なるものではない。この場合事実認定を行う者は、当初から一つの仮説をもっているというよりも複数の仮説を作ったり壊したりしながら証拠の手続きを進めている、と考えるのがよいと思う。

これと区別するべき下のカンもある。たとえば証人が、「おろおろして自信なさそうだ」「弁護士に教えられたストーリーを思いだそうとして努力しているようだ」「図星の質問をされて動揺している」などという判断を裁判官がする場合、なぜそう判断したのかを言語的に答えることは難しい。何に着目してその判断が出てきたのかさえ、本人にもうまく言語化できないのが普通である。一般に人が、怒っている、悲しそうだ、誇らしげだ、意気消沈している、などという判断に至った手がかりを言語的に表現することすらわれわれには難しい

第3節　事実認定：フェイズ2

のである。これもパタン認識の一種であって，漫画家ならそんな顔を描くことができるだろうが，言葉だけが書かれる証人の尋問調書にそれを書くことなど不可能なのである。もちろん言語上で「どんなお気持ちですか」「とても悲しいです」といった質問と答えを得ることはできるが，実際の表情はこの答えがウソであることを示している，といったこともありうる。刑事事件における伝聞証拠排除原則は，反対尋問権の問題として説明されることが多いが，裁判官や陪審の前で直接証言を行わせることでウソを見破る機会を保証する，という意味もあるのだと私は考えている。反対尋問も，証人に「私はウソを言いました」と言わせることではなく，非言語的なレベルで証言の信憑性を揺るがせる（証人が急に落ち着かないそぶりを見せる，突然弱々しい話し方になる，など）ことをねらって行われる場合も多いのである。そして証言が行われている法廷では，裁判官や傍聴人などは，このような非言語的情報に基づく判断を行うことができる。証人が上手に演技している場合もあるから，この判断は誤りうるが，それでもこの種の非言語的情報は，事実認定のための重要なデータである。それを「主観的だから信用できない」と考えると，それらのデータは利用不可能になってしまう。しかしそれは，ポラニーの意味で「個人的」ではあっても「主観的」ではないのである。そのデータを集めて，そこから得られる判断を結果として明我に与えるのが下のカンであり，これも暗我の働きと考えてよい。しかしこれは明示化されていないデータをそのまま収集（厳密には，収集までが下のカンの作用）し，それに基づく判断（この部分は上のカンの作用と考えてもよい）を明我に与える作用だから，上のカンには含まれない作用を含んでいる。少し複雑になってしまうが，明我の上と下に暗我がある，といったモデルで考えてもよいのかもしれない。上の暗我は明我内にある情報を使ってパタンを構成して明我に投げ返すし，下の暗我は，明我に意識されない非言語的データを収集して，それをパタンとして判定した結果（「証人は自信なさそうに話している……」）のみを明我に与えるのである。

　この理解から出てくる帰結についても，少しだけ述べておきたい。実際の証人尋問の中には，大量の非言語的データが含まれている。これをどれだけ多くかつ正確に収集するかは裁判官の努力にもかかっている。その場合，努力するのは明我だが，そこで働くのは暗我である。そして，たとえば裁判官の交代などにおいて，直接証人尋問に立ち会っていない裁判官が記録のみによって事実認定を行う場合に利用できるデータは，元のそれからは激減したものになると考えねばならない。

また合議制の場合には，証人尋問の後にこの種の判断について異なる裁判官がそれぞれどんな印象をもったかを言語化して比較することも可能である。印象の根拠を語ることは難しくとも，その結論は言語化できる（「あの証人の話は真実味がなかった」）から，それが一致するかどうかを確かめることはできるのである。

3 自由心証主義

　結論として述べれば，自由心証主義とは当該の裁判官がもっている「経験則の海」を道具として使って事実認定のフェイズ２を行う制度であるということができる。この海には，彼のユニークな経験を反映したものや，独自の読書歴，思い込みなども経験則として含まれている。またその一部は，訴訟手続きの中での弁護活動によって追加や修正を行うことが可能である。医療事故裁判などでのように，鑑定人の知見を利用するとか，裁判官が当該の分野を新たに学習することで，必要な知識を補充することもありうる。しかしこれらは基本的に上記の言語化が可能な科学的知識に限られるから，それ以外の部分でその個人性を払拭することはできない。言語化できていないものを客観化することには，原理上の困難があるからである。

　それでも裁判官が第三者であり，事件の帰趨に個人的な利害をもたないなら，これは公平な制度であって，われわれはそれに満足するしかない。ここで「客観性」を過度に求めることは，手続きの中に実際には顕れているデータの利用を禁止することにもなるし，見え透いたウソをウソと知りつつ真実として裁判の基礎にしてしまうことを，理論的に強制することにもなるから，益よりも害の方が多くなる危険性が高いのである。

【初出一覧】

（第1章）「移民の奔流と国民国家——米国の移民問題を中心に」広渡清吾・大西楠テア編著『移動と帰属の法理論——変容するアイデンティティ』岩波書店，（2022年）

（第2章）「自由主義は反自由主義を包摂できるか——アヤーンとチャンドラン」法の理論 No. 30（2011年）

（第3章 第1〜3節）「実証主義的な知の概念が生みだす哲学的混乱——ポストモダニズムから現代の米国左翼まで」批判的合理主義研究 vol. 13, No. 2（2022年）

（第3章 第4節）「【後記】米国のイデオロギー的「分断」とその経緯」書き下ろし

（第4章）「動物保護の法理を考える」法律時報 88巻3号（2016年）

（第5章）「外的根拠としての弱者保護は正義か——尊厳死法または Natural Death Act をめぐって」石井徹哉編『現代共犯論の日独比較法研究』千葉大学人文社会科学研究科研究プロジェクト報告書，第258集（2013年）

（第6章 第1節）「社会改革としての司法改革——「法の支配する社会」を求めて」日本法哲学会公開シンポジウム『司法改革の理念的基礎』報告集（2001年）

（第6章 第2節）「正しさを語る教育について——司法改革と初中等教育」ジュリスト 1204号（2001年）

（第6章 第3節）「国民への法学教育——小中学校での実験授業など」ジュリスト 1266号（2004年）

（第7章）「訳者解説」クリストフ・リュトゲ著『「競争」は社会の役に立つのか——競争の倫理入門』嶋津格訳，慶應義塾大学出版会（2020年），「開かれた帰結主義再論」として収録

（第8章）「実定法と啓蒙」法律時報 91巻9号（2019年）

（第9章）「法の権威を立法の権威に解消することの愚かさについて——横濱会員報告へのコメント」法哲学年報 2014（2015年），「法の権威を立法の権威に解消することの愚かさ」として収録

（第10章）「検察と政治を考える——検察官は東山の金さんでいいのか」This is 読売 1998年6月号

（第11章）「明晰さの探求は成ったか——碧海先生の哲学世界とその外部」書斎の窓（有斐閣）No. 632, 2014年3月

（第12章）「常識を疑うための異形の入門書——亀本洋著『法哲学』」法律時報 84巻3号（2012年）

（第13章−1）高橋文彦「「わからないことほど素朴に考えよう」——嶋津格『問いとしての〈正しさ〉』を論評する」法哲学年報 2011（2012年）

（第13章−2）「高橋文彦評へのリプライの試み」法哲学年報 2012（2013年）

【初出一覧】

（第 14 章　第 1 節）「発展史観と法思想史——笹倉秀夫『法思想史講義　上下』」法哲学年報 2009（2010 年）

（第 14 章　第 2 節）「笹倉応答へのコメント（replication）」嶋津格編，千葉大学人文社会科学研究会研究プロジェクト報告書 第 242 集『自由と拘束——社会と法の哲学のために』（2012 年）

（第 15 章）「無知の知をめぐる考察」批判的合理主義研究 Vol. 11, No. 2（2019 年）

（第 16 章）「「開かれた社会」は開いているか」長尾龍一・河上倫逸編『開かれた社会の哲学』未來社（1994 年）

（第 17 章）「進化論ヴァリエーション」創文 296 号（1989 年）

（第 18 章）「進化論的認識論と非言語的要素」ポパー・レター 3 巻 2 号（1991 年）

（第 19 章）「客観と主観，発見の論理と心理——ポパー理論の批判的検討に向けて」上原行雄・長尾龍一編『自由と規範：法哲学の現代的展開』東京大学出版会，1985 年

（第 20 章）「民事事件における事実の認定——「言語の内と外」各論として」法哲学年報 2013（2014 年）

〈著者紹介〉
嶋津　格（しまづ　いたる）
千葉大学名誉教授
1949 年京都府生まれ，東京大学大学院法学政治学研究科修了。法学博士

〈主要著作〉
『自生的秩序』木鐸社，1985 年
『問いとしての＜正しさ＞』NTT 出版，2011 年
『経済的人間と規範意識』信山社，2025 年
『法・国家・知の問題』信山社，2025 年

翻訳（監訳を含む）
R. ノージック『アナーキー・国家・ユートピア』木鐸社，1992 年
S. クレスゲ他編ハイエク著『ハイエク，ハイエクを語る』名古屋大学出版会，2000 年
F. A. ハイエク『哲学論集』春秋社，2010 年
M. オークショット『増補版　政治における合理主義』勁草書房，2013 年
J. ファインバーグ『倫理学と法学の架橋──ファインバーグ論文選』東信堂，2018 年
C. リュトゲ『「競争」は社会の役に立つのか──競争の倫理入門』慶應義塾大学出版会，2020 年

学術選書
266
法哲学

法・国家・知の問題

2025（令和 7）年 4 月 25 日　第 1 版第 1 刷発行
28292-01012：P276　¥7600E　012-045-005

著　者　嶋津　格
発行者　今井　貴　稲葉文子
発行所　株式会社　信山社
〒113-0033　東京都文京区本郷 6-2-9-102
Tel 03-3818-1019　Fax 03-3818-0344
henshu@shinzansha.co.jp
笠間才木支店　〒309-1611　茨城県笠間市笠間 515-3
Tel 0296-71-9081　Fax 0296-71-9082
笠間来栖支店　〒309-1625　茨城県笠間市来栖 2345-1
Tel 0296-71-0215　Fax 0296-72-5410
出版契約 2025-28292-01012　Printed in Japan

©嶋津格, 2025　印刷・製本／ワイズ書籍(M)・牧製本
ISBN978-4-7972-8292-4 C3332 分類 321.100 法哲学

JCOPY　〈(社)出版者著作権管理機構　委託出版物〉
本書の無断複写は著作権法上での例外を除き禁じられています。複写される場合は，
そのつど事前に，(社)出版者著作権管理機構（電話 03-5244-5088, FAX 03-5244-5089,
e-mail: info@jcopy.or.jp）の許諾を得てください。

経済的人間と規範意識
― 法学と経済学のすきまは埋められるか ―

嶋津　格　著

第Ⅰ部：「法と経済学」をめぐって
第Ⅱ部：所有権・契約・民事責任 ― 私的秩序の構成要素
第Ⅲ部：現代社会のテーマ群
第Ⅳ部：ハイエク研究余滴

信山社